Maximilian Janssen

Managerhaftung bei Kartellrechtsverstößen

Maximilian Janssen

Managerhaftung bei Kartellrechtsverstößen

Die persönliche Verantwortung natürlicher Personen für Kartellrechtsverstöße aus ordnungswidrigkeitsrechtlicher, zivilrechtlicher und strafrechtlicher Sicht

Tectum Verlag

Maximilian Janssen

Managerhaftung bei Kartellrechtsverstößen. Die persönliche Verantwortung natürlicher Personen für Kartellrechtsverstöße aus ordnungswidrigkeitsrechtlicher, zivilrechtlicher und strafrechtlicher Sicht

Zugl. Diss. Philipps-Universität Marburg 2013
ISBN: 978-3-8288-3215-2

Druck und Bindung: Schaltungsdienst Lange, Berlin
Printed in Germany

Besuchen Sie uns im Internet
www.tectum-verlag.de

Bibliografische Informationen der Deutschen Nationalbibliothek
Die Deutsche Nationalbibliothek verzeichnet diese Publikation in der Deutschen Nationalbibliografie; detaillierte bibliografische Angaben sind im Internet über http://dnb.ddb.de abrufbar.

Vorwort

Die vorliegende Arbeit wurde im Wintersemester 2012/2013 von der Rechtswissenschaftlichen Fakultät der Philipps-Universität Marburg als Dissertation angenommen.

Mein Dank gilt meinem Doktorvater, Herrn Prof. Dr. Johannes Wertenbruch, für die Betreuung der Arbeit. Ebenfalls bedanken möchte ich mich bei Herrn Prof. Dr. Michael Kling für die Erstellung des Zweitgutachtens.

Besonders herzlicher Dank gebührt meiner Familie für den Zuspruch und die Unterstützung bei der Erstellung dieser Arbeit.

Düsseldorf, Mai 2013

Maximilian Janssen

Inhaltsübersicht

Inhaltsverzeichnis

4. KAPITEL: STRAFRECHTLICHE VERFOLGUNG VON KARTELLRECHTSVERSTÖßEN UND RECHTSPOLITISCHER AUSBLICK 125

1. Kapitel: Einleitung

A. Problemstellung und Zielsetzung der Arbeit

In der öffentlichen Wahrnehmung wird die Tätigkeit des Bundeskartellamts vor allem mit der Verhängung hoher Bußgelder gegen Unternehmen assoziiert. Dies liegt daran, dass die allgemeine Presse bei der Berichterstattung gern als spektakuläre Schlagzeile die konkrete Höhe der gegen die betroffenen Unternehmen verhängten Bußgelder nennt. Tatsächlich ist in den letzten Jahren ein deutlicher Anstieg der vom Bundeskartellamt gegen Unternehmen verhängten Bußgelder zu verzeichnen[1]. Doch nicht nur auf nationaler, auch auf europäischer Ebene hat die Höhe der gegen Unternehmen wegen Kartellrechtsverstößen verhängten Bußgelder eine bislang nicht dagewesene Dimension erreicht. So hat die EU-Kommission im Jahr 2009 erstmals gegen ein einzelnes Unternehmen ein Bußgeld von über einer Milliarde Euro verhängt[2].

Angesichts der immer spektakulärer werdenden Unternehmensgeldbußen scheint zunehmend in Vergessenheit zu geraten, dass bei Kartellrechtsverstößen nach deutschem Recht auch persönlich gegen natürliche Personen Bußgelder verhängt werden können. Dabei geht das Ordnungswidrigkeitenrecht sogar in erster Linie von der Bußgeldverantwortung natürlicher Personen aus und ermöglicht eine Sanktionierung von juristische Personen und Personenvereinigungen erst dadurch, dass nach § 30 OWiG das gesetzeswidrige Verhalten des individuellen Täter dem Unternehmen zugerechnet wird. Speziell im Hinblick auf das Wettbewerbsrecht sieht das Gesetz die Möglichkeit gravierender Rechtsfolgen gerade auch für natürliche Personen vor: Bei schwerwiegenden Kartellordnungswidrigkeiten kann gegen den Täter gemäß § 81 Abs. 4 S. 1 GWB eine Geldbuße von bis zu einer Million Euro verhängt werden. Auch wenn der Bußgeldrahmen selten voll ausgeschöpft wird, werden in der Praxis gelegentlich Bußgelder verhängt, die bis zu einem Jahres-Netto-Einkommen betragen[3]. Im Zeitraum von 2001 bis 2010 verhängte das Bundeskartellamt gegen natürliche Personen persönliche Bußgeldbescheide in Höhe von insgesamt rund 19 Millionen Euro, was ca. 1 % der Bußgeld-Gesamtsumme entspricht[4].

---

1 Vgl. die Übersicht in BKartA, Tätigkeitsbericht 2009/2010, BT-Drucks. 17/6640, S. 39.

2 Gegen den Chiphersteller Intel wurde wegen des Missbrauchs einer marktbeherrschenden Stellung eine Geldbuße in Höhe von 1,06 Mrd. verhängt, siehe WuW/E EU-V, 1441 – *„Intel"*.

3 *Klusmann*, in: Wiedemann, Kartellrecht, § 5 Rn. 89.

4 Insgesamt verhängte das Bundeskartellamt im genannten Zeitraum Bußgelder in Höhe von rund 17 Mrd. Euro. Die Zahlen basieren auf den Angaben in den Tätigkeitsberichten des Bundeskartellamts im genannten Zeitraum.

Die Arbeit des Bundeskartellamts konzentriert sich schwerpunktmäßig auf die Verhängung von Geldbußen gegen Unternehmen, da diese als Hauptnutznießer der Rechtsverstöße gelten[5]. Neben der reinen Sanktion gilt es auch, die wirtschaftlichen Vorteile abzuschöpfen, die dem Unternehmen durch wettbewerbswidrige Verhaltensweisen zugeflossen sind. Dass nur ein verhältnismäßig geringer Anteil der Gesamtsumme aller kartellrechtlichen Bußgelder auf natürliche Personen entfallen, darf jedoch nicht darüber hinwegtäuschen, dass die persönliche Geldbuße erhebliches Sanktionspotential bietet und die betroffenen Personen in der Praxis mitunter erheblich getroffen werden.

Die gestiegene Bedeutung der Unternehmensgeldbuße scheint die persönliche Verantwortung der eigentlich handelnden natürlichen Personen immer weiter in den Schatten zu stellen. Hinzu kommt, dass das deutsche Kartellrecht immer stärker von europarechtlichen Einflüssen geprägt wird und dem Europäischen Kartellrecht eine Sanktionierung von natürlichen Personen fremd ist, da Bußgeldadressaten der Art. 101, 102 AEUV allein Unternehmen sind[6]. Dies begünstigt eine zunehmend größer werdende Kluft zwischen den in Deutschland existierenden kartellrechtlichen Haftungsrisiken und dem entsprechenden öffentlichen Bewusstsein im Wirtschaftsleben. Sowohl in der allgemeinen Presse als auch in der juristischen Literatur ist die persönliche Bußgeldhaftung der jeweiligen Täter selten mehr als eine Randnotiz.

Das persönliche Haftungsrisiko beschränkt sich nicht auf die persönliche Bußgeldhaftung, sondern erstreckt sich auch auf die Gefahr einer zivilrechtlichen Inanspruchnahme. Sowohl das eigene, durch eine Geldbuße belastete Unternehmen, als auch Kunden oder Konkurrenzunternehmen, die durch die Kartellierung geschädigt wurde, können gegen den handelnden Täter Schadensersatzansprüche geltend machen. Auch diesbezüglich ist eine geringe öffentliche Wahrnehmung festzustellen, was darauf zurückzuführen ist, dass diese zivilrechtliche Schadensersatzansprüche selten gerichtlich geltend gemacht werden, sondern oftmals eine außergerichtliche Einigung getroffen wird, von der die Öffentlichkeit nicht erfährt. Die Bereitschaft zur Geltendmachung kartellbeding-

---

5 *Klusmann*, in: Wiedemann, Kartellrecht, § 57 Rn. 90; *Dannecker/Biermann*, in: Immenga/Mestmäcker, GWB, § 81 Rn. 391; *Cramer/Panaris*, in: Loewenheim, Kartellrecht, § 81 Rn. 35.

6 Dass allein Unternehmen und Unternehmensvereinigungen Bußgeldadressaten seien können, ergibt sich unmittelbar aus Art. 23 Abs. 1 VO 1/2003 sowie aus den entsprechenden Bußgeldleitlinien. Natürliche Personen können nach der Entscheidungspraxis der Kommission und der Rechtsprechung den kartellrechtlichen Unternehmensbegriff erfüllen, so etwa im Fall des Einzelhandelskaufmann: EuGH Rs. 23/67, Slg. 1967, 543 (555 ff.) – „*Brasserie de Haecht/Wilkin und Janssen*"; EuGH Rs. 5/69, Slg. 1969, 295 (301 f.) – „*Völk/Vervaecke*"; EuGH Rs. 43/69 , Slg. 1970, 127 (134 ff.) – „*Brauerei A. Bilger Söhne GmbH/Heinrich Jehle und Martha Jehle*"; Ausführlich zur Anerkennung der Unternehmenseigenschaft natürlicher Personen im EU-Kartellrecht siehe *Lübbig*, in: Wiedemann, Kartellrecht, § 7 Rn. 7; *Kling/Thomas*, Kartellrecht, § 4 Rn. 5.

ter Schadensersatzforderungen ist in den letzten Jahren erheblich gestiegen, da der Gesetzgeber einige Erleichterungen für die Durchsetzung im GWB eingeführt hat.

Diese Arbeit soll einen Beitrag zur Erforschung der Rolle der natürlichen Person im Kartellrecht leisten. Es geht dabei im Wesentlichen um die Frage, welche rechtlichen Folgen Verstöße gegen das Kartellrecht de lege lata für den handelnden Täter haben können und wie die geltende Rechtslage zu bewerten ist. Hierzu gilt es, die rechtlichen Grundlagen der persönlichen Haftung herauszuarbeiten und die sich daraus ergebenden Chancen und Probleme bei der Verfolgung wettbewerbswidrig handelnder Personen kritisch zu würdigen.

B. Gang der Untersuchung

Zunächst ist eine Untersuchung der persönlichen Bußgeldverantwortlichkeit, also der ordnungswidrigkeitenrechtlichen Rechtslage, erforderlich. Dabei geht es um die Frage, wann Zuwiderhandlungen gegen kartellrechtliche Tatbestände zu einem persönlichen Bußgeldbescheid führen können. Klärungsbedürftig ist hierbei insbesondere die Frage, wie angesichts der verbreiteten Adressierung von Unternehmen in den Normen des GWB eine persönliche Verantwortung begründet werden kann. Untersuchungsbedürftig ist auch die Frage nach der Verantwortung von Personen, die nicht unmittelbar eine wettbewerbswidrige Handlung, sondern lediglich unterstützende Beteiligungshandlungen vornehmen oder als Vorgesetzte kartellrechtswidrige Handlungen von nachgeordneten Mitarbeitern nicht verhindern. Des Weiteren stellen sich Fragen aus dem Bereich des Ordnungswidrigkeitenrechts, etwa welche Auswirkungen Irrtümer der betroffenen Person über die Sach- und Rechtslage auf ihre Bußgeldverantwortung haben können. Schließlich ist die Bußgeldverhängung als Rechtsfolge näher zu untersuchen, wobei unter anderem die Frage nach der Bedeutung der kartellrechtlichen Kronzeugenregelung speziell für die persönliche Bußgeldverantwortung interessant ist.

Als weiterer Themenkomplex ist anschließend die zivilrechtliche Rechtslage, die sich bei einer kartellrechtlichen Bußgeldverantwortlichkeit ergeben kann, näher zu untersuchen. Hier geht es vor allem um die Frage, wann kartellrechtswidrig handelnde Manager sich gegenüber dem eigenen Unternehmen bzw. gegenüber Dritten (benachteiligte Unternehmen oder Verbraucher) schadensersatzpflichtig machen. Umgekehrt ist aber auch zu bedenken, dass mitunter der durch einen persönlichen Bußgeldbescheid belastete Manager versuchen wird, Ersatz für diese im Rahmen seiner Tätigkeit entstandenen Aufwendungen von seinem Unternehmen zu erlangen. Daher stellt sich die Frage, wann ein Freistellungs- bzw. Ersatzanspruch des persönlich bußgeldpflichtigen Managers gegen sein Unternehmen entsteht. Fraglich ist auch, inwieweit eine freiwillige Übernahme des gegen den Manager ergangenen Bußgeldbescheids durch das Unternehmen zulässig ist. Außerdem ist zu klären, inwieweit spezielle Versicherungen für Manager (D&O-Versicherungen) bei Kartellrechtsverstößen Versicherungsschutz bieten.

Schließlich ist als dritter Themenkomplex die strafrechtliche Verantwortung bei Kartellrechtsverstößen zu untersuchen. Hier ist zu klären, welche Straftatbestände bei wettbewerbswidrigen Verhaltensweisen verwirklicht werden können. Zudem stellt sich die Frage, wie die zuletzt wieder häufiger in der Literatur geäußerte rechtspolitische Forderung nach einer Kriminalisierung des Kartellrechts, also eine Aufwertung bisheriger kartellrechtlicher Ordnungswidrigkeitentatbestände zu echten Straftatbeständen, zu bewerten ist.

2. Kapitel: Persönliche Bußgeldverantwortlichkeit von Managern bei Kartellrechtsverstößen

Kartellrechtsverstöße können grundsätzlich in jedem Unternehmen, unabhängig von der Größe, dem Tätigkeitsbereich und der Rechtsform, vorkommen. Zwar setzten einige Tatbestände, insb. § 19 Abs. 1 GWB, eine marktbeherrschende Stellung des Unternehmens voraus. Tatsächlich können aber hohe Marktanteile auch bei verhältnismäßig geringen Umsatzzahlen existieren, wenn der Markt entsprechend eng sachlich und räumlich abzugrenzen ist. Abgesehen davon können kleine und mittelständische Unternehmen insbesondere bei horizontalen Wettbewerbsbeschränkungen durchaus auch in den Fokus der Kartellbehörden geraten[7]. Als typischer Beispielsfall aus der Praxis sei nur die Preisabsprache mehrerer Fahrschullehrer für Nachschulungskurse genannt[8]. Kartellverstöße beschränken sich daher nicht allein auf den Bereich homogener Massengüter, wenngleich hier besonders leicht der Preis als einziger wesentlicher Wettbewerbsparameter zum Gegenstand wettbewerbsfeindlicher Absprachen gemacht werden kann[9]. Vielmehr ist es erstaunlich, in welchen Branchen Verstöße gegen das Kartellrecht bekannt werden. Unlängst wurden beispielsweise Geldbußen gegen Hersteller von Feuerwehrfahrzeugen[10] sowie gegen Papptellerhersteller[11] verhängt. Vielfach wird das unternehmerische und persönliche Haftungsrisiko von den betroffenen Personen unterschätzt. Während in mittelständischen Unternehmen mitunter die Sensibilität für wettbewerbsrechtliche Verbote fehlt, vertrauen Führungskräfte und Mitarbeiter großer Konzerne oft darauf, als „kleines Rad einer Maschine" einer persönlichen Verantwortung entgehen zu können. Vor diesem Hintergrund ist zu untersuchen, unter welchen Voraussetzungen Unternehmensmitarbeiter für Kartellrechtsverstöße persönlich mit einem Bußgeld belangt werden können und wie die entsprechende Verwaltungspraxis der Kartellbehörde aussieht.

---

7 Zu beachten ist hierbei jedoch die Möglichkeit zur Privilegierung von Mittelstandskartellen gemäß § 3 GWB.

8 OLG Frankfurt WuW/E OLG 4944 – *„Fahrschullehrerabsprache"*.

9 Geradezu klassisch sind etwa Kartellabsprachen im Bereich der Zementindustrie. Hier wurden in den letzten Jahren vom Bundeskartellamt mehrfach Bußgelder im dreistelligen Millionen Betracht verhängt. Zur wettbewerblichen Situation auf dem Zementmarkt siehe BKartA, Tätigkeitsbericht 2009/2010, BT-Drucks. 17/6640, S. 78.

10 Pressemitteilung des BKartA vom 10.02.2011, abrufbar unter http://www.bundeskartellamt.de.

11 Pressemitteilung des BKartA vom 25.01.2011, abrufbar unter http://www.bundeskartellamt.de.

A. Verwirklichung eines Ordnungswidrigkeitentatbestands

Voraussetzung für den Erlass eines kartellrechtlichen Bußgeldbescheids ist, dass ein Ordnungswidrigkeitentatbestand objektiv verwirklicht wurde. Im deutschen Kartellrecht ist in § 81 Abs. 1 bis 3 GWB geregelt, welche wettbewerbsbeeinträchtigenden Verhaltensweisen eine Ordnungswidrigkeit darstellen. Der vollständige Verbotsinhalt ergibt sich erst aus einem Zusammenlesen der Ordnungswidrigkeitentatbestände des § 81 Abs. 1 bis 3 GWB und den außerbußgeldrechtlichen Regelungen, auf die verwiesen wird. Dies können neben entsprechenden gesetzlichen Verboten im AEUV oder im GWB (originäre Tatbestände) auch die vollziehbaren Verfügungen der Kartellbehörden sein (streng akzessorische Tatbestände). Damit besteht jeder kartellrechtlicher Ordnungswidrigkeitentatbestand aus der Verbindung zwischen § 81 Abs. 1 bis 3 GWB und einem wettbewerbsrechtlichen Gebot oder Verbot.

Durch die Vielzahl von Verweisungen in § 81 Abs. 1 bis 3 GWB ist die Norm unübersichtlich. Schon im älteren Schrifttum wurde der Bußgeldkatalog des GWB kritisiert und äußerst pointiert als "Ordnungswidrigkeitensalat"[12] bezeichnet. Tatsächlich erschließt sich Systematik, mit der der Gesetzgeber den Bußgeldkatalog in drei Absätze aufgeteilt hat, erst auf den zweiten Blick: Während § 81 Abs. 1 GWB Verstöße gegen das europäische Wettbewerbsrecht unmittelbar mit Geldbuße bedroht, betreffen § 81 Abs. 2 und Abs. 3 GWB Verstöße gegen das nationale Kartellrecht. In § 81 Abs. 2 GWB sind Ordnungswidrigkeiten zusammengefasst, in denen ausdrücklich sowohl vorsätzliches als auch fahrlässiges Handeln mit Geldbuße bedroht wird. Die Bußgeldtatbestände des § 81 Abs. 3 GWB sind hingegen nur bei vorsätzlicher Begehung ahndbar.

I. Tatbestände des § 81 Abs. 1 GWB

Vor der 7. GWB-Novelle konnten Verstößen gegen das Europäische Kartellrecht nur von der EU-Kommission mit Bußgeldern geahndet werden. Mittlerweile ist es möglich, dass die deutschen Kartellbehörden Zuwiderhandlungen gegen gemeinschaftsrechtliche Wettbewerbsregelungen nach dem *Prinzip der dezentralen Anwendung des europäischen Kartellrechts* mit einer Geldbuße ahnden[13]. Nach § 81 Abs. 1 GWB handelt ordnungswidrig, wer gegen den Ver-

---

12 *Baumann/Arzt*, ZHR 134 (1970), S. 24 (33), bezogen auf den damals in §§ 38, 39 GWB a.F. geregelten Bußgeldkatalog.

13 Siehe hierzu die Begr. z. RegE, BT-Drucks. 15/3640, S. 21 und 61: „Nach der sogenannten Effet-utile Rechtsprechung der europäischen Gerichte muss das deutsche Recht eine wirksame Anwendung der europäischen Wettbewerbsregeln sicherstellen. Dazu gehört auch eine effektive Ahndung von Verstößen gegen das europäische Wettbewerbsrecht. Mit dem neuen Absatz 1 werden deshalb Verstöße gegen die Artikel 81 und 82 unmittel-

trag über die Arbeitsweise der Europäischen Union verstößt, indem er vorsätzlich oder fahrlässig dem Verbot des Art. 101 Abs. 1 AEUV (ex-Art. 81 EG) oder dem Verbot des Art. 102 S. 1 AEUV (ex-Art. 82 EG) zuwider handelt. Der deutsche Gesetzgeber hat von der in Art. 5 S. 2 VO 1/2003 vorgesehenen Möglichkeit, Verstöße gegen das Europäische Kartellrecht durch nationale Kartellbehörden mit Geldbuße ahndbar zu machen, Gebrauch gemacht. Von der Systematik her übernehmen die beiden Bußgeldtatbestände in § 81 Abs. 1 GWB lediglich den objektiven Tatbestand von Art. 101 Abs. 1 bzw. Art. 102 S. 1 AEUV. Die übrigen Haftungsvoraussetzungen, insb. der subjektive Tatbestand sowie die Bemessung des Bußgelds als Rechtsfolge, richten sich ausschließlich nach nationalem Recht[14].

1. Europäisches Kartellverbot (§ 81 Abs. 1 GWB i.V.m. Art. 101 Abs. 1 AEUV)

Art. 101 Abs. 1 AEUV verbietet Vereinbarungen zwischen Unternehmen, Beschlüsse von Unternehmensvereinigungen und aufeinander abgestimmte Verhaltensweisen, welche den Handel zwischen den Mitgliedstaaten zu beeinträchtigen geeignet sind und eine Verhinderung, Einschränkung oder Verfälschung des Wettbewerbs innerhalb des Gemeinsamen Marktes bezwecken oder bewirken. Der im Horizontal- und Vertikalverhältnis geschützte Wettbewerb wird beeinträchtigt, wenn eine nicht den normalen Bedingungen des relevanten Marktes entsprechende Beeinträchtigung der wirtschaftlichen Entscheidungsfreiheit von Mitwettbewerber oder der Marktgegenseite vorliegt[15]. In Art. 101 Abs. 1 lit. a) bis e) AEUV werden Beispiele für ein solches Verhalten genannt, wie etwa die unmittelbare oder mittelbare Festsetzung von An- oder Verkaufspreisen (lit. a) oder die Aufteilung von Märkten (lit. c). Neben horizontalen werden auch vertikale Wettbewerbsbeschränkungen erfasst, beispielsweise Vertriebs- oder Bezugsbindungen (vgl. lit. e). Die Wettbewerbsbeschränkung muss geeignet sein, den Handel zwischen den Mitgliedsstaaten zu beeinträchtigen (sog. *Zwischen-*

---

bar bußgeldbewehrt." Aus der Literatur zur Einführung der dezentralen Anwendung des europäischen Kartellrechts: *Kling/Thomas*, Kartellrecht, § 3 Rn. 4; *Dannecker/Biermann*, in: Immenga/Mestmäcker, GWB, § 81 Rn. 17; *Bechtold*, in: Bechtold, GWB, § 81 Rn. 4; *Cramer/Panaris*, in: Loewenheim, Kartellrecht, § 81 Rn. 12; *Dannecker*, wistra 2004, 361; *Lutz*, WuW 2004, 718 (730).

14 *Raum*, in: Langen/Bunte, Dt. Kartellrecht, § 81 Rn. 71; *Dannecker/Biermann*, in: Immenga/Mestmäcker, GWB, § 81 Rn. 20; *Achenbach*, in: Frankfurter Kommentar (61. Lfg. 2006), § 81 Rn. 23.

15 EuGH Rs. 56 und 58/64, Slg. 1966, 321 – *„Grundig/Consten"*; Rs. 22/71, Slg. 1971, 949, Rn. 10 – *Béguelin Import/G.L. Import Export;* Rs. 73/74, Sgl. 1975, 1491, Rn. 6 – *„Papiers Peints/Kommission";* KOM ABl. 1975 Nr. L 38/10, Rn. 6 – *„Goodyear Italiana-Euram"*; ABl. 1980 Nr. L 318/1, Rn. 57 ff. – *„IMA-Statut"*; *Lettl*, Kartellrecht, Rn. 106; *Achenbach*, in: Frankfurter Kommentar (61. Lfg. 2006), § 81 Rn. 32; *Weiß*, in: Calliess/Ruffert, EUV/AEUV, Art. 101 Rn. 83.

staatlichkeitsklausel), wofür jedoch keine allzu hohen Anforderungen gelten. Wenn sich ein Kartell auf das gesamte Hoheitsgebiet eines Mitgliedsstaats erstreckt, kann nach der Rechtsprechung des EuGH und Praxis der Kommission dennoch die Zwischenstaatlichkeit zu bejahen sein, wenn eine Verfestigung der Abschottung der Märkte auf nationaler Ebene erfolgt[16].

2. Europäisches Verbot des Missbrauchs einer marktbeherrschenden Stellung (§ 81 Abs. 1 GWB i.V.m. Art. 102 S. 1 AEUV)

Art. 102 S. 1 AEUV verbietet das missbräuchliche Ausnutzen einer beherrschenden Stellung auf dem gemeinsamen Markt oder auf einem wesentlichen Teil desselben durch ein oder mehrere Unternehmen, soweit der Handel zwischen Mitgliedsstaaten dadurch beeinträchtigt werden kann. Besonderheit dieses Tatbestands ist also, dass es sich nur an Unternehmen mit marktbeherrschender Stellung richtet. In der Praxis liegt die Schwierigkeit regelmäßig darin, den konkret relevanten Markt anhand des Bedarfsmarktkonzepts zu bestimmen[17]. Bei der Prüfung der beherrschenden Stellung ist primär auf den Marktanteil abzustellen[18], daneben können weitere Charakteristika der Marktstruktur relevant sein wie etwa die Marktanteile der (nächstkleineren) Wettbewerber[19], Markteintrittschanchen[20], das Bestehen eines technologischen Vorsprungs[21] oder

---

16 Aus der Europäischen Rechtsprechung: EuGH Rs. 73/74, Slg. 1975, 1491, Rn. 25/27 – *„Papiers Peints/Kommission“;* Rs. 42/84, Slg. 1985, 2545, Rn. 22 – *„Remia/Kommission“*; verb. Rs. C- 89, 104, 114, 116, 117 und 125 bis 129/85, Sgl. 1993, I-1307, Rn. 176 – *„Ahlström u.a./Kommission“*; Rs. C-125/07, Rn. 38, Slg. 2009, I-8681 – *„Erste Group Bank“*; KOM Abl. 1986 Nr. L 348/50, Rn. 72 – *„Meldoc“*. Aus der deutschen kartellrechtlichen Praxis: BKartA WuW DE-V 1460 (1462) – *„Wirtschaftsprüferhaftpflicht“*; OLG Düsseldorf WuW DE-R 2184 (2194) – *„Reisstellenkarte“*. Zur Zwischenstaatsklausel in der Literatur siehe: *Dannecker/Biermann*, in: Immenga/Mestmäcker, GWB, § 81 Rn. 23; *Weiß*, in: Calliess/Ruffert, EUV/AEUV, Art. 101 Rn. 124.

17 Zur Marktabgrenzung bei Art. 102 AEUV in der Europäischen Rechtsprechung: EuGH, Rs. 322/81, Slg. 1983, 3461, Rn. 57 – *„Michelin/Kommission“*; EuG, Rs. T-68, 77 und 78/89, Slg. 1992, II-1403, Rn. 360 – *„SIV u.a./Kommission“*. Aus der deutschen Rechtsprechung: OLG Düsseldorf WuW DE-R 2008, 2184 (2188 ff.) – *„Reisstellenkarte“*. Ausführlich in der Literatur zur Marktabgrenzung: *Weiß*, in: Calliess/Ruffert, EUV/AEUV, Art. 102 Rn. 5 ff.; *Dannecker/Biermann*, in: Immenga/Mestmäcker, GWB, § 19 Rn. 18 ff.

18 EuGH Rs. 85/76, Slg. 1979, 461 Rn. 41 – *„Hoffmann-LaRoche/Kommission“*, wonach hohe Marktanteile – von außergewöhnlichen Umständen abgesehen – ohne weiteres den Beweis für eine marktbeherrschende Stellung liefern. Eine solche Stellung wurde bei 50% Marktanteil bejaht in: EuGH, Rs. C-62/86, Slg. 1991, I-3359, Rn. 60 – *„Akzo/Kommission“*; EuG, Rs. T-321/05, Rn. 243 – *„AstraZeneca“*.

19 EuGH Rs. 85/76, Slg. 1979, 461 Rn. 48 – *„Hoffmann-LaRoche/Kommission“*; KOM ABl. 1989 Nr. L 10/50, Rn. 117 – *„BPB Industries PLC“*.

20 EuGH Rs. 27/76, Slg. 1978, 207, Rn. 121 – *„United Brands/Kommission“*.

die Abhängigkeit der Marktgegenseite[22]. Beispiele für ein missbräuchliches Ausnutzen der marktbeherrschenden Stellung werden in § 102 S. 2 lit. a) bis d) AEUV aufgeführt, so etwa die Erzwingung von unangemessenen Einkaufs- oder Verkaufspreisen (lit. a) oder die Einschränkung der Erzeugung oder des Absatzes, um eine künstliche Verknappung des Angebots herbeizuführen (lit b). Auch hier muss die Zwischenstaatlichkeitsklausel erfüllt sein.

II. Tatbestände des § 81 Abs. 2 GWB

In § 81 Abs. 2 GWB sind Verstöße gegen das deutsche Kartellrecht zusammengefasst, bei denen der Gesetzgeber nicht nur vorsätzliches, sondern auch fahrlässiges Handeln unter Bußgeldandrohung gestellt hat. Der ausdrückliche Hinweis auf die Ahndung fahrlässigen Verhaltens ist wegen § 10 OWiG erforderlich, da ohne eine solche explizite Regelung nur vorsätzliches Handeln als Ordnungswidrigkeit geahndet werden kann.

1. Verstöße gegen nationale Verbotsnormen (§ 81 Abs. 2 Nr. 1 GWB)

§ 81 Abs. 2 Nr. 1 GWB betrifft Verstöße gegen gesetzliche Verbote im GWB. „Seziert" man die Norm in ihre Bestandteile, so ergeben sich aus den einzelnen Verweisungszielen die nachfolgenden Ordnungswidrigkeitentatbestände:

a) Nationales Kartellverbot (§ 81 Abs. 2 Nr. 1 i.V.m. § 1 GWB)

§ 1 GWB enthält seit der 7. GWB-Novelle übereinstimmend mit Art. 101 Abs. 1 AEUV das Verbot von Vereinbarungen von Unternehmen, Beschlüssen von Unternehmensvereinigungen und aufeinander abgestimmten Verhaltensweisen, die eine Verhinderung, Einschränkung oder Verfälschung des Wettbewerbs bezwecken oder bewirken. In Angleichung an das Europäische Kartellrecht erfasst die zentrale kartellrechtliche Vorschrift des § 1 GWB nunmehr auch vertikale Wettbewerbsbeschränkungen. Freilich fehlt in § 1 GWB das Erfordernis der Beeinträchtigung des zwischenstaatlichen Handels. Eine eigenständige Bedeutung hat § 81 Abs. 2 Nr. 1 i.V.m. § 1 GWB nur noch dann, wenn eine Eignung zur Beeinträchtigung des zwischenstaatlichen Handels ausgeschlossen werden kann[23]. Wegen der relativ geringen Anforderungen an eine Beeinträchti-

---

21 EuGH Rs. 85/76, Slg. 1979, 461 Rn. 48 – „*Hoffmann-LaRoche/Kommission*"; KOM Abl. 1988 Nr. L 65/19, Rn. 69 – „*Eurofix-Bauco/Hilti*".

22 EuG Rs. T-70/89, Slg. 1991, II-535, Rn. 51 – „*BBC/Kommission*".

23 Begr. z. RegE, BT-Drucks. 15/3640, S. 21: „Eigenständige Bedeutung wird dem deutschen Wettbewerbsrecht zu Vereinbarungen künftig nur noch in den Fällen zukommen, in die rein lokale oder regionale Auswirkungen haben und keine zwischenstaatliche Relevanz aufweisen." Aus dem Schrifttum: Bunte, in Langen/Bunte, EU Kartellrecht, Einf. Rn. 75; *Vollmer*, in: MK GWB, § 81 Rn. 16; *Raum*, in: Langen/Bunte, Dt. Kartellrecht,

gung des zwischenstaatlichen Handels tritt § 81 Abs. 2 Nr. 1 GWB häufig aus Subsidiaritätsgründen gegenüber § 81 Abs. 1 Nr. 1 GWB zurück[24].

b) Nationales Verbot des Missbrauchs einer marktbeherrschenden Stellung (§ 81 Abs. 2 Nr. 1 i.V.m. § 19 Abs. 1 GWB)

§ 19 Abs. 1 verbietet das missbräuchliche Ausnutzen einer marktbeherrschenden Stellung durch ein oder mehrere Unternehmen. Wann ein Unternehmen als marktbeherrschend gilt, ist in § 19 Abs. 2 und Abs. 3 GWB geregelt. Zudem enthält das Gesetz in § 19 Abs. 4 GWB nicht abschließende Beispiele für missbräuchliches Verhalten. Wegen der Subsidiarität zu § 102 S. 1 AEUV hat § 81 Abs. 2 Nr. 1 i.V.m. § 19 Abs. 1 GWB nur dann eine eigenständige Bedeutung, wenn die marktbeherrschende Stellung nicht auf einem mindestens wesentlichen Teil des Gemeinsamen Marktes besteht oder das missbräuchliche Verhalten nicht geeignet ist, den Handel zwischen den Mitgliedsstaaten zu beeinträchtigen[25].

c) Behinderungs- und Diskriminierungsverbot (§ 81 Abs. 2 Nr. 1 i.V.m. § 20 Abs. 1, auch i.V.m. Abs. 2 S. 1 GWB)

§ 20 Abs. 1 GWB verbietet es marktbeherrschenden Unternehmen, Vereinigungen von miteinander im Wettbewerb stehenden Unternehmen im Sinne der §§ 2, 3, und 28 Abs. 1 GWB sowie Unternehmen, die Preise nach § 28 Abs. 2 oder § 30 Abs. 1 S. 1 GWB binden, ein anderes Unternehmen in einem Geschäftsverkehr, der gleichartigen Unternehmen üblicherweise zugänglich ist, unmittelbar oder mittelbar unbillig zu behindern oder gegenüber gleichartigen Unternehmen ohne sachlich gerechtfertigten Grund unmittelbar oder mittelbar unterschiedlich zu behandeln. Die Vorschrift dient dem Schutz vor unterschiedlicher Behandlung gleichartiger Unternehmen ohne sachlich gerechtfertigten Grund und soll dadurch gleiche Marktchancen sowie einen freien Marktzutritt sicherstellen[26].

---

§ 81 Rn. 90. Nach der Praxis des Kartellamts und der Rechtsprechung kann eine Beeinträchtigung des zwischenstaatlichen Handels nur ausgeschlossen werden, wenn die wettbewerbsbeschränkende Vereinbarung nicht das gesamte Gebiet eines Mitgliedsstaates betrifft und deshalb nicht zu einer Verfestigung der Märkte auf nationaler Ebene führen kann (siehe BKartA WuW DE-V 1460 (1462) –„*Wirtschaftsprüferhaftpflicht*“; OLG Düsseldorf WuW DE-R 2184 (2194) – „*Reisstellenkarte*“).

24 *Dannecker/Biermann*, in: Immenga/Mestmäcker, GWB, § 81 Rn. 29; *Bechtold*, in: Bechtold, GWB, § 81 Rn. 5; *Raum*, in: Langen/Bunte, Dt. Kartellrecht, § 81 Rn. 90.

25 *Vollmer*, in: MK GWB, § 81 Rn. 17; allgemein zur Konkurrenz zwischen § 81 Abs. 1 und Abs. 2 Nr. 1 GWB siehe *Dannecker/Biermann*, in: Immenga/Mestmäcker, GWB, § 81 Rn. 29 und 34.

26 BGH WuW/E BGH 886 (890) – „*Jägermeister*“; WuW/E BGH 1027 (1030) – „*Sportartikelmesse II*“; WuW/E BGH 1200 (1204) – „*Vermittlungsprovision für Flugpassagen*“; WuW/E BGH 2707 (2716) – „*Krankentransportunternehmen II*“; WuW/E BGH 3058 (3065) – „*Pay-TV-Durchleitung*“.

Die Tatbestände der unbilligen Behinderung und der sachlich nicht gerechtfertigten Ungleichbehandlung (Diskriminierung) schließen sich nicht gegenseitig aus, sondern überschneiden sich[27]. Typische tatbestandliche Verhaltensweisen sind vor allem Liefer- bzw. Bezugssperren gegenüber bestimmten Unternehmen, wodurch gerade bei einem Quasi-Monopol des handelnden Unternehmens massiver Druck ausgeübt werden kann. Ob eine Behinderung oder Diskriminierung unbillig ist, bestimmt sich anhand einer Gesamtwürdigung und Abwägung aller beteiligten Interessen unter Berücksichtigung der auf die Freiheit des Wettbewerbs gerichteten Zielsetzung des GWB[28]. Eine gewisse Ausdehnung erhält das allgemeine Diskriminierungs- und Behinderungsverbot durch § 20 Abs. 2 GWB in Hinblick auf sog. marktstarke Unternehmen, von denen kleine und mittlere Unternehmen abhängig sind, ohne das im Horizontalverhältnis gegenüber anderen Wettbewerbern eine echte Marktmacht bestehen muss[29].

d) Verbot der passiven Diskriminierung (§ 81 Abs. 2 Nr. 1 i.V.m. § 20 Abs. 3 S. 1, auch i.V.m. S. 2 GWB)

Nach § 20 Abs. 3 S. 1 GWB dürfen marktbeherrschende Unternehmen und Unternehmensvereinigungen im Sinne von § 20 Abs. 1 GWB ihre Marktstellung nicht dazu ausnutzen, andere Unternehmen im Geschäftsverkehr aufzufordern oder zu veranlassen, ihnen ohne sachlich gerechtfertigten Grund Vorteile zu gewähren. Erfasst werden Diskriminierungen, die – so die Regierungsbegründung – „zwar nach außen hin durch den Anbieter erfolgen, ihm in Wirklichkeit aber nicht zurechenbar sind, weil sie von dem marktstarken Nachfrager erzwungen werden“[30]. Dadurch soll verhindert werden, dass die unbillige Ausübung von Nachfragemacht zu Wettbewerbsverfälschungen führt. Die Praxisrelevanz

---

27 Aus der Rechtsprechung siehe: BGH WuW/E BGH 886 (888) – „*Jägermeister*“; wenn alle in Betracht kommenden Unternehmen gleich behandelt werden (z.B. völlige Ausschaltung des Zwischenhandels, wenn Vertrieb vom Hersteller direkt an Endverbraucher erfolgt), kommt nur Behinderungstatbestand in Betracht, vgl. BGH WuW/E BGH 2360 – „*Freundschaftswerbung*“. Aus dem Schrifttum: *Lettl*, Kartellrecht, Rn. 621; *Dannecker/Biermann*, in: Immenga/Mestmäcker, GWB, § 81 Rn. 115.

28 BGH WuW/E BGH 2707 (2716) – „*Krankentransportunternehmen II*“; WuW/DE-R 1144 (1146) – „Schülertransporte“; WuW/DE-R 3446 (3451) – „*Grossistenkündigung*“. Nach BGH WuW/E BGH 2145 (2146) – „*Nordmende*“ verstößt die Vorschrift nicht gegen das Bestimmtheitsgebot des Art. 103 Abs. 2 GG, jedoch soll in Hinblick auf Art. 103 GG nur in eindeutigen Fällen ein Bußgeld verhängt werden.

29 *Nothdurft*, in: Langen/Bunte, Dt. Kartellrecht, § 20 Rn. 47; *Loewenheim*, in: Loewenheim, Kartellrecht, § 20 Rn. 16; *Dannecker/Biermann*, in: Immenga/Mestmäcker, GWB, § 81 Rn. 106; *Kling/Thomas*, Kartellrecht, § 18 Rn. 125 ff.

30 Begr. z. RegE, BT-Drucks. 8/2136 S. 25.

ist trotz der tatbestandlichen Ausweitung durch die 7. GWB-Novelle[31] eher gering[32].

e) Verbot der Mittelstandsbehinderung (§ 81 Abs. 2 Nr. 1 i.V.m. § 20 Abs. 4 S. 1 GWB)

Gemäß § 20 Abs. 4 S. 1 GWB dürfen Unternehmen, die gegenüber kleinen und mittleren Wettbewerbern eine überlegene Marktmacht besitzen, diese Position nicht dazu ausnutzen, diese Wettbewerber unmittelbar oder mittelbar unbillig zu behindern. Die Vorschrift dient dem besonderen Schutz kleiner und mittlerer Einzelhändler. Nach § 20 Abs. 4 S. 2 Nr. 1 und 2 GWB liegt eine unbillige Mittelstandsbehinderung insbesondere vor, wenn ein Unternehmen Waren oder gewerbliche Leistungen nicht nur gelegentlich unter dem Einstandspreis anbietet (Dumpingpreise)[33]. Grundsätzlich zulässig sind Einzelaktionen, wie Einführungspreise bei Geschäftseröffnungen oder kurzzeitige Lockangebote[34]. Verboten sind Verkäufe unter Einstandspreis entsprechend dem Wortlaut des § 20 Abs. 4 S. 2 GWB erst, wenn sie „nicht nur gelegentlich“ erfolgen, sondern zur systematischen Verdrängung von unterlegenen Wettbewerbern eingesetzt werden[35]. Weiteres Regelbeispiel für eine Mittelstandsbehinderung ist die sog. Preis-Kosten-Schere i.S.d. § 20 Abs. 4 S. 2 Nr. 3 GWB. Danach dürfen Unternehmen ohne sachlichen Grund nicht von kleinen und mittleren Unternehmen, mit denen sie auf dem nachgelagerten Markt im Wettbewerb stehen, für die Belieferung einen höheren Preis verlangen, als den Preis, zu dem sie selbst auf diesem Markt anbieten.

---

31 Seit der 7. GWB-Novelle erfasst Abs. 3 nicht bloß das Veranlassen, sondern bereits das bloße Auffordern zur Gewährung von Vorteilen, vgl. aus den Gesetzesmaterialien hierzu die Stellungnahme des Bundesrates in BT-Drucks. 15/3640, S. 74: „Auch das erfolglose Auffordern stellt aber ein vom Kartellrecht missbilligtes Verhalten dar. Ein mögliches Einschreiten der Kartellbehörde sollte nicht davon abhängen, ob der Bedrängte sich letztlich auf die Vorzugsbedingungen einlassen muss oder nicht. Auch im Falle des Boykotts (§ 21 GWB) verbietet das Gesetz bereits den Aufruf zum Boykott.“ Der Vorschlag fand in der Gegenäußerung der Bundesregierung Zustimmung, vgl. BT-Drucks. 15/3640, S. 86. Allgemein zur Absenkung der Eingriffsvoraussetzungen durch die 7. GWB-Novelle siehe *Kling/Thomas*, Kartellrecht, § 18 Rn. 180.

32 Zur Praxisrelevanz siehe die Übersicht der Fallzahlen in BKartA, Tätigkeitsbericht 2009/2010, BT-Drucks. 17/6640, S. 164 sowie *Dannecker/Biermann*, in: Immenga/Mestmäcker, GWB, § 81 Rn. 250.

33 Siehe hierzu auch die Bekanntmachung Nr. 124/2003 des BKartA zur Anwendung des § 20 Abs. 4 S. 2 GWB.

34 Bekanntmachung Nr. 124/2003 des BKartA, S. 3.

35 Vgl. Begr. z. RegE, BT-Drucks. 13/9720, S. 37 f.; so auch BGH GRUR 2003, 363 (364) – „*Wal*Mart*“; *Lettl*, WRP 2008, 1299 (1302).

f) Verbot der Aufnahmeverweigerung von Wirtschafts- und Berufsvereinigungen sowie Gütezeichengemeinschaften (§ 81 Abs. 2 Nr. 1 i.V.m. § 20 Abs. 6 GWB)

Wirtschafts- und Berufsvereinigungen sowie Gütezeichengemeinschaften dürfen gemäß § 20 Abs. 6 GWB die Aufnahme eines Unternehmens nicht ablehnen, wenn die Ablehnung eine sachlich nicht gerechtfertigte Ungleichbehandlung darstellen und zu einer unbilligen Benachteiligung des Unternehmens im Wettbewerb führen würde. Wirtschafts- und Berufsvereinigungen sind organisierte Verbindungen von Unternehmen, die eine umfassende Förderung der gemeinsamen wirtschaftlichen, berufsständischen und sozialen Interessen ihrer freiwilligen Mitglieder zum Ziel haben[36]. Gütezeichengemeinschaften sind Vereinigungen von Unternehmen, die Gütezeichenbedingungen für Waren und Dienstleistungen aufstellen und die Erfüllungen dieser Bedingungen durch ihre Mitglieder kontrollieren[37]. Da die Nichtaufnahme in eine dieser beiden Unternehmensorganisationen zu Wettbewerbsnachteilen führen kann, soll durch dieses besondere Diskriminierungsverbot eine Wettbewerbsgleichheit sichergestellt werden.

g) Verbot der Erzwingung legaler Wettbewerbsbeschränkungen (§ 81 Abs. 2 Nr. 1 i.V.m. § 21 Abs. 3 GWB)

Nach § 21 Abs. 3 GWB dürfen andere Unternehmen nicht dazu gezwungen werden, einer Vereinbarung oder einem Beschluss i.S.d. §§ 2, 3 oder § 28 Abs. 1 GWB beizutreten, sich mit anderen Unternehmen i.S.d. § 37 GWB zusammenzuschließen oder sich gleichförmig zu verhalten in der Absicht, den Wettbewerb zu beschränken. Verboten ist es, durch Zwang eine für sich genommene legale Wettbewerbsbeschränkung zu erreichen. Konkret darf nicht zum Beitritt einer freigestellten Vereinbarung, zu einem zulässigen Zusammenschluss oder zu gleichförmigen Marktverhalten gezwungen werden. Die Regelung dient dem Schutz der Privatautonomie und der unternehmerischen Handlungsfreiheit[38]. Wenn andere Unternehmen zu einem Verhalten gezwungen werden, dass kartellrechtswidrig ist, so ist nicht § 21 Abs. 3, sondern Abs. 2 GWB einschlägig.

---

36 BGH WuW/E BGH 1061 (1062) –*„Zeitschriftengroßhandel II“;* BGH WuW/E BGH 1725 (1726) – *„Deutscher Landseer Club“*; *Markert*, in: Immenga/Mestmäcker, GWB, § 20 Rn. 330.

37 BKartA WuW/E BKartA 1170 (1172) –*„RAL“*; OLG Düsseldorf WuW/E OLG 4698 – *„Gütegemeinschaft Kachelöfen“*; OLG Koblenz WuW DE-R 1695 – *„Petcyle“*; LG Köln, WuW DE-R 2388 (2390) – *„Pressfiting“*; *Markert*, in: Immenga/Mestmäcker, GWB, § 20 Rn. 337.

38 *Markert*, in: Immenga/Mestmäcker, GWB, § 21 Rn. 82; *Dannecker/Biermann*, in: Immenga/Mestmäcker, GWB, § 81 Rn. 130; *Neef*, in: MK GWB, § 21 Rn. 62.

h) Verbot der Nachteilszufügung wegen Zusammenarbeit mit den Kartellbehörden (§ 81 Abs. 2 Nr. 1 i.V.m. § 21 Abs. 4 GWB)

§ 21 Abs. 4 GWB verbietet es, einem anderen einen wirtschaftlichen Nachteil zuzufügen, weil dieser ein Einschreiten der Kartellbehörden beantragt oder angeregt hat. Der Tatbestand schützt die Freiheit, sich bei der Kartellbehörde über mutmaßliche Kartellverstöße zu beschweren[39]. Die Nachteilszufügung kann durch ein anderes Unternehmen erfolgen (z.B. durch Abbruch von Lieferbeziehungen), aber auch durch das Unternehmen, dessen Mitarbeiter die Zusammenarbeit mit der Kartellbehörde vornimmt[40]. Damit wird vor allem die Kündigung des Arbeitnehmers, der kartellrechtswidriges Verhalten des Arbeitgebers zur Anzeige bringt, unter Bußgeldandrohung gestellt.

i) Missbrauch einer marktbeherrschenden Stellung in der Energiewirtschaft (§ 81 Abs. 2 Nr. 1 i.V.m. § 29 S. 1 GWB)

§ 29 S. 1 GWB verbietet das missbräuchliche Ausnutzen einer marktbeherrschenden Stellung durch Versorgungsunternehmen in der Energiewirtschaft, etwa durch die Forderung ungerechtfertigt hoher Entgelte. Es handelt sich bei der neu eingeführten Vorschrift um eine Anpassung der Generalklausel des § 19 Abs. 1 GWB auf den Energiesektor, wodurch das Instrumentarium zur Bekämpfung missbräuchlich erhöhter Energiepreise verschärft werden soll[41]. Anlass für die Neuregelung war die problematische Wettbewerbsstruktur auf dem Markt der leitungsgebundenen Energiewirtschaft, die nach Ansicht des Gesetzgebers die Energiepreise auf ein „volkswirtschaftlich bedenkliches Niveau" hat ansteigen lassen[42]. Bemerkenswert ist, dass bereits drei Monate nach dem Inkrafttreten der Vorschrift vom Bundeskartellamt 33 Missbrauchsverfahren gegen Gasversorger eingeleitet wurden und eine Gasbezugskostensteigerung im dreistelligen Millionenbereich nicht an den Endkunden weitergegeben wurde[43]. Aus ökonomischer und rechtspolitischer Sicht ist die allgemeine Absenkung des Preisniveaus allerdings nicht völlig unkritisch zu betrachten, da für neue Marktteilneh-

---

39 *Dannecker/Biermann*, in: Immenga/Mestmäcker, GWB, § 81 Rn. 138; *Loewenheim*, in: Loewenheim, Kartellrecht, § 21 Rn. 56; *Nothdurft/Schneider* in: Langen/Bunte, Dt. Kartellrecht, § 21 Rn. 79.

40 *Nothdurft/Schneider* in: Langen/Bunte, Dt. Kartellrecht, § 21 Rn. 80; *Markert*, in: Immenga/Mestmäcker, GWB, § 21 Rn. 95; *Loewenheim*, in: Loewenheim, Kartellrecht, § 21 Rn. 57; *Neef*, in: MK GWB, § 21 Rn. 62.

41 Vgl. Begr. z. RegE, BT Drucks. 16/5847, S. 9. Ausführlich zu der hier nicht weiter zu thematisierenden Entstehungsgeschichte siehe *Droß*, in: Loewenheim, Kartellrecht, § 29 Rn. 1 ff.

42 Begr. z. RegE, BT Drucks. 16/5847, S. 9.

43 Pressemitteilung des BKartA vom 01.12.2008, abrufbar unter http://www.bundeskartellamt.de; siehe auch BKartA, Tätigkeitsbericht 2007/2008, BT-Drucks. 16/13500, S. 107; *Droß*, in: Loewenheim, Kartellrecht, § 29 Rn. 44.

mer der Zugang über das einzig relevante Wettbewerbsparameter des Preises durch den „kartellbehördlichen Preisdruck“ erschwert wird[44].

j) Verbot des Vollzugs nicht freigegebener Zusammenschlüsse (§ 81 Abs. 2 Nr. 1 i.V.m. § 41 Abs. 1 S. 1 GWB)

Nach § 41 Abs. 1 S. 1 GWB dürfen Unternehmen einen Zusammenschluss nicht vollziehen oder am Vollzug mitwirken, wenn dieser nicht vom Bundeskartellamt freigegeben wurde. Das Vollzugsverbot bezieht sich auf Zusammenschlüsse, die nach den §§ 35 und 37 GWB der deutschen Fusionskontrolle unterliegen und daher vor dem Vollzug anzumelden sind. Auch der Vollzug eines durch das Bundeskartellamt untersagten Zusammenschlusses erfüllt den Tatbestand des § 81 Abs. 2 Nr. 1 i.V.m. § 41 Abs. 1 S. 1 GWB[45]. Der Schutzzweck bezieht sich auf die Sicherung der Prüfungskompetenz des Bundeskartellamts[46].

2. Zuwiderhandlungen gegen Anordnungen der Kartellbehörde (§ 81 Abs. 2 Nr. 2 GWB)

§ 81 Abs. 2 Nr. 2 GWB betrifft die Zuwiderhandlung gegen Anordnungen der Kartellbehörde und soll vor manifester Missachtung schützen[47]. Die Anordnung muss vollziehbar sein, was der Fall ist, wenn die Kartellbehörde die sofortige Vollziehbarkeit gemäß § 65 GWB anordnet und weder eine Aufhebung dieser Anordnung noch ein Rechtsbehelf mit Wiederherstellung der aufschiebenden Wirkung eingelegt wurde. Das Gesetz unterscheidet dabei zwischen den unter Buchstabe a) aufgeführten gravierenden Zuwiderhandlungen und weniger schwerwiegenden Verstößen, die unter Buchstabe b) aufgeführt sind und mit

---

44 So auch *Kolpazik/Berg*, WuW 2011, 712 (722). Auch die Monopolkommission hat dies in ihrem Sondergutachten zur 8. GWB-Novelle kritisch bemerkt und sich gegen eine Verlängerung des § 29 GWB ausgesprochen, siehe: Monopolkommission, Sondergutachten 63, S. 37 ff. sowie die zusammenfassende Darstellung des Gutachtens in WuW 2012, 269 (271).

45 *Dannecker/Biermann*, in: Immenga/Mestmäcker, GWB, § 81 Rn. 144; *Ruppelt*, in: Langen/Bunte, Dt. Kartellrecht, § 41 Rn. 1; *Achenbach*, in: Frankfurter Kommentar (69. Lfg. 2009), § 81 Rn. 118. Ein bereits vollzogener Zusammenschluss kann hingegen nicht nachträglich gemäß § 39 Abs. 1 GWB angemeldet werden: Nach der „Mitteilung zur Behandlung nachträglich angemeldeter Zusammenschlüsse“ des BKartA liegt eine "Anmeldung" dann als Anzeige eines Zusammenschlusses gewertet; ausführlich hierzu *Stauber*, WuW 2009, 20.

46 *Dannecker/Biermann*, in: Immenga/Mestmäcker, GWB, § 81 Rn. 145; *Vollmer*, in: MK GWB, § 81 Rn. 21. Zudem sollen, so *Ruppelt*, in: Langen/Bunte, Dt. Kartellrecht, § 41 Rn. 1, durch die Bußgeldandrohung Schwierigkeiten bei der sonst erforderlichen Auflösung erfolgter Zusammenschlüsse vermieden werden.

47 *Achenbach*, in: Frankfurter Kommentar (69. Lfg. 2009), § 81 Rn. 127; *Vollmer*, in: MK GWB, § 81 Rn. 24; *Raum*, in: Langen/Bunte, Dt. Kartellrecht, § 81 Rn. 114.

geringerer Geldbuße bedroht sind. Es handelt sich dabei im Einzelnen um Zuwiderhandlungen gegen die folgenden Anordnungen der Kartellbehörde:

a) Vollziehbare Anordnung gem. § 81 Abs. 2 Nr. 2 a) GWB

Der Tatbestand des § 81 Abs. 2 Nr. 2 a) zählt abschließend die Verfügungen der Kartellbehörden auf, welche diese zur Durchsetzung der Ziele des GWB erlassen können. Im Einzelnen handelt es sich um Verfügungen im Rahmen der Missbrauchsaufsicht bei der Preisbindung von Zeitungen und Zeitschriften nach § 30 Abs. 3 GWB, Verfügungen im allgemeinen Untersagungsverfahren nach §§ 32 und 32 b Abs. 1 S. 1 GWB, einstweilige Maßnahmen bei besonderer Dringlichkeit nach § 32 a Abs. 1 GWB, einstweilige Anordnungen gemäß § 60 GWB sowie Untersagungen oder Einschränkungen der Stimmrechtsausübung im Verfahren der Fusionskontrolle gemäß § 41 Abs. 4 Nr. 2 GWB. Die Anordnung muss dem verfassungsrechtlichen Bestimmtheitsgebot genügen, d.h., der Adressat muss vollständig, klar und unzweideutig voraussehen können, welches Verhalten unter Bußgeldandrohung fällt und welches nicht[48].

b) Vollziehbare Anordnungen gem. § 81 Abs. 2 Nr. 2 b) GWB

Nach § 81 Abs. 2 Nr. 2 b) handelt ordnungswidrig, wer einem vollziehbaren Auskunftsverlangen des Bundeskartellamts im Fusionskontrollverfahren nach § 39 Abs. 5 GWB vorsätzlich oder fahrlässig zuwider handelt, indem nicht binnen einer gesetzten Frist die begehrten Auskünfte vollständig übermittelt werden.

3. Verstoß gegen die Anmeldepflicht bei Zusammenschlüssen (§ 81 Abs. 2 Nr. 3 GWB)

Nach § 81 Abs. 2 Nr. 3 GWB handelt ordnungswidrig, wer vorsätzlich oder fahrlässig eine Vereinbarung oder einen Zusammenschluss nicht richtig oder nicht vollständig anmeldet, obwohl dies nach § 39 Abs. 1 GWB hätte erfolgen müssen. Erfasst werden Fälle, in denen die Anmeldung falsche Tatsachen enthält oder die Anmeldung inhaltlich nicht den Anforderungen des § 39 Abs. 3 GWB genügt. Die Regelung ist subsidiär gegenüber § 81 Abs. 2 Nr. 1 i.V.m. § 41 Abs. 1 GWB, der den Vollzug eines nicht freigegebenen Zusammenschlusses unter Bußgeldandrohung stellt[49]. Soweit ersichtlich wurde bislang erst in einem Fall eine Geldbuße verhängt[50].

---

[48] BGH WuW/E BGH 2627 (2631) – „*Sportübertragungen*"; WuW/E BGH 2953 (2957) – „*Gasdurchleitungen*"; WuW/E BGH 2967 (2968) – „*Strompreis Schwäbisch-Hall*"; WuW/E BGH 3021 (3023 f.) – „*Stadtgaspreis Potsdam*"; WuW/E DE-R 703 (705) – „*Puttgarden II*"; OLG Düsseldorf WuW/E DE-R 472 (473) – „*Puttgarden*".

[49] *Vollmer*, in: MK GWB, § 81 Rn. 199; *Achenbach*, in: Frankfurter Kommentar (69. Lfg. 2009), § 81 Rn. 150. Die fehlende Anmeldung selbst ist nicht (mehr) bußgeld-

4. Verstoß gegen die Anzeigepflicht beim Vollzug des Zusammenschlusses (§ 81 Abs. 2 Nr. 4 GWB)

Gemäß § 39 Abs. 6 GWB haben die am Zusammenschluss beteiligten Unternehmen dem Bundeskartellamt den Vollzug des Zusammenschlusses unverzüglich anzuzeigen. Erfolgt die Anzeige entgegen § 39 Abs. 6 GWB nicht, nicht richtig, nicht vollständig oder nicht rechtzeitig, so liegt ein Verstoß gegen § 81 Abs. 2 Nr. 4 GWB vor. Im Verhältnis zu einem Verstoß gegen das Vollzugsverbot ist § 81 Abs. 2 Nr. 4 GWB eine sog. mitbestrafte Nachtat, da sich die Nichtanzeige in der Sicherung der durch die Vortat erlangte Position erschöpft und keinen andersartigen Schaden bewirkt[51].

5. Verstoß gegen kartellbehördliche Auflagen im Fusionskontrollverfahren (§ 81 Abs. 2 Nr. 5 GWB)

Nach § 40 Abs. 3 S. 1 GWB kann das Bundeskartellamt die Freigabe im Fusionskontrollverfahren mit Auflagen oder Bedingungen verbinden. Nebenbestimmungen könne auch bei einer Freigabe durch Ministererlaubnis nach § 42 Abs. 2 S. 1 GWB erlassen werden. In jedem Fall dürfen Auflage und Bedingung nicht zu einer laufenden Verhaltenskontrolle der beteiligten Unternehmen führen (§ 40 Abs. 3 S. 2 GWB) und betreffen daher in der Praxis meist die Pflicht zur Veräußerung eines bestimmten Unternehmensteils[52]. Die Zuwiderhandlung gegen eine vollziehbare Auflage stellt eine Ordnungswidrigkeit nach § 81 Abs. 2 Nr. 5 GWB da. Vollziehbar sind diese Auflagen mit ihrem Erlass, da eine mögliche Beschwerde gegen sie keine aufschiebende Wirkung nach § 64 Abs. 1 GWB hat. Die Nichterfüllung von Bedingungen erfüllt den Ordnungswidrigkeitentatbestand hingegen nicht, da hier als unmittelbare Rechtsfolge der Nichter-

---

bewehrt, da diese zwingend mit einem Verstoß gegen das Vollzugsverbot zusammenfällt. Das Redaktionsversehen wurde durch die 7. GWB-Novelle beseitigt (siehe Begr. z. RegE, BT-Drucks. 15/3640, S. 66).

50 Siehe hierzu die Pressemitteilung des BKartA vom 05.10.2005, abrufbar unter http://www.bundeskartellamt.de. In dem Fall hatten Verantwortliche des Unternehmens vorsätzlich unrichtige Angaben zu Marktverhältnissen gemacht. Das BKartA verhängte daraufhin erstmals ein Bußgeld wegen Falschangaben bei der Fusionsanmeldung. Eine vorsätzliche Beteiligung der beauftragen Rechtsanwälte konnte nicht nachgewiesen werden.

51 *Vollmer*, in: MK GWB, § 81 Rn. 27; *Dannecker/Biermann*, in: Immenga/Mestmäcker, GWB, § 81 Rn. 163. Die Nachtat bleibt i.d.R. straflos, es sei denn die Vortat kann wegen eines Verfahrenshindernisses nicht verfolgt werden. Ähnlich *Achenbach*, in: Frankfurter Kommentar (69. Lfg. 2009), § 81 Rn. 126, der Subsidiarität annimmt.

52 Siehe bspw. Verfahren B2 - 52/10 – „*Edeka/Trinkgut-Märkte*", abrufbar im Entscheidungsarchiv unter www.bundeskartellamt.de.

füllung die Wirkung der Freigabe entfällt bzw. die Freigabe nicht wirksam wird[53].

6. Verstoß gegen Auskunftsverlangen (§ 81 Abs. 2 Nr. 6 GWB)

Gemäß § 59 Abs. 2 GWB sind auf Verlangen der Kartellbehörde bestimmte Unterlagen herauszugeben, Auskünfte zu erteilen, geschäftlichen Unterlagen zur Einsichtnahme und Prüfung vorzulegen und die Prüfung dieser geschäftlichen Unterlagen sowie das Betreten von Geschäftsräumen und -grundstücken zu dulden. Dadurch soll ein reibungsloser Ablauf des kartellbehördlichen Verwaltungsverfahrens sichergestellt werden[54]. Zuwiderhandlung gegen die genannten Auskunfts-, Vorlage-, Herausgabe- und Duldungspflichten stellen nur dann eine Ordnungswidrigkeit da, wenn zuvor eine förmliche Entscheidung der Kartellbehörde i.S.d. § 59 Abs. 6 und 7 GWB ergangen ist. Zuwiderhandlungen gegen mündliche Aufforderungen oder gegen formlose schriftliche Aufforderungen fallen nicht unter den Bußgeldtatbestand[55].

III. Tatbestände des § 81 Abs. 3 GWB

In § 81 Abs. 3 GWB sind diejenigen Ordnungswidrigkeiten zusammengefasst, in denen ausschließlich vorsätzliches Handeln bußgeldbewehrt ist, da – anders als in Abs. 1 und Abs. 2 – ein ausdrücklicher Hinweis im Gesetzeswortlaut auf die Strafbarkeit einer fahrlässigen Begehung fehlt.

1. Aufforderung zur Liefer- oder Bezugssperre (§ 81 Abs. 3 Nr. 1 GWB)

Nach § 81 Abs. 3 Nr. 1 GWB handelt ordnungswidrig, wer entgegen § 21 Abs. 1 GWB zu einer Liefer- oder Bezugssperre auffordert. Der Boykott-Aufruf erfordert die Beteiligung dreier Unternehmen – den Boykottierer oder Verrufer, den Ausführer des Boykott-Aufrufs und den Boykottierten[56]. Die Tat ist vollendet,

---

53 *Riesenkampff/Lehr*, in: Loewenheim, Kartellrecht, § 40 Rn. 36; *Bechtold*, in: Bechtold, GWB, § 40 Rn. 25. Zur in der Praxis gelegentlich vorkommenden Nichterfüllung einer auflösenden Bedingung und dem nachträglichen Entfallen der Freigabe siehe BKartA WuW/E DE-V 1055 (1063) – „*Smith/MedVestM*"; WuW/E DE-V 891 – „*ÖPNV Hannover*"; WuW/E DE-V 1313 (1324) – „*Telecash*"; WuW/E DE-V 1349 (1356 f.) – „*Altlas Copco*".

54 *Vollmer*, in: MK GWB, § 81 Rn. 29; *Raum*, in: Langen/Bunte, Dt. Kartellrecht, § 81 Rn. 125; *Dannecker/Biermann*, in: Immenga/Mestmäcker, GWB, § 81 Rn. 218; *Bechtold*, in: Bechtold, GWB, § 39 Rn. 5.

55 Aus der Rechtsprechung: KG WuW/E OLG 1189 (1190 f.) – „*Import-Schallplatten*". Aus dem Schrifttum: *Dannecker/Biermann*, in: Immenga/Mestmäcker, GWB, § 81 Rn. 220; *Raum*, in: Langen/Bunte, Dt. Kartellrecht, § 81 Rn. 127.

56 BGH WuW/E DE-R 303 – „*Taxis-Krankentransporte*"; BGH WuW/E DE-R 395 (399) – „*Beteiligungsverbot für Schilderpräger*"; BGH WuW/E BGH 2603 (2605) – „*Neugebo-*

sobald der von der Norm adressierte "Verrufer" mit seiner Aufforderung denjenigen erreicht hat, der den Boykott durchführen soll[57]. Ob es tatsächlich zu einer Liefer- oder Bezugssperre kommt, ist für die Tatbestandverwirklichung unerheblich.

2. Unerlaubte Veranlassung zu kartellrechtswidrigem Verhalten (§ 81 Abs. 3 Nr. 2 GWB)

Nach § 81 Abs. 3 Nr. 2 i.V.m. § 21 Abs. 2 GWB ist es verboten, anderen Unternehmen Nachteile anzudrohen oder zuzufügen und Vorteile zu versprechen oder zu gewähren, um sie zu einem Verhalten zu veranlassen, das nach dem GWB oder nach einer auf Grund des GWB ergangenen Verfügung der Kartellbehörde nicht zum Gegenstand einer vertraglichen Bindung gemacht werden darf[58]. Im Gegensatz zu § 21 Abs. 3 GWB geht es hier nicht um die Erzwingung legaler, sondern kartellrechtswidriger Verhaltensweisen. Häufiger Anwendungsfall in der Praxis ist die von Herstellern und Lieferanten angedrohte Liefersperre gegenüber Niedrigpreisunternehmen[59].

3. Unrichtige Angaben bei der Anerkennung von Wettbewerbsregeln und der Prüfung von Zusammenschlüssen (§ 81 Abs. 3 Nr. 3 GWB)

§ 81 Abs. 3 Nr. 3 GWB dient dem Schutz der Kartellbehörden vor Täuschung bei der Anerkennung von Wettbewerbsregeln und bei der Prüfung von Zusammenschlüssen und verweist auf entsprechende Vorschriften: Nach § 24 Abs. 4 S. 3 GWB dürfen keine unrichtigen oder unvollständigen Angaben gemacht oder benutzt werden, um die Anerkennung einer Wettbewerbsregel für eine Wirtschafts- und Berufsvereinigung zu erschleichen. Gemäß § 39 Abs. 3 S. 5 GWB dürfen in einer Zusammenschlussanmeldung keine unrichtigen oder unvollständigen Angaben gemacht oder benutzt werden, um die Kartellbehörde zu veranlassen, eine Untersagung nach § 36 Abs. 1 GWB oder eine Mitteilung nach § 40 Abs. 1 GWB zu unterlassen. Da § 81 Abs. 3 Nr. 3 GWB die speziellere und

---

renentransporte“; OLG Celle WuW DE-R 1198 – „*Vermietungsverbot*“; OLG Karlsruhe WuW/E DE-R 2651 (2653) – „*Freiburger Repetitor*“.

57 KG WuW/E OLG 2246 – „*Diamanten-Instrumente*“; *Markert*, in: Immenga/Mestmäcker, GWB, § 21 Rn. 24; *Nothdurft*, in: Langen/Bunte, Dt. Kartellrecht, § 21 Rn. 18.

58 Aus der Rechtsprechung: BGH WuW/E BGH 1474 (1474) – „*Archietektenkammer*“; BGH WuW/E BGH 690 (693) – „*Brotkrieg II*“; OLG Düsseldorf WuW/E DE-R 1453 (1458) – „*PPK-Entsorgung*“; KG WuW/E OLG 5053 – „*Einflussnahme auf die Preisgestaltung*“. Aus der Literatur: *Dannecker/Biermann*, in: Immenga/Mestmäcker, GWB, § 81 Rn. 256; *Loewenheim*, in: Loewenheim, Kartellrecht, § 21 Rn. 28.

59 Siehe etwa: OLG Hamburg WuW/E OLG 352 (353 f.); OLG Stuttgart WuW/E OLG 3981 f. –„*Trägerhose*“; KG WuW/E OLG 5053 (5058) – „*Einflussnahme auf die Preisgestaltung*“; BKartA WuW/E BKartA 2005, 2006 – „*Behälterglas*“.

„schärfere“ Vorschrift ist, treten die oft zugleich erfüllten Tatbestände der unrichtigen Anmeldung von Zusammenschlüssen (§ 81 Abs. 2 Nr. 3 GWB) sowie Verstöße gegen die Auskunftspflicht nach § 81 Abs. 2 Nr. 6 GWB zurück[60].

IV. Zusammenfassung

Insgesamt gibt es im GWB eine Vielzahl von Ordnungswidrigkeitentatbeständen, von denen einige von deutlich geringerer praktischer Bedeutung sind als andere. Durch die Vielzahl von Verweisungen in § 81 Abs. 1 bis 3 GWB ist der Bußgeldkatalog relativ unübersichtlich und für den Rechtsanwender nicht einfach zu handhaben. Sinnvoll wäre auf jeden Fall die Verwendung einer weiteren Gliederungsebene im Gesetz[61]. Auch würde die Rückkehr zu einer strukturellen Unterscheidung zwischen schwerwiegenden und leichteren Kartellordnungswidrigkeiten in der Gesetzessystematik – wie es sie in §§ 38, 39 GWB a.F. gab – für mehr Übersichtlichkeit sorgen. Momentan lässt sich erst durch einen Blick auf die Rechtsfolge nach § 81 Abs. 4 S. 1 - 3 GWB erkennen, welcher Schweregrad konkreten Kartellordnungswidrigkeiten zukommt. Das Gesetz nennt dort nur, welches die schwerwiegenden Kartellordnungswidrigkeiten sind, für die ein höherer Bußgeldrahmen existiert. Leichtere Ordnungswidrigkeiten lassen sich erst durch eine negative Abgrenzung erkennen, da § 81 Abs. 4 S. 5 hier von „übrigen Fällen“ spricht. Dies macht die Rechtsanwendung mühselig und ist nicht im Sinne der Rechtsklarheit. Des Weiteren ist zu erwägen, ob einige Tatbestände wegen geringer Praxisrelevanz aus dem Bußgeldkatalog gestrichen werden können[62]. Angesicht der Vielzahl möglicher bußgeldbedrohter Zuwiderhandlungen gegen wettbewerbsrechtliche Vorschriften und der damit verbunden nicht immer leicht zu erkennenden Verhaltensanforderungen könnte eine Verschlankung des Bußgeldkatalog durchaus der Rechtsklarheit und der Rechtssicherheit dienen, ohne dass damit eine Gefährdung des Wettbewerbs einhergehen müsste.

---

60 *Raum*, in: Langen/Bunte, Dt. Kartellrecht, § 81 Rn. 143; *Dannecker/Biermann*, in: Immenga/Mestmäcker, GWB, § 81 Rn. 291.

61 Als Vorbild für eine übersichtliche Bußgeldvorschrift ist beispielsweise § 144 Abs. 1 GewO zu nennen, wo als weitere Gliederungsebene Buchstaben verwendet werden.

62 So ist etwa die Relevanz des Verbotes der Erzwingung legaler Wettbewerbsbeschränkungen (§ 81 Abs. 2 Nr. 1 i.V.m. § 21 Abs. 3 GWB) als gering einzuschätzen, vgl. *Neef*, in: MK GWB, § 21 Rn. 62; *Markert*, in: Immenga/Mestmäcker, GWB, § 21 Rn. 84. Die genaue Zahl der diesbezüglich geführten Verfahren ist allerdings nicht ersichtlich, da in den Tätigkeitsberichten diese Verfahren allgemein als „sonstiges wettbewerbsbeschränkendes Verhalten nach § 21 Abs. 2 bis 4 GWB“ erfasst werden (vgl. BKartA, Tätigkeitsbericht 2009/2010, BT-Drucks. 17/6640, S. 165).

B. Zurechnung der Unternehmenseigenschaft nach § 9 OWiG

I. Täterkreisproblematik im Kartellrecht

Der Wortlaut des § 81 Abs. 1 bis 3 GWB („Ordnungswidrig handelt, wer…") suggeriert, dass jedermann zum Täterkreis der Kartellordnungswidrigkeiten zählen kann. Jedoch wird beim Zusammenlesen des § 81 Abs. 1 bis 3 GWB mit seinen Verweisungszielen klar, dass sich die außerbußgeldrechtlichen Regelungen weitgehend auf Unternehmen und Unternehmensvereinigungen beziehen. Soweit die bußgeldbewährten Verbote und Pflichten nur Unternehmen auferlegt sind, handelt es sich um Sonderdelikte, die nur von Unternehmen bzw. Unternehmensvereinigungen als Normadressaten verwirklicht werden können, wodurch bei diesen Tatbeständen eine persönliche Bußgeldhaftung von Unternehmensmitarbeitern zumindest nicht ohne weiteres in Frage kommen kann. Untersucht man den Wortlaut der einzelnen Tatbestände darauf, ob sie einen Unternehmensbezug enthalten, ergibt sich folgendes Bild:

Sonderdelikte mit Unternehmensbezug:

- § 81 Abs. 1 GWB i.V.m. Art. 101 Abs. 1 AEUV *(„verboten sind… Vereinbarung zwischen Unternehmen")*
- § 81 Abs. 1 GWB i.V.m. Art. 102 S. 1 AEUV *(„durch ein oder mehrere Unternehmen")*
- § 81 Abs. 2 Nr. 1 i.V.m. § 1 GWB *(„Vereinbarungen zwischen Unternehmen")*
- § 81 Abs. 2 Nr. 1 i.V.m. § 19 Abs. 1 GWB *(„durch ein oder mehrere Unternehmen")*
- § 81 Abs. 2 Nr. 1 i.V.m. § 20 Abs. 1, auch i.V.m. Abs. 2 S. 1 GWB *(„Unternehmen… dürfen… nicht")*
- § 81 Abs. 2 Nr. 1 i.V.m. § 20 Abs. 3 S. 1, auch i.V.m. S. 2 GWB *(„Unternehmen… dürfen… nicht")*
- § 81 Abs. 2 Nr. 1 i.V.m. § 20 Abs. 4 S. 1 GWB *(„Unternehmen… dürfen… nicht")*
- § 81 Abs. 2 Nr. 1 i.V.m. § 20 Abs. 6 GWB *(„Wirtschafts- und Berufsvereinigungen sowie Gütezeichengemeinschaften dürfen… nicht"[63])*
- § 81 Abs. 2 Nr. 1 i.V.m. § 21 Abs. 3 GWB *(„Unternehmen… dürfen… nicht")*
- § 81 Abs. 2 Nr. 1 i.V.m. § 29 S. 1 GWB *(„Einem Unternehmen ist es verboten…")*
- § 81 Abs. 2 Nr. 1 i.V.m. 41 Abs. 1 S. 1 GWB *(„Unternehmen dürfen… nicht")*
- § 81 Abs. 2 Nr. 2 a) GWB[64]
- § 81 Abs. 2 Nr. 2 b) i.V.m. § 39 Abs. 5 GWB *(„Das Bundeskartellamt kann von jedem beteiligten Unternehmen Auskunft… verlangen")*

---

[63] Bei den Normadressaten handelt sich um organisierte Verbindungen von Unternehmen, so dass auch insoweit ein Unternehmensbezug besteht.

[64] Die ausgelisteten vollziehbaren Anordnungen richten sich grds. an Unternehmen

- § 81 Abs. 2 Nr. 3 i.V.m. § 39 Abs. 1 GWB (*„Zusammenschlüsse sind...anzumelden“* i.V.m. § 39 Abs. 2 GWB: *„Zur Anmeldung sind verpflichtet die am Zusammenschluss beteiligten Unternehmen“)*
- § 81 Abs. 2 Nr. 4 i.V.m. § 39 Abs. 6 GWB (*„Die am Zusammenschluss beteiligten Unternehmen haben...)*
- § 81 Abs. 2 Nr. 5 GWB (*„Die Freigabe kann mit Bedingungen und Auflagen verbunden werden.“*[65]*)*
- § 81 Abs. 3 Nr. 1 i.V.m. § 21 Abs. 1 GWB (*„Unternehmen...dürfen nicht“)*
- § 81 Abs. 3 Nr. 2 i.V.m. § 21 Abs. 2 GWB (*„Unternehmen...dürfen... keine“)*
- § 81 Abs. 3 Nr. 3 i.V.m. § 24 Abs. 4 Satz 3 oder § 39 Abs. 3 S. 5 GWB (§ 24 Abs. 4 S. 3: *„In dem Antrag*[66] *dürfen keine...“;* § 39 Abs. 3 S. 5: *„In der Anmeldung*[67] *dürfen keine...“)*

Tatbestände ohne Unternehmensbezug:

- § 81 Abs. 2 Nr. 1 i.V.m. § 21 Abs. 4 GWB (*„Es ist verboten...“)*
- § 81 Abs. 2 Nr. 6 i.V.m. § 59 Abs. 2 GWB (*„Die Inhaber der Unternehmen und ihre Vertretung, bei juristischen Personen, Gesellschaften und nicht rechtsfähigen Vereinen die nach Gesetz oder Satzung zur Vertretung berufenen Personen sind verpflichtet...“)*

Die Analyse des Wortlauts der Ordnungswidrigkeitentatbestände zeigt, dass die bußgeldbewährten Pflichten fast ausschließlich Unternehmen auferlegt sind. Ein Allgemeindelikt, das auch von natürlichen Personen ohne Unternehmenseigenschaft verwirklicht werden kann, ist lediglich § 81 Abs. 2 Nr. 1 i.V.m. § 21 Abs. 4 GWB[68]. Außerdem enthält § 81 Abs. 2 Nr. 6 i.V.m. § 59 Abs. 2 GWB keinen Unternehmensbezug, sondern richtet sich explizit an Unternehmensinhaber und organschaftliche Vertreter[69].

---

65 Die Zustellung einer Freigabe hat an das anmeldende Unternehmen zu erfolgen (vgl. § 40 Abs. 2 S. 2 GWB), so dass damit verbundene Auflagen sich ebenfalls an das Unternehmen richten.

66 Gemeint ist ein Antrag einer Wirtschafts- oder Berufsvereinigung (vgl. § 24 Abs. 3 GWB), also eines Verbands von Unternehmen.

67 Verpflichtet zur Anmeldung sind nach § 39 Abs. 2 GWB sind die am Zusammenschluss beteiligten Unternehmen.

68 *Dannecker/Biermann*, in: Immenga/Mestmäcker, GWB, § 81 Rn. 141; *Loewenheim*, in: Loewenheim, Kartellrecht, § 21 Rn. 57: „Adressat des § 21 Abs. 4 ist im Gegensatz zu den Abs. 1 bis 3 nicht nur ein Unternehmen, sondern jedermann, sowohl Privatperson, als auch juristische Person.“

69 *Raum*, in: Langen/Bunte, Dt. Kartellrecht, § 81 Rn. 130; *Dannecker/Biermann*, in: Immenga/Mestmäcker, GWB, § 81 Rn. 219.

II. Funktion des § 9 OWiG

Die dargestellte überwiegende Anknüpfung an den Unternehmensbegriff bei der Bestimmung des Normadressaten in den Ordnungswidrigkeitentatbeständen wirft zwei Probleme auf: Zum einem ergibt sich ein gewisses Spannungsverhältnis zu sanktionsrechtlichen Grundsätzen daraus, dass Unternehmen im kartellrechtsrelevanten Kontext fast immer juristische Personen sind und nicht selbst handeln können, sondern durch natürliche Personen vertreten werden[70]. Die eigentliche Handlung im tatsächlichen Sinne, auf der die Bußgeldahnung letztlich beruht, kann nur von einer natürlichen Person vorgenommen werden. Es stellt sich somit zum einem die Frage, wie ein Unternehmen mangels eigener Handlungsfähigkeit einen Gesetzesverstoß begehen kann. Zum anderen ist umgekehrt fraglich, wie die für das Unternehmen handelnde natürliche Person einen Gesetzesverstoß begehen kann, wenn sie nicht Normadressat ist. Die Notwendigkeit einer Verknüpfung zwischen der Handlung der natürlichen Person einerseits und der Adressateneigenschaft des Unternehmens anderseits liegt auf der Hand, da andernfalls die Bußgeldtatbestände des § 81 GWB weitgehend leerliefen. Die Bußgeldverantwortlichkeit eines Unternehmens erfordert die Anwendung des § 30 OWiG, wonach die kartellrechtswidrige Handlung einer natürlichen Person dem Unternehmen zugerechnet werden kann. Soll hingegen ein Bußgeldbescheid gegen eine natürliche Person ergehen, muss umgekehrt eine Zurechnung der Unternehmenseigenschaft zur natürlichen Person erfolgen[71]. Die zumeist fehlende Eigenschaft der natürlichen Person, ein Unternehmen im kartellrechtlichen Sinne zu sein, wird durch § 9 OWiG überbrückt. Danach kann ein Gesetz, das besondere persönliche Merkmale für die Ahndung voraussetzt, auch auf den Vertreter angewendet werden, wenn diese Merkmale zwar nicht bei ihm, aber beim Vertretenen vorliegen. § 9 OWiG schließt damit Ahndungslücken im Bereich der Sonderdelikte in Fällen, in denen ein Qualifizierter (Intraneus) sich einer eigenen tatbestandsmäßigen Tätigkeit enthält und einen Nichtqualifizierten (Extraneus) für sich handeln lässt[72].

---

70 Zum Wesen der juristischen Person, insb. zu der meist mit *Friedrich Carl von Savigny* in Verbindung gebrachten Fiktionstheorie, ausführlich: *Flume*, Die juristische Person, S. 1 ff.

71 Etwas anderes gilt freilich, soweit der jeweilige Tatbestand ausnahmsweise ein keinen Unternehmensbezug aufweist.

72 *Mitsch*, Ordnungswidrigkeiten, § 7 Rn. 21; *Rogall*, in: KK OWiG, § 9 Rn. 1; *Gürtler*, in: Göhler, OWiG, § 9 Rn *2; Bohnert*, OWiG, § 9 Rn. 2; *Demuth/Schneider,* BB 1970, 642; *Theile/Petermann*, JuS 2011, 496 (497). Entsprechend zur parallel gelagerten strafrechtliche Regelung des § 14 StGB vgl. *Fischer*, StGB, § 14 Rn. 1b.

III. „Unternehmenseigenschaft“ als besonderes persönliches Merkmal

Damit ordnungswidrig handelnde natürliche Personen durch eine Zurechnung der Unternehmenseigenschaft gemäß § 9 OWiG zu Normadressaten werden, muss es sich bei der „Unternehmenseigenschaft“ um ein besonderes persönliches Merkmal i.S.d. § 9 OWiG handeln. Nach der in § 9 Abs. 1 OWiG enthaltenen Legaldefinition sind besondere persönliche Merkmale die „besonderen persönlichen Eigenschaften, Verhältnisse oder Umstände“ einer Person. Trotz dieser Legaldefinition scheidet die Zurechnung persönlicher Eigenschaften immer aus, weil es sich dabei um nicht übertragbare Wesensmerkmale der Person des Vertretenen handelt (Alter, Geschlecht etc.)[73]. Besondere persönliche Umstände sind Merkmale von vorübergehender Dauer, namentlich bestimmter innerer Tendenzen und überschießende Absichten eigennütziger Art[74]. Das Tatbestandsmerkmal „Umstand“ hat lediglich eine Auffangfunktion[75]. Von großer Bedeutung sind hingegen die besonderen persönlichen Verhältnisse. Diese haften einer Person an und betreffen seine Beziehungen zu anderen Personen, zu Sachen und zur Umwelt[76]. Hierzu zählen u.a. die Funktionen als Arbeitgeber, Kfz-Halter, Veranstalter, Eigentümer, Betreiber einer Anlage sowie die Teilnehmer am Außenwirtschaftsverkehr[77]. Bei künstlichen Rechtssubjekten wie juristischen Personen ist es typisch, dass das Merkmal erst durch die Teilnahme am gesellschaftlichen Verkehr entsteht, weil erst dadurch das erforderliche (Außen-)Verhältnis entsteht.

Die Unternehmenseigenschaft im kartellrechtlichen Sinne ist nach allgemeiner Ansicht ein persönliches Merkmal i.S.d. § 9 OWiG[78]. Durch die Beteiligung eines Rechtsträgers am Wettbewerb werden seine Beziehungen zu äußeren

---

73 *Klesczewski*, Ordnungswidrigkeitenrecht, Rn. 537; *Rogall*, in: KK OWiG, § 9 Rn. 28; *Hannich*, in: Rebmann/Roth/Herrmann, OWiG (3. Lfg. 1999), § 9 Rn. 7; *Többens*, NStZ 1999, 1 (2). Anders hingegen *Bohnert*, OWiG, § 9 Rn. 4, der eine Zurechnung von Eigenschaften wie Alter und Geschlecht jedenfalls nicht explizit ausschließt.

74 *Klesczewski*, Ordnungswidrigkeitenrecht, Rn. 537; *Hannich*, in: Rebmann/Roth/Herrmann, OWiG (3. Lfg. 1999), § 9 Rn. 9; *Rogall*, in: KK OWiG, § 9 Rn. 30.

75 *Bohnert*, OWiG, § 9 Rn. 5; *Rogall*, in: KK OWiG, § 9 Rn. 30; *Hannich*, in: Rebmann/Roth/Herrmann, OWiG (3. Lfg. 1999), § 9 Rn. 9.

76 RGSt 25, 266 (270); BGHSt 6, 260 (262); BayObLG NVwZ 1991, 814 (815); *Rogall*, in: KK OWiG, § 9 Rn. 29; *Hannich*, in: Rebmann/Roth/Herrmann, OWiG (3. Lfg. 1999), § 9 Rn. 8.

77 Vgl. *Gürtler*, in: Göhler, OWiG, § 9 Rn. 6 m.w.N.

78 Vgl. aus der Praxis etwa: BKartA WuW/E DE-V 1814 – *„Kontaktlinsen“*; OLG Düsseldorf WuW/E DE-R 2933 – *„HDI-Gerling“*. Aus dem Schrifttum: *Dreher*, in: FS für Konzen, S. 85 (89); *Klusmann*, in: Wiedemann, Kartellrecht, § 55 Rn. 31; *Achenbach*, in: Frankfurter Kommentar (61. Lfg. 2006), Vor. § 81 Rn. 50; *Dannecker/Biermann*, in: Immenga/Mestmäcker, GWB, § 81 Rn. 26; *Gürtler*, in: Göhler, OWiG, § 9 Rn. 6; *Kapp/Gärtner*, CCZ 2009, 168 (169).

Verhältnissen, insbesondere sein Verhältnis zu anderen Wettbewerbern und zur Marktgegenseite, in einer Art und Weise geprägt, dass der Rechtsträger bei Erfüllung der Voraussetzungen des im Kartellrecht geltenden funktionellen Unternehmensbegriffs zugleich stets die Unternehmenseigenschaft als besonderes persönliches Merkmal i.S.d. § 9 OWiG innehat. Damit ist die Unternehmenseigenschaft ein für die Zurechnung nach § 9 OWiG taugliches persönliches Merkmal.

IV. Zurechnungsadressaten

Als nächstes ist im Hinblick auf die kartellrechtliche Bußgeldverantwortlichkeit von natürlichen Personen zu untersuchen, wem genau die Unternehmenseigenschaft zugerechnet werden kann, da nur diese Personen unmittelbar Tatbestände verwirklichen können, die sich eigentlich an Unternehmen richten. Das Gesetz unterscheidet dabei zwischen zwei verschiedenen Gruppen von Zurechnungsadressaten, nämlich den Vertretern (§ 9 Abs. 1 OWiG) und den Beauftragten (§ 9 Abs. 2 OWiG).

Zu den Vertretern i.S.v. § 9 Abs. 1 OWiG zählen die vertretungsberechtigten Organe einer juristischen Person, Mitglieder eines solchen Organs, vertretungsberechtigte Gesellschafter einer rechtsfähigen Personengesellschaft sowie gesetzliche Vertreter eines anderen. Vertretungsberechtigte Organe von juristischen Personen sind vor allem Vorstandsmitglieder einer AG[79], Geschäftsführer einer GmbH[80], der Vorstand des eingetragenen Vereins[81] oder der persönlich haftende Gesellschafter einer KGaA[82]. Da es sich dem ausdrücklichen Wortlaut nach um ein „vertretungsberechtigtes“ Organ handeln muss, werden nur die Geschäftsleitungsorgane und nicht etwa andere Organe (Mitgliederversammlung als oberstes Körperschaftsorgan, Aufsichtsrat als Kontrollorgan, Beiräte usw.) erfasst. Zu den vertretungsberechtigten Gesellschaftern einer rechtsfähigen Personengesellschaft zählen insbesondere der Komplementär einer KG[83]. Bei den übrigen Personengesellschaften (OHG, EWIV, PartG, Außen-GbR) ist der jeweilige Gesellschaftsvertrag maßgeblich[84]. Ein sonstiger gesetzlicher Vertreter

---

79 §§ 76 Abs. 2, 78 AktG.
80 §§ 13 Abs. 1, 35 GmbHG.
81 §§ 26, 29 BGB.
82 §§ 278 AktG, 170 HGB.
83 Vgl. §§ 161, 170 HGB.
84 *Gürtler*, in: Göhler, OWiG § 9 Rn. 10; *Achenbach*, in: Frankfurter Kommentar (61. Lfg. 2006), Vor. § 81 Rn. 55; *Bohnert*, OWiG, § 9 Rn. 13.

gemäß § 9 Abs. 1 Nr. 3 OWiG kann im kartellrechtlichen Zusammenhang insbesondere der Insolvenzverwalter sein[85].

§ 9 Abs. 2 OWiG erweitert den Kreis der Zurechnungsadressaten auf diejenigen, denen die Leitung des Unternehmens oder des Betriebs[86] „ganz oder zum Teil“ übertragen wurde oder die mit einer dem Inhaber des Betriebs obliegenden Aufgabe betraut wurden. Die Teilleitungsklausel wird weit ausgelegt. Das OLG Stuttgart hat hierzu ausgeführt, dass nicht nur die Leiter von räumlich und organisatorisch abgegrenzten Betriebsteilen, sondern auch die Leiter von nur sachlich abgegrenzten Betriebsteilen innerhalb des Geschäftsbetriebes erfasst seien[87]. Diese Repräsentanten müssen eine gewisse Selbstständigkeit aufweisen und ihnen müssen auch entsprechende Entscheidungsbefugnisse übertragen sein, weil nur dann eine Verantwortlichkeit für den Geschäftsbereich entstehen kann[88]. Bejaht werden kann dies vor allem, wenn die betroffene Person besondere, dem Firmeninhaber nicht zustehende Sachkunde hat und im Rahmen der Betriebsleitung frei agieren kann[89]. Externe Rechtsanwälte, Steuerberater und Unternehmensberater nehmen zumeist als Berater keine Leitungstätigkeit wahr. Etwas anderen kann für Compliance-Beauftragte gelten, soweit ihre Bestellung tatsächlich auch umgesetzt wurde und der Betreffende die ihm übertragene Leitungsaufgabe wahrgenommen hat[90]. Gemäß § 9 Abs. 2 S. 3 OWiG gilt die Zurechnungsbestimmung auch für Personen, die aufgrund eines Auftrags für eine Stelle handeln, die öffentliche Aufgaben wahrnimmt[91].

Sowohl für den Vertreter als auch für den Beauftragten ist gemäß § 9 Abs. 3 OWiG die zivilrechtliche Wirksamkeit der Rechtshandlung, welche die Vertretungsbefugnis oder das Auftragsverhältnis begründen soll, unerheblich. Eine andere Frage ist jedoch, ob die Organhaftungsbestimmungen auch auf Personen angewandt werden können, bei denen eine wirksame Bestellung überhaupt nicht in Aussicht genommen wurde, die aber gleichwohl im Einverständnis mit dem Vertretenen neben oder anstelle von bestellten Organen eine organgleiche Posi-

---

85 Vgl. *Gürtler*, in: Göhler, OWiG § 9 Rn. 12; *Achenbach*, in: Frankfurter Kommentar (61. Lfg. 2006), Vor. § 81 Rn. 56; *Bohnert*, OWiG, § 9 Rn. 15.

86 Gemäß § 9 Abs. 2 S. 2 OWiG steht das Unternehmen dem Betrieb gleich.

87 OLG Stuttgart WuW/E OLG 1742 – *„Sanitärhandel“*.

88 *Raum*, in: Langen/Bunte, Dt. Kartellrecht, § 81 Rn. 16.

89 Vgl. OLG Stuttgart WuW/E OLG 1742 (1743) – *„Sanitärhandel“*. Hier leitete der persönlich bußgeldpflichtige mit besonderer Fachkenntnis eine Sanitärabteilung einer Firma und war dabei in dem von der Betriebsleitung aufgestellten Rahmen im Verkauf völlig frei und im Einkauf bis zu einem Betrag von 10.000 DM.

90 *Rönnau/Schneider*, ZIP 2010, 53 (60 f.). Nach einem obiter dictum des 5. Strafsenats des BGH trifft den Compliance-Beauftragten sogar regelmäßig eine strafrechtliche Garantenstellung zur Abwendung von Straftaten, die von Unternehmensangehörigen im Rahmen ihrer Tätigkeit begangen werden, vgl. BGHSt 54, 44.

91 Vgl. hierzu BGH WUW/E 2600 – *„Bundesbahnbedienstete“*, wo der Betroffene Geschäftsführer eines Unternehmensteils der Deutschen Bundesbahn war.

tion eingenommen haben (sog. faktisches Organ). Relevant wird dies u.a. in Fällen, in denen eine Person wegen eines gegen sie bestellten Berufsverbots oder wegen strafrechtlicher Verfehlungen (vgl. § 6 Abs. 2 GmbHG) nicht förmlich bestellt wird und einen Strohmann vorschiebt. Zwar erscheint das kriminalpolitische Bedürfnis für die Einbeziehung der Fälle faktischer Organschaft verständlich. Zu bedenken ist jedoch, dass § 9 Abs. 3 OWiG ausdrücklich eine Rechtshandlung im Sinne eines wenigstens versuchten Bestellungsakts voraussetzt[92]. Da der Wortlaut der Norm zumindest einen unwirksamen Bestellungsakt fordert, muss man bei völligem Fehlen eines Bestellungsakts dieses Unterlassen als Nullum qualifizieren. Es handelt sich daher nicht um ein wesensgleiches Minus, das von der Vorschrift miterfasst wird. Die durch den möglichen Wortsinn des Gesetzes markierte äußerste Grenze zulässiger Interpretation würde überschritten, wenn man Fälle der faktischen Organschaft unter § 9 Abs. 3 OWiG subsumieren würde[93].

V. Statusbezogenes Handeln

Weitere Voraussetzung für die Zurechnung eines persönlichen Merkmals ist, dass der Täter – so der Wortlaut des § 9 Abs. 1 bzw. Abs. 2 OWiG – *„als“* gesetzlicher Vertreter bzw. *„aufgrund“* des Auftrags handelt. Daher ist ein gewisser Zusammenhang zwischen der tatbestandsverwirklichenden Handlung und der Stellung, die den Täter zum Zurechnungsadressaten macht, erforderlich. Hierfür forderte die vor allem in der strafgerichtlichen Rechtsprechung zu § 14 StGB, der wörtlich mit § 9 OWiG übereinstimmt, vertretene Interessentheorie, dass der Täter bei seiner Tat jedenfalls auch im Interesse des Vertretenen gehandelt hat[94]. Demgegenüber wird in der Literatur überwiegend die Funktionstheorie befürwortet, wonach der Täter die rechtlichen oder tatsächlichen Handlungsmöglichkeiten ausgenutzt haben muss, die seine Vertreterstellung bietet[95]. Jüngst erklärte der 3. Strafsenat des BGH in einem obiter dictum, von der Interessentheorie Abstand nehmen zu wollen[96]. Unabhängig von dieser möglichen

---

92 So auch der Hinweis bei: *Cramer/Panaris*, in: Loewenheim, Kartellrecht, § 81 Rn. 12; *Rogall*, in: KK OWiG, § 9 Rn. 83.

93 *Cramer/Panaris*, in: Loewenheim, Kartellrecht, § 81 Rn. 12; *Rogall*, in: KK OWiG, § 9 Rn. 46 ff. mwN.

94 BGHSt 28, 371 (372); 30, 127 (128); 34, 221 (223).

95 *Hannich*, in: Rebmann/Roth/Herrmann, OWiG (3. Lfg. 1999), § 9 Rn. 28; *Rogall*, in: KK OWiG, § 9 Rn. 59; *Gürtler*, in: Göhler, OWiG § 9 Rn. 15.

96 BGH ZIP 2009, 959 (961 f.). Stattdessen neigt der BGH dazu – ähnlich wie die auf objektiv-funktionale Kriterien abstellende Gegenmeinung – die Merkmalszurechnung von objektiven Kriterien wie dem Auftreten im Namen des Vertretenen oder (bei rein tatsächlichem Handeln) von der Zustimmung des Vertretenen abhängig zu machen. Vgl. auch die befürwortenden Anmerkungen zum obiter dictum von *Rönnau/Schneider*, ZIP 2010, 53 (61).

Änderung der Rechtsprechung, deren weitere Entwicklung noch unsicher erscheint, kommen im Bereich der kartellrechtlichen Ordnungswidrigkeiten beide Theorien praktisch immer zu gleichen Ergebnis. Denn der Unternehmensmitarbeiter begeht eine kartellrechtliche Ordnungswidrigkeit nicht nur für sich persönlich, sondern primär zum (vermeintlichen) Wohle seines Unternehmens und handelt dabei gleichzeitig in Ausführung der ihm zugewiesenen rechtlichen oder tatsächlichen existierenden Kompetenzen. Ein gewisses eigenes Interesse am Taterfolg, etwa durch Verbesserung von Beförderungschancen, steht dem nicht entgegen.

Handelt bei einem mehrgliedrigen Organ das intern unzuständige Mitglied des Organs auf Grund einer nach außen unbeschränkten Vertretungsmacht, so spielt der Umstand, dass es in einem ihm nicht zugewiesenen Geschäftsbereich tätig wird, keine Rolle, soweit es sich um ein Begehungsdelikt handelt[97]. Wenn also beispielsweise eine Kartellabsprache durch ein nur für Entwicklung zuständiges Vorstandsmitglied getroffen wird, kommt § 9 OWiG ohne Rücksicht auf das Fehlen der internen Zuständigkeit in Betracht.

VI. Rechtsfolgen der Zurechnung

Rechtsfolge des § 9 OWiG ist, dass der Zurechnungsadressat so gestellt wird, als weise er selbst das besondere persönliche Tatbestandsmerkmal der Bußgeldvorschrift auf, deren Handlungsmerkmale er durch eigenes Handeln erfüllt. Für die kartellrechtliche Bußgeldverantwortlichkeit natürlicher Personen bedeutet dies, dass die natürliche Person so gestellt wird, als sei sie selbst ein Unternehmen im kartellrechtlichen Sinne. Folge ist, dass sämtliche kartellrechtliche Verbotstatbestände, auch wenn sie ein Handeln eines Unternehmens fordern, von ihr verwirklicht werden können. Oder abstrakt formuliert: Die Nichtidentität zwischen Normadressat und Handelndem wird durch § 9 OWiG überbrückt.

Das Unternehmen, das Träger des zugerechneten persönlichen Merkmals ist, wird von der Rechtsfolge des § 9 OWiG nicht berührt. Damit ist es nicht so, dass das persönliche Merkmal nach der Zurechnung beim Vertretenen oder Auftraggeber, also beim Unternehmen, fehlen würde und für dessen ordnungswidrigkeitenrechtliche Haftung nicht mehr zur Verfügung stünde[98]. Denn mit

[97] *Rogall*, in: KK OWiG, § 9 Rn. 63; *Cramer/Panaris*, in: Loewenheim, Kartellrecht § 81 Rn. 8; zur Beschränkung auf Begehungsdelikte ist anzumerken, dass eine Haftung wegen der Verletzung von Aufsichtspflichten (anknüpfend an ein Unterlassen des Täters) gemäß § 130 OWiG immer voraussetzt, dass der Täter als Aufsichtspflichtige Person zum Täterkreis des Sonderdelikts zählt.

[98] Vgl. etwa OLG Düsseldorf wistra 1990, 78 (79); *Mitsch*, Ordnungswidrigkeiten, § 7 Rn. 37; *Rogall*, in: KK OWiG, § 9 Rn. 88; *Többens*, NStZ 1999, 1 (3). Daher ist es strenggenommen nicht terminologisch korrekt, wenn *Marxen*, JZ 1988, 286 (287) von ei-

der Verwendung des Wortlauts „auch" stellt § 9 OWiG klar, dass nur ein kumulativer und kein befreiender Pflichtenübergang erfolgen soll[99]. Zudem soll § 9 OWiG seinem Normzweck nach für den unmittelbar Handelnden die Ahndbarkeit erweitern, ohne den Vertreter zu entlasten. Somit kann sich – und dies ist bei Kartellordnungswidrigkeiten der Regelfall – neben der Bußgeldverantwortlichkeit des Vertreters bzw. des Beauftragten auch eine Verantwortung des Unternehmens, für das die natürliche Person handelt, wegen derselben kartellrechtlichen Zuwiderhandlung gemäß § 30 OWiG ergeben.

VII. Zusammenfassung

Die bußgeldbewährten Pflichten und Verbote sind ganz überwiegend Unternehmen auferlegt. Da natürliche Personen fast nie selbst den kartellrechtlichen Unternehmensbegriff erfüllen, sondern nur für ein Unternehmen handeln, sind sie nicht originäre Normadressaten dieser kartellrechtlichen Ordnungswidrigkeitentatbestände. Eine persönliche Bußgeldhaftung ist in diesen Fällen nur möglich, wenn eine Überbrückung der bei der natürlichen Person fehlenden Normadressatenschaft erfolgt. Diese Funktion erfüllt § 9 OWiG, wonach die Unternehmenseigenschaft als besonderes persönliches Merkmal den Vertretern und Beauftragten des Unternehmens zugerechnet werden kann. Insbesondere die vertretungsberechtigten Organe von juristischen Personen sowie die vertretungsberechtigten Gesellschafter einer rechtsfähigen Personengesellschaft werden dadurch so behandelt, als seien sie selbst ein Unternehmen im kartellrechtlichen Sinne. Doch auch die mit einer selbstständigen Leitung von Betrieben und Betriebsteilen beauftragten Personen können nach § 9 Abs. 2 OWiG Zurechnungsadressaten sein. Durch eine Fiktion wird die fehlende Normadressatenschaft überwunden und die Zurechnungsadressaten des § 9 OWiG können gegen sämtliche Ordnungswidrigkeitentatbestände verstoßen und dafür persönlich mit einem Bußgeld belangt werden. Andere als die in § 9 Abs. 1 und 2 OWiG genannten Zurechnungsadressaten können hingegen kartellrechtliche Tatbestände mit Unternehmensbezug nicht unmittelbar verwirklichen. Bei ihnen kann jedoch eine Beteiligung an der Tat eines anderen in Betracht kommen.

---

ner „Transplantation" spricht. Auch der von *Achenbach*, in: Frankfurter Kommentar (61. Lfg. 2006), Vor. § 81 Rn. 51 verwendete Begriff des „Überwälzens" ist zumindest missverständlich, da unbestritten die Haftung des Vertretenen bzw. des Auftraggebers nicht berührt wird.

99 *Rogall*, in: KK OWiG, § 9 Rn. 88; *Többens*, NStZ 1999, 1 (3).

C. Beteiligung an der Tatbestandsverwirklichung einer anderen Person

Bislang wurde davon ausgegangen, dass die natürliche Person, gegen die ein Bußgeld persönlich verhängt werden soll, selbst aktiv einen Ordnungswidrigkeitentatbestand vollständig erfüllt. Gerade bei Großunternehmen wirken jedoch meist mehrere Personen bei der Tatbestandsverwirklichung mit, weil hier Aufgaben verteilt bzw. delegiert werden. Hier müssen Beteiligungsvorschriften zur Anwendung kommen, um die Ahndbarkeit bei Personen zu begründen, deren eigenes Verhalten für sich genommen nicht dazu ausreicht, weil es den in Tatbestand einer Ordnungswidrig nicht erfüllt.

Das Ordnungswidrigkeitenrecht kennt zwei Beteiligungsnormen, die in Mehr-Personen-Fällen zu einer Ausdehnung der Ahndbarkeit führen können: Zum einem ordnet § 14 OWiG an, dass jeder, der sich an einer Ordnungswidrigkeit dadurch beteiligt, dass er auf vorwerfbarer Weise bei der Verwirklichung mitwirkt, selbst ordnungswidrig handelt. Zum anderen regelt § 130 OWiG eine Ahndbarkeitsausdehnung für denjenigen, der zwar nicht aktiv die Tatbegehung eines anderen fördert, aber durch die Nichteinhaltung der ihm persönlich gebotenen Aufsichtspflicht den Erfolgseintritt nicht verhindert.

I. Ahndbarkeitsausdehnende Beteiligung nach § 14 OWiG

1. Der Einheitstäterbegriff im Ordnungswidrigkeitenrecht

§ 14 OWiG bestimmt, dass jeder Beteiligte an einer Ordnungswidrigkeit selbst ordnungswidrig handelt. Eine genauere Differenzierung nach der Art und Weise des tatbestandsverwirklichenden Beitrags enthält die Vorschrift nicht. Damit gilt das aus dem Strafrecht bekannte diffizile System der differenzierten Beteiligungsformen (Anstiftung, Beihilfe etc.) im Ordnungswidrigkeitenrecht nicht, sondern vielmehr ein unterschiedsloser, sogenannter „einheitlicher Täterbegriff"[100]. Dadurch soll die Rechtsanwendung erleichtert werden, da sich eine Einteilung des Tatbeitrages des Beteiligten anhand der strengen Kategorien Täterschaft oder Teilnahme erübrigt. Die Vereinheitlichung beschränkt sich nicht auf die Tatbestandsseite, sondern erstreckt sich auch auf die Rechtsfolgen-

---

[100] *Cramer/Panaris*, in: Loewenheim, Kartellrecht, § 81 Rn. 13; *Bechtold*, in: Bechtold, GWB, § 81 Rn. 61; *Bohnert*, OWiG, § 14 Rn. 1; *Gürtler*, in: Göhler, OWiG, § 14 Rn. 1; *Rengier*, in: KK OWiG, § 14 Rn. 4; *Klusmann*, in: Wiedemann, Kartellrecht, § 55 Rn. 31; *Mitsch*, Ordnungswidrigkeiten, § 13 Rn. 10 ff.; Kienapfel, NJW 1983, 2236.

seite: Aufgrund fehlender gesetzlicher Vorgaben für eine Ungleichbehandlung gilt für alle Beteiligten der gleiche Bußgeldrahmen[101].

2. Fehlendes besonderes Persönliches Merkmal beim Beteiligten

Für die kartellrechtliche Bußgeldverantwortlichkeit natürlicher Personen kann § 14 Abs. 1 S. 2 OWiG von wesentlicher Bedeutung sein, wonach es ausreicht, wenn ein besonderes persönliches Merkmal i.S.d. § 9 OWiG bei einem der Beteiligten vorliegt. Dadurch können auch natürliche Personen, die keine leitende Tätigkeit im Unternehmen wahrnehmen und daher selbst nicht Zurechnungsadressaten i.S.d. § 9 OWiG sind, sich an Ordnungswidrigkeiten beteiligen und dafür sanktioniert werden, sofern jedenfalls einer der Beteiligten die Voraussetzungen des § 9 OWiG erfüllt. So kann nach geltender Rechtslage etwa die mit einschlägigen Schreibarbeiten „helfende" Sekretärin wegen einer Kartellordnungswidrigkeit verfolgt werden[102]. Ob ein solches Vorgehen in der Praxis zweckmäßig ist, ist keine Frage der Haftungsvoraussetzungen, sondern des Verfolgungsermessens. Jedenfalls ermöglicht § 14 Abs. 1 S. 2 OWiG Beteiligungshandlungen von Personen zu ahnden, die in der Unternehmenshierarchie keine leitende Position einnehmen.

Daneben wird durch § 14 Abs. 1 S. 2 OWiG die Ahndbarkeit auf Personen ausgeweitet, die sich extern, also ohne selbst Teil des Unternehmens zu sein, am kartellrechtswidrigen Verhalten beteiligen. Relevant wurde dies jüngst in einem Fall, in dem gegen einen Wirtschaftsprüfer ein Bußgeld verhängt wurde, weil dieser für ein Kartell Marktstatistiken erstellt und Sollquoten für die Marktaufteilung festgelegt hatte[103]. Denkbar ist auch eine Haftung von Rechtsanwälten, die im Rahmen ihrer Beratung zu wettbewerbsrechtlichen Fragen einen unterstützenden Beitrag zur Tatbestandsverwirklichung leisten[104].

---

101 *Mitsch*, Ordnungswidrigkeiten, § 13 Rn. 17; *Bohnert*, OWiG, § 14 Rn. 3; *Gürtler*, in: Göhler, OWiG, § 14 Rn. 2.

102 Das konkrete Beispiel der Sekretärin ebenfalls nennend: *Klusmann*, in: Wiedemann, Kartellrecht, § 55 Rn. 32; *Dreher*, ZWeR 2004, 75 (91). Allgemein zur Ausdehnung der Sanktionsmöglichkeit durch § 14 Abs. 1 S. 2 OWiG siehe *Cramer/Panaris*, in: Loewenheim, Kartellrecht, § 81 Rn. 13.

103 Vgl. hierzu den Fallbericht des Bundeskartellamts zum Kartellverfahren gegen Hersteller von Feuerwehrlöschfahrzeugen, Aktenzeichen B 12 - 11/09, abrufbar unter http://www.bundeskartellamt.de.

104 Soweit lediglich rechtswidriges Verhalten angeraten wird, dürfte jedoch eine Haftung oft am subjektiven Tatbestand scheitern, da nach h.M. eine vorsätzliche Beteiligungshandlung erforderlich ist (siehe Kapitel 2, C I 4.). Der Nachweis einer vorsätzlichen Beteiligung wird nur in seltenen Fällen gelingen, etwa wenn umfangreiche Beteiligungshandlungen eines externer Rechtsberater bei der planmäßigen Verdeckung von Kartellierungen nachgewiesen werden.

3. Objektiver Beitrag zur Tatbestandsverwirklichung

Objektiv setzt § 14 OWiG dem Wortlaut nach eine „Beteiligung" an einer Ordnungswidrigkeit voraus. Der äußeren Form nach kann dies ein Verhalten sein, das im Strafrecht als Anstiftung, Beihilfe oder Mittäterschaft qualifiziert werden würde[105]. Wenngleich dem Ordnungswidrigkeitenrecht aufgrund des Einheitsprinzips diese Differenzierung fremd ist, ist ein gewisser gedanklicher Rückgriff auf diese strafrechtlichen Begriffe erforderlich, wenn der weit gefasste Begriff der „Beteiligung" ausgefüllt werden soll[106]. Mindestvoraussetzung von Beteiligung ist ein objektiver Beitrag, der das Zustandekommen einer vollständigen tatbestandsmäßigen Ordnungswidrigkeit wenigstens fördert[107]. Nicht erforderlich ist, dass der Beteiligte einen Teil der tatbestandsmäßigen Handlung selbst vorgenommen hat. Ausreichend ist vielmehr jede Vorbereitungs- und Unterstützungshandlung, auch wenn sie in einer geistigen Mitwirkung liegt, z.B. durch Erteilung eines Rates oder einer Auskunft[108].

Die Bandbreite für kartellrechtlich relevante Beteiligungshandlungen ist dadurch denkbar weit. So können gezielte Anweisungen von Vorgesetzten, die nachgeordnete Mitarbeiter zu kartellrechtswidrigen Handlungen aufrufen, ebenso wie organisatorische Unterstützungshandlungen, ja sogar psychisch unterstützende Ratschläge von Kollegen ausreichen, um eine Beteiligung i.S.d. § 14 OWiG zu begründen. Auch hier gilt, dass – losgelöst von der Frage der rechtlichen Möglichkeit einer Ahndbarkeit – die Verhängung eines Bußgeldes eine Ermessensfrage ist, bei der im Einzelfall das Gewicht der Unrechtsverwirklichung sorgfältig von der Kartellbehörde zu prüfen ist.

Sofern im Bußgeldverfahren nicht geklärt werden kann, ob der Betroffene die Tat selbst begangen oder sich nur an ihr beteiligt hat, kann er wegen des Einheitstäterbegriffs in beiden möglichen Fallgestaltungen als Täter der Ordnungswidrigkeit angesehen werden. Freilich setzt dies die doppelte Feststellung vo-

---

105 BGH 31, 309; *Mitsch*, Ordnungswidrigkeiten, § 13 Rn. 36; *Rengier*, in: KK OWiG, § 14 Rn. 4; *Gürtler*, in: Göhler, OWiG, § 14 Rn. 5c. Auf die mittelbare Täterschaft ist § 14 OWiG hingegen nicht anwendbar; insoweit finden die allgemeinen strafrechtlichen Regelungen Anwendung, vgl. *Rengier*, in: KK OWiG, § 14 Rn. 4 m.w.N.

106 *Mitsch*, Ordnungswidrigkeiten, § 13 Rn. 36. Konsequenz ist, dass man der o.g. Zielsetzung der Vereinfachung des Ordnungswidrigkeitenrechts durchaus kritisch betrachten kann, so bereits *Cramer*, NJW 1969, 1929 (1934).

107 *Mitsch*, Ordnungswidrigkeiten, § 13 Rn. 36; *Achenbach*, in: Frankfurter Kommentar (61. Lfg. 2006), Vor. § 81 Rn. 61. Die Beteiligung kann auch durch bewusstes Unterlassen besonderer Aufsichtsmaßnahmen bei erwarteten Zuwiderhandlungen gegen das Kartellrecht erfolgen, vgl. BGH wistra 1989, 109.

108 So auch die ständige strafrechtliche Rspr., vgl. nur BGH NStZ 1985, 165; für das Ordnungswidrigkeitenrecht vgl. nur *Rengier*, in: KK OWiG, § 14 Rn. 22 m.w.N.

raus, dass der Betroffene den Verstoß entweder selbst vorsätzlich begangen hat oder den von einem anderen vorsätzlich begangenen Verstoß gefördert hat[109].

4. Vorsatz und Fahrlässigkeit bei der Beteiligung

In subjektiver Hinsicht muss sich der Vorsatz des Beteiligten sowohl auf die Tatsachen beziehen, welche die Tatbestandsmäßigkeit des Verhaltens begründen, als auch das Wissen, dass er die Tatbestandsverwirklichung durch seinen Beitrag fördert[110]. Beteiligt ist auch, wer nicht weiß, wann wo wem gegenüber und unter welchen Umständen die Tat ausgeführt wird, soweit die Vorstellung der wesentlichen Dimensionen des Haupttatunrechtes vorhanden ist[111]. Der subjektive Tatbestand ist damit erfüllt, wenn der an der Tat Beteiligte eine grobe Vorstellung von dem Ablauf der wettbewerbsfeindlichen Ausführungen der Kartellordnungswidrigkeit hat und dies zumindest billigend in Kauf nimmt.

Ob § 14 OWiG auch die fahrlässige Beteiligung erfasst, ist umstritten. Nach der Rechtsprechung und weiter Teile der Literatur ist wie im Strafrecht nur die vorsätzliche Beteiligung an einer vorsätzlichen Bezugstat ahndbar, weil das Vereinfachungskonzept des Einheitstäters nicht zu einer weitergehenden Ahndung der Tatbeteiligung im Ordnungswidrigkeitenrecht führen soll als im Strafrecht[112]. Als Begründung für diese Ansicht wird angeführt, dass aus der Formulierung „sich beteiligen" in § 14 Abs. 1 OWiG der Rückschluss gezogen werden kann, dass Beteiligung nur das vorsätzliche Ausrichten des eigenen Verhaltens auf das Verhalten eines anderen sein könne[113]. Andererseits sieht der Wortlaut – anders als §§ 16, 27 StGB – eine Ausgrenzung der Fahrlässigkeit aber nicht ausdrücklich vor[114]. Da der Gesetzeswortlaut mehrere Deutung zulässt, begründet die Rechtsprechung ihre Auffassung vor allem damit, dass die Anerkennung

---

[109] OLG Düsseldorf, NStZ 1981, 265; OLG Hamm, NJW 1981, 2269; OLG Koblenz, NJW 1986, 1003. Zustimmend aus dem Schrifttum: *Rengier*, in: KK OWiG, § 14 Rn. 110; Göhler, NStZ 1982, 11. Bei der Bußgeldbemessung muss zu Gunsten des Täters die für ihn günstigste Variante zugrunde gelegt werden.

[110] *Rosenkötter*, Ordnungswidrigkeiten, Rn. 139; *Rengier*, in: KK OWiG, § 14 Rn. 30; *Hannich*, in: Rebmann/Roth/Herrmann, OWiG (3. Lfg. 1999), § 14 Rn. 12a.

[111] BGH WuW/E BGH 2394 (2398) – *„Zweigniederlassung"*: „Rechnet ein im Vorstand Verantwortlicher z.B. mit dem Abschluss von Submissionsabsprachen und nimmt er diese zumindest billigend in Kauf, dann kommt es nicht darauf an, ob ihm im Einzelnen bekannt ist, bei welchen Objekten und mit welchen anderen Unternehmen die Absprachen getroffen werden.". Kritisch zu dieser weiten Auslegung *Achenbach*, in: Frankfurter Kommentar (61. Lfg. 2006), Vor. § 81 Rn. 63.

[112] BGH WuW/E BGH 2036 – *„Gütertransporte ohne Genehmigung"*; i.E. ebenso OLG Köln NJW 1979, 826; *Dreher*, NJW 1970, 217 (221); *Knapp*, JuS 1979, 609 (613).

[113] OLG Köln NJW 1979, 826; *Dreher*, NJW 1970, 217 (221); *Knapp*, JuS 1979, 609 (613).

[114] BGH WuW/E BGH 2036 – *„Gütertransporte ohne Genehmigung"*, wo eingeräumt wird, dass der Gesetzeswortlaut verschiedene Deutungen zulasse, jedoch anschließend eine einschränkende Auslegung begründet wird; *Cramer*, NJW 1969, 1929 (1932).

der fahrlässigen Beteiligung als tatbestandsmäßige Ordnungswidrigkeit zur Folge hätte, dass der Bereich ahndbarkeitsbegründender Beteiligung im Ordnungswidrigkeitenrecht deutlich weiter wäre als die Beteiligtenstrafbarkeit im Strafrecht, wo es etwa eine Rechtsfigur wie die fahrlässige Beihilfe nicht gibt. Darin sieht die h.M. einen Wertungswiderspruch. Es sei widersprüchlich, die gleiche Art der Mitwirkung lediglich bei der Begehung von Ordnungswidrigkeiten, nicht aber im strafrechtlichen Bereich zu sanktionieren[115].

Die Frage nach einem Wertungswiderspruch ist im kartellrechtlichen Zusammenhang besonders brisant, da die gesetzgeberische Entscheidung, Kartellrechtsverstöße bloß als Ordnungswidrigkeiten zu ahnden, seit jeher auf kritische Stimmen in der Literatur gestoßen ist[116]. Vor diesem Hintergrund ist zu überlegen, ob bei Anerkennung einer fahrlässigen Beteiligung im Ordnungswidrigkeitenrecht tatsächlich ein Wertungswiderspruch zum Strafrecht vorliegen würde. Ein solcher setzt voraus, dass zwei Wertungen und ihre Folgen miteinander verglichen werden, die auf derselben Ebene liegen. Dies ist vorliegend aber nicht der Fall, da es um ordnungswidrigkeitenrechtliche und nicht strafrechtliche Sanktionen geht und sich die unterschiedliche Wertung – zumindest wenn man die gesetzgeberische Trennung ernst nimmt – nicht zu einer strafrechtlichen Regelung in Widerspruch setzen kann[117]. Der BGH nimmt zur Begründung des Wertungswiderspruchs hingegen eine Vergleichbarkeit in Hinblick auf die Rechtsfolgen an, da die hohen Geldbußen im GWB in ihrer Wirkung den Sanktionen der §§ 40, 44 StGB weitgehend gleichstehen[118]. Es drängt sich die Frage auf, mit welcher Begründung der BGH die Trennung zwischen Strafrecht und Ordnungswidrigkeitenrecht aufrecht erhalten will, wenn – so der BGH – zwischen beiden letztlich doch ein Gleichklang zum Zwecke der Vermeidung von Wertungswidersprüchen herrschen muss. Unabhängig davon, ob man zwischen Strafrecht und Ordnungswidrigkeitenrecht eher qualitative oder quantitative Unterschiede sehen will, scheint doch eine gewisse Selbstständigkeit des Ordnungswidrigkeitenrecht als Rechtsgebiet unbestreitbar. Gerade das Einheitstäterprinzip verdeutlicht, dass erhebliche Unterschiede zwischen beiden Rechtsgebieten bestehen. Nimmt man eine strikte Trennung zwischen Ordnungswidrigkeitenrecht und Strafrecht ernst, so können sie sich ihrem Wesen nach schon nicht zueinander in Widerspruch setzen[119].

---

115 BGH WuW/E BGH 2036 – *„Gütertransporte ohne Genehmigung“*; *Rengier*, in: KK OWiG, § 14 Rn. 8 mwN.

116 Ausführlich hierzu siehe Kapitel 4, B I 1. b).

117 *Mitsch*, Ordnungswidrigkeiten, § 13 Rn. 55.

118 BGH WuW/E BGH 2036 (2037) – *„Gütertransporte ohne Genehmigung“*.

119 So auch *Kienapfel*, NJW 1983, 2236 (2237) in der Besprechung des o.g. BGH-Urteils: „Entgegen der Ansicht des erkennenden Gerichts kann daher aus dem dogmatisch gezielt eigenständig konzipierten und vom StGB bewußt abweichend formulierten § 14 OWiG

Andererseits wird man aus kriminalpolitischer Sicht bezweifeln müssen, ob eine Ausdehnung der Zugriffsmöglichkeiten des Ordnungswidrigkeitenrechts bei der Beteiligung weit über die strafrechtliche Dimension hinaus wirklich sinnvoll ist[120]. Gegen eine Ausuferung des Ordnungswidrigkeitenrechts spricht, dass hier die Bußgeldverhängung im behördlichen Ermessen liegt und diese in Fällen der fahrlässigen Beteiligung selten geboten erscheint. Theoretisch könnten Ahndungslücken bestehen in Fällen, in denen ein Beteiligter die unvorsätzliche Tat des Haupttäters bewusst ausnutzt. Zumindest im kartellrechtlichen Zusammenhang ist jedoch nicht ersichtlich, dass hierzu praxisrelevante Fälle existieren. Obwohl dogmatische Gründe durchaus für die Anerkennung fahrlässiger Beteiligungshandlungen sprechen, besteht daher kein praktisches Bedürfnis für eine entsprechende Ausweitung der Ahndung.

Festzuhalten ist, dass nach derzeitiger Rechtsprechung nur bei der vorsätzlichen Beteiligung an einer vorsätzlichen Haupttat ein persönliches Bußgeld droht. Für die Beteiligung an Kartellordnungswidrigkeiten führt dies zu einer Enthaftung derjenigen Personen, die nicht wissen, dass ihr Verhalten einen Beitrag zur Verwirklichung eines Ordnungswidrigkeitentatbestands darstellt.

II. Verletzung der Aufsichtspflicht nach § 130 OWiG

1. Funktion und Bedeutung des § 130 OWiG

Eine zweite besondere Form der Tatbeteiligung ist in § 130 OWiG geregelt, der den Täterkreis auf Aufsichtspflichtige erweitert. Im kartellrechtlichen Zusammenhang erlangt diese Vorschrift besondere Bedeutung bei gezielt verheimlichten wettbewerbsrechtlichen Verstößen in Großunternehmen, die gegen den Willen der Unternehmensleitung erfolgen[121]. In solchen Fällen ist die Möglichkeit zur Belangung des unmittelbar Handelnden mitunter begrenzt, insbesondere wenn dieser keine der in § 9 OWiG erfassten Pflichtenstellung innehat. Gleichwohl hat die Tat häufig ihre Ursache in der mangelhaften Organisation des Unternehmens und der Beaufsichtigung nachgeordneter Ebenen der Unternehmenshierarchie. Daher knüpft § 130 OWiG die Bußgeldandrohung an die Verletzung der Aufsichtspflicht, insbesondere an das vorsätzliche oder fahrlässige Unterlassen geeigneter und gebotener präventiver Belehrungs- und Überwachungsmaßnahmen.

(...) gerade nicht der Schluß gezogen werden, die Beteiligungsregelung des OWiG sei mehr oder weniger mit jener der § 25 ff. StGB identisch"

120 Vgl. OLG Köln, NJW 1979, 826; *Rengier*, JZ 1996, 788; *Rengier*, in: KK OWiG, § 14 Rn. 6; aber zugestehend auch *Mitsch*, Ordnungswidrigkeiten, § 13 Rn. 56.

121 *Klusmann*, in: Wiedemann, Kartellrecht, § 55 Rn. 33. Sofern die Verstöße im Willen der Unternehmensleitung liegen, kommt regelmäßig neben der unmittelbaren Täterschaft die Beteiligung nach § 14 OWiG in Betracht.

Die Einstufung des § 130 OWiG als beteiligungsähnlicher Sondertatbestand ergibt sich daraus, dass Täter nur Inhaber von Betrieben oder Unternehmen sein können und die Norm auf die Zuwiderhandlung einer anderen Person Bezug nimmt, ohne dass eine Beteiligung im eigentlichen Sinn vorliegt. Denn ein aktiv fördernder Beitrag zur objektiven Tatbestandsverwirklichung liegt gerade nicht vor, wenn sich der Vorwurf auf eine fehlende Beaufsichtigung beschränkt. Sofern hingegen in einem Mehr-Personen-Verhältnis einer unterstützenden Handlung die Qualität einer Beteiligung i.S.v. § 14 OWiG zukommt, tritt § 130 OWiG wegen Subsidiarität zurück. Dem Tatbestand der Aufsichtspflichtverletzung kommt in der Praxis eine besondere Bedeutung zu, weil es sich um einen Auffangtatbestand handelt. Anders als bei vielen Verbotsnormen, die eine vorsätzliche Begehungsweise durch den unmittelbar Handelnden voraussetzen, reicht nach dem eindeutigen Wortlaut des § 130 Abs. 1 S. 1 OWiG zur Erfüllung des Verbotstatbestands der Aufsichtspflichtverletzung bei feststehendem Verstoß eines zu Beaufsichtigenden bereits eine fahrlässige Verletzung von betrieblichen Organisationspflichten aus. Dadurch wird die Beweisführung für die Verfolgungsbehörden erheblich erleichtert.

2. Aufsichtspflichtige Personen

Nach § 130 OWiG kann nur ein *„Inhaber eines Unternehmens oder eines Betriebes“* die ihm obliegende Aufsichtspflicht verletzen. Dabei kommt es nicht auf die Eigentümerstellung, Kapitalbeteiligung etc. an. Inhaber ist derjenige, dem die Erfüllung der den Betrieb oder das Unternehmen treffenden Pflichten obliegt, um deren sanktionsrechtliche Durchsetzung es in § 130 OWiG geht[122]. Die kartellrechtlichen Vorschrift des GWB treffen grundsätzlich Unternehmen, so dass Inhaber in diesem Sinne meist eine juristische Person ist, also ein in sanktionsrechtlicher Sicht weder handlungs- noch schuldfähiger Personenverband. Die Aufsichtspflicht natürlicher Personen ergibt sich, wenn diese Personen zum Inhaber in einem Verhältnis stehen, das gem. § 9 OWiG die Zurechnung des Inhaber-Merkmals begründet[123]. Dadurch werden gesetzliche Vertreter und Beauftrage i.S.d. § 9 OWiG behandelt, als seien sie selbst Inhaber der Aufsichtspflicht, die originär das Unternehmen trifft.

Da die Unternehmensleitung im kartellrechtsrelevanten Bereich meist auf mehrere natürliche Personen verteilt ist, ergibt sich die Frage, wie sich eine interne Zuständigkeitsvereinbarung auf die Aufsichtspflicht auswirkt. Grundsätzlich obliegt die Aufsichtspflicht i.S.d. § 130 OWiG der gesamten Leitung des Be-

---

[122] *Rogall*, in: KK OWiG, § 130 Rn. 22; *Achenbach*, in: Frankfurter Kommentar (69. Lfg. 2009), Vor. § 81 Rn. 68; *Bohnert*, OWiG, § 130 Rn. 4; *Theile/Petermann*, JuS 2011, 496 (498).

[123] *Rogall*, in: KK OWiG, § 130 Rn. 31; *Többens*, NStZ 1999, 1 (3); *Mitsch*, Ordnungswidrigkeiten, § 13 Rn. 59.

triebs oder des Unternehmens[124]. Daraus wird vereinzelt gefolgert, dass die interne Geschäftsverteilung auf die bußgeldrechtliche Verantwortung von Organmitgliedern keinen Einfluss hat[125]. Die h.M. ist hingegen der Ansicht, dass nur derjenige nach § 130 OWiG verantwortlich ist, der nach der getroffenen Aufgabenverteilung tatsächlich zuständig ist[126]. Dies überzeugt, da für die Unternehmensführung in der mehrköpfigen Unternehmensleitung eine Verteilung von Aufgaben unverzichtbar ist und konsequenterweise mit der Aufgabenverteilung auch korrespondierende Aufsichtspflichten übergehen[127]. Maßgeblich ist insoweit die geschäftsordnungsmäßige Aufgabenverteilung. Eine Restverantwortung unzuständiger Organmitglieder in Form einer wiederauflebenden Aufsichtspflicht kann vorliegen, wenn für andere Organmitglieder Anlass zu Zweifeln an der ordnungsgemäßen Wahrnehmung der Aufsichtspflicht durch das für die Einhaltung kartellrechtlicher Bestimmungen zuständige Organmitglied besteht[128]. Ist eine Zuständigkeitsverteilung unter den Geschäftsleitern nicht erfolgt oder ist sie so unklar, dass ein Verantwortlicher nicht festgestellt werden kann, ist darin ein Organisationsmangel zu sehen, so dass alle Geschäftsleiter wegen Verletzung der Aufsichtspflicht herangezogen werden können[129]. Denn es wäre nicht hinnehmbar, wenn sich im Ergebnis alle Geschäftsleiter durch Bestreiten der eigenen Zuständigkeit und Verweis auf einen Kollegen aus der Verantwortung ziehen könnten.

3. Allgemeine Anforderungen an Aufsichtsmaßnahmen

§ 130 OWiG konkretisiert nicht, welche Aufsichtsmaßnahmen genau erforderlich sind, um im Unternehmen die Zuwiderhandlung gegen Pflichten zu verhindern. Beim Versuch, den Begriff der Aufsichtsmaßnahme auszufüllen, ist zu berücksichtigen, dass es darum geht, durchführbare und zumutbare Organisationmaßnahmen zu ergreifen, die zur Beachtung der Rechtsordnung geeignet und erforderlich sind, ohne dass damit dem Aufsichtspflichtigen von staatlicher

---

124 St. Rspr., vgl. nur BFH, ZIP 1984, 1345; BGH, wistra 1990, 97 (98); BGHZ 133, 370 (376 f.). Aus dem Schrifttum: *Klusmann*, in: Wiedemann, Kartellrecht, § 55 Rn. 37; *Rogall*, in: KK OWiG, § 130 Rn. 68.

125 OLG Köln, JMBl. NRW 1973, 188.

126 OLG Hamm, NJW 1971, 817; OLG Naumburg NZV 1998, 41 (42); *Klusmann*, in: Wiedemann, Kartellrecht, § 55 Rn. 37; *Cramer/Panaris*, in: Loewenheim, Kartellrecht, § 81 Rn. 8; *Raum*, in: Langen/Bunte, Dt. Kartellrecht, § 81 Rn. 21; *Achenbach*, in: Frankfurter Kommentar (69. Lfg. 2009), Vor. § 81 Rn. 71; *Tessin*, BB 1987, 984 (989), *Göhler*, OWiG, § 9 Rn. 15.

127 Vgl. OLG Hamm, NJW 1971, 817 (818): „Wollte man (…) Überwachungs- und Aufsichtspflichten auch auf die innerbetrieblich nicht zuständigen Gesellschafter übertragen, würde damit der Effekt der innerbetrieblichen Arbeitsteilung zunichte gemacht, der gerade in einer klaren Aufteilung der Kompetenzen liegt.“

128 OLG Hamm, NJW 1971, 817; OLG Düsseldorf, wistra 2002, 357 (358); *Göhler*, OWiG, § 9 Rn. 15; *Rogall*, in: KK OWiG, § 130 Rn. 68.

129 OLG Hamm NJW 1971, 817 (818).

Stelle zu weitgehend vorgeschrieben wird, wie er den Betrieb in seinem Verantwortungsbereich zu organisieren hat[130]. Bei der Konkretisierung der Maßnahmen sind deren Eignung, Erforderlichkeit und Zumutbarkeit genauso zu berücksichtigen wie der Umstand, dass überzogene, von zu starkem Misstrauen geprägte Aufsichtsmaßnahmen den Betriebsfrieden stören und die Würde des Arbeitsnehmers verletzen können[131]. Des Weiteren sind Erfordernisse zu berücksichtigen, die sich aus der Art des ausgeübten Geschäfts und aus einschlägigen individuellen Erfahrungen, insb. bei Vortaten im Unternehmen, ergeben können[132]. Eine vollständige Delegation der Überwachungspflichten von der Ebene der Geschäftsleitung auf untergeordnete Mitarbeiter ist nicht möglich, da stets eine eigene „Oberaufsicht" verbleibt[133].

4. Kartellrechtscompliance

Rechtsprechung und Literatur machen das Maß rechtlich gebotener Aufsicht von den Umständen des Einzelfalls abhängig[134]. Gleichwohl können gerade für die Aufsichtspflicht bei Wettbewerbsverstößen anhand der Rechtsprechung und Anwendungspraxis bestimmte Grundsätze aufgestellt werden, die sich „zu Anforderungen in bestimmten Handlungsbereichen verdichten lassen"[135]. Alle unternehmensinternen Maßnahmen, die der Einhaltung des materiellen Kartellrechts sowie der Einhaltung der damit verbundenen vor- und nachgelagerten Verhaltensanforderungen dienen, lassen sich unter dem Begriff der Kartellrechtscompliance zusammenfassen[136]. Die Kartellrechtscompliance lässt sich in die drei Bereiche Instruktion, Kontrolle und repressive Sanktionierung aufteilen.

Die Instruktion beginnt damit, dass unter Berücksichtigung der Anforderungen der jeweiligen Tätigkeit geeignete und zuverlässige Mitarbeiter auszuwählen

---

130 KG VRS 70, 29; *Gürtler*, in: Göhler, OWiG, § 130 Rn. 10; *Rogall*, in: KK OWiG, § 130 Rn. 49. Im Schrifttum werden als Beispiele für eine klare Überschreitung der Grenze der Zulässigkeit beispielhaft die Gewährung von Belohnungen für Denunziation oder eine lückenlose Telefon- und Videoüberwachung genannt, siehe *Rettenmaier/Palm*, NJOZ 2010, 1414 (1417).

131 BGH WUW/E BGH 2262 (2264) – *„Aktenvermerke"*: „Dies gilt vor allem für Maßnahmen, die ausdrücklich oder erkennbar nicht mit einer durch Tatsachen belegten Befürchtung begründet werden, der Arbeitnehmer könnte vorsätzliche Gesetzesverstöße begehen".

132 *Tessin*, BB 1987, 984; *Gürtler*, in: Göhler, OWiG, § 130 Rn. 13.

133 *Dreher*, in: Krieger/Schneider, Managerhaftung, § 31 Rn. 70.

134 Vgl. nur BGH WuW/E BGH 2202 (2203) – *„Brückenbau Hopener Mühlenbach"*; *Achenbach*, in: Frankfurter Kommentar (61. Lfg. 2006), Vor. § 81 Rn. 79; *Gürtler*, in: Göhler, OWiG, § 130 Rn. 10; *Kapp/Gärtner*, CCZ 2009, 168 (169).

135 *Dreher*, ZWeR 2004, 75 (94).

136 *Dreher*, in: Krieger/Schneider, Managerhaftung, § 31 Rn. 60.

sind[137]. Sodann geht es darum, „den Mitarbeitern die Hintergründe des Kartellrechts, seine Vorteile sowie - vor allem - seine praktische Bedeutung aufzuzeigen"[138] und sie dadurch für Kartellrechtsverstöße zu sensibilisieren. Das Personal ist über gesetzliche Vorschriften, deren Beachtung im Betrieb erforderlich ist, zu unterrichten[139]. Dafür sind allzu abstrakte Informationen, wie etwa Merkblätter ohne konkreten Gegenstands- und Tätigkeitsbezug, ebenso ungeeignet wie der allgemeine Hinweis, kartellrechtliche Vorschriften müssen eingehalten werden[140]. Vielmehr muss dem Mitarbeiter durch die Vermittlung allgemeiner sowie gegenstands- und tätigkeitsbezogener kartellrechtlicher Kenntnisse Richtlinien über die richtige Verhaltensweise gegeben werden[141]. Besonders geeignet ist die Besprechung von vereinfachten und anonymisierten Fällen, die im Unternehmen oder in der Branche aufgetreten sind. Die Instruktion muss nicht zwingend durch Schulungen, sondern kann auch durch die Herausgabe unternehmensindividueller schriftlicher Kartellrechtscompliance-Richtlinien erfolgen[142]. Je nach Einzelfall ist eine regelmäßige Wiederholung der Maßnahme notwendig.

Die präventive Kontrolle erfolgt durch effektive Überwachungsmaßnamen, wozu zunächst erforderlich sein kann, dass ein sachkundiger (interner oder externer) Ansprechpartner für kartellrechtlich relevante Fragen verfügbar ist[143]. Vor allem aber sind im Rahmen der Prävention regelmäßig stichprobenartige Kontrollen bei besonders wettbewerbsrelevanten Vorgängen durchzuführen[144]. Heutzutage bedeutet dies vor allem, dass die E-Mail-Postfächer von Unternehmensmitarbeitern – prinzipiell mit deren Einwilligung – im Rahmen von Audits gezielt nach Wettbewerberkontakten durchsucht werden. Wo derartige Maßnahmen nicht ausreichen, um etwaige Kartellrechtsverstöße aufzudecken, ist

---

137 BGH WuW/E BGH 2202 (2203) – *„Brückenbau Hopener Mühlenbach"*; KG WuW/E OLG 1449 (1457) – *„Bitumenhaltige Bautenschutzmittel II"*; KG WuW/E OLG 3399 (3403) – *„Bauvorhaben U-Bahnlinie 6 – West"*.

138 *Dreher*, in: Krieger/Schneider, Managerhaftung, § 31 Rn. 62.

139 KG WuW/E OLG 1449 (1457) – *„Bitumenhaltige Bautenschutzmittel II"*; *Achenbach*, in: Frankfurter Kommentar (61. Lfg. 2006), Vor. § 81 Rn. 80; *Rettenmaier/Palm*, NJOZ 2010, 1414 (1417).

140 Vgl. BGH WuW/E BGH 1799 – *„Revisionsabteilung"*; OLG Düsseldorf WuW/E DE/R 1733 (1745) – *„Papiergroßhandel"*; *Kapp/Gärtner*, CCZ 2009, 168 (169).

141 *Dreher*, in: Krieger/Schneider, Managerhaftung, § 31 Rn. 64.

142 Vgl. KG WuW/E OLG 2330 (2332) – *„Revisionsabteilung"*.

143 Das Erfordernis der Sachkunde ist nicht zu unterschätzen, da dies im Rahmen der Vermeidbarkeit von Verbotsirrtümern bei fehlerhafter Beratung von nicht auf Kartellrecht spezialisierten Beratern relevant werden kann.

144 BGH WuW/E BGH 1799 – *„Revisionsabteilung"*; BGH WuW/E BGH 2202 (2203) – *„Brückenbau Hopener Mühlenbach"*; KG WuW/E OLG 1449 (1457) – *„Bitumenhaltige Bautenschutzmittel II"*; KG WuW/E OLG 3399 (3403) – *„Bauvorhaben U-Bahnlinie 6 – West"*; BKartA WuW/E DE-V 85 (89) – *„Preisetiketten"*; *Achenbach*, in: Frankfurter Kommentar (61. Lfg. 2006), Vor. § 81 Rn. 80; *Kapp/Gärtner*, CCZ 2009, 168 (169).

unter Umständen eine umfassende Geschäftsprüfung erforderlich[145]. Sofern eine entsprechende Aufsicht nicht möglich ist, muss die Entscheidungsautonomie eines Mitarbeiters ggf. eingeschränkt werden[146]. Sind in der Vergangenheit bereits Kartellrechtsverstöße aufgetreten oder handelt es sich um einen besonders gefahrenträchtigen Tätigkeitsbereich (z.B. Ausschreibungsmärkte in Hinblick auf Submissionsabsprachen), so gelten höhere Anforderungen an die Art und Intensität der Kontrollmaßnahmen[147].

Neben der Instruktion und der präventiven Kontrolle setzt die effektive Kartellrechtscompliance in entsprechenden Fällen eine repressive Sanktionierung voraus, da ein Compliance-Programm bei grundsätzlicher interner Folgenlosigkeit von Kartellrechtsverstößen nicht die erforderliche Ernsthaftigkeit und Glaubwürdigkeit aufweisen kann. Daher müssen die im Bereich des Arbeitsrechts angesiedelten Sanktionsmöglichkeiten im Ernstfall zur Geltung kommen[148]. Als ultima ratio erfasst dies auch die außerordentliche Kündigung des Arbeitsverhältnisses bei schweren Gesetzesverletzungen. Ob auch die Geltendmachung von Schadensersatzansprüchen gegen den Mitarbeiter zum Bereich der repressiven Sanktionierung zählt[149], ist zweifelhaft. Hier dürfte der Gedanke der Restitution den Sanktionscharakter verdrängen. Allerdings ist auf das Risiko einer persönlichen Schadensersatzpflicht im Rahmen der Instruktion der Mitarbeiter hinzuweisen.

III. Zusammenfassung

Beteiligungsvorschriften müssen zur Anwendung kommen, wenn Bußgelder gegen Personen ergehen sollen, die durch eigenes Verhalten nicht den Tatbestand einer Ordnungswidrigkeit erfüllen, gleichwohl aber einen Beitrag zum Gesetzesverstoß leisten. Dies ist vor allem in Großunternehmen oft der Fall.

Zum einem kann die Beteiligung nach § 14 OWiG ahndbar sein. Dies setzt einen objektiven Beitrag zur Tatbestandsverwirklichung voraus, welcher der äußeren Form nach ein Verhalten sein kann, das im Strafrecht als Anstiftung, Beihilfe oder Mittäterschaft qualifiziert werden würde. Eine genaue Kategorisierung ist aufgrund des im Ordnungswidrigkeitenrecht geltenden Einheitstäterbegriffs

[145] BGH WuW/E BGH 2202 (2203) – *„Brückenbau Hopener Mühlenbach"*.

[146] *Dreher*, in: Krieger/Schneider, Managerhaftung, § 31 Rn. 67.

[147] OLG Düsseldorf WuW/E DE/R 1733 (1745) – *„Papiergroßhandel"*; *Tessin*, BB 1987, 984 (988).

[148] Vgl. *Dreher*, ZWeR 2004, 75 (101). Die Androhung arbeitsrechtlicher Sanktionen ist nur dann geboten, wenn hierfür konkreter Anlass besteht, vgl. *Achenbach*, in: Frankfurter Kommentar (61. Lfg. 2006), Vor. § 81 Rn. 80 m.w.N.

[149] So *Dreher*, ZWeR 2004, 75 (101); *ders.*, in: Krieger/Schneider, Managerhaftung, § 31 Rn. 74; *Rettenmaier/Palm*, NJOZ 2010, 1414 (1418).

nicht erforderlich. Nach § 14 Abs. 1 S. 2 OWiG reicht es aus, wenn die Unternehmenseigenschaft als besonderes persönliches Merkmal i.S.d. § 9 OWiG bei einem der Beteiligten vorliegt. Dadurch können auch natürliche Personen ohne leitende Tätigkeit im Unternehmen sowie externe Berater (Rechtsanwälte etc.) als Beteiligte sanktioniert werden. Nach der Rechtsprechung und weiter Teile der Literatur ist – wie im Strafrecht – nur die vorsätzliche Beteiligung an einer vorsätzlichen Bezugstat ahndbar, weil das Vereinfachungskonzept des Einheitstäters nicht zu einer weitergehenden Ahndung der Tatbeteiligung im Ordnungswidrigkeitenrecht führen soll als im Strafrecht.

Daneben können nach § 130 OWiG Personen mit Sanktionen belegt werden, die ihre Aufsichtspflicht verletzt und dadurch den Kartellverstoß des unmittelbar Handelnden nicht verhindert haben. Die Aufsichtspflicht obliegt grundsätzlich der gesamten Leitung eines Betriebs oder eines Unternehmens, kann aber durch Geschäftsverteilung einzelnen Personen zugewiesen werden. Der Aufsichtspflichtige muss Maßnahmen veranlassen, die der Einhaltung des materiellen Kartellrechts sowie der vor- und nachgelagerten Verhaltensanforderungen dienen. Diese Kartellrechtscompliance lässt sich in die drei Bereiche Instruktion, Kontrolle und repressive Sanktionierung aufteilen. Insbesondere Schulungen und regelmäßige Kontrollen können in Großunternehmen verhindern, dass nachgeordnete Mitarbeiter Kartellrechtsverstöße begehen.

D. Vorsatz und Fahrlässigkeit

Gemäß § 10 OWiG kann nur vorsätzliches Handeln als Ordnungswidrigkeit geahndet werden, es sei denn, das Gesetz bedroht ausdrücklich auch fahrlässiges Handeln mit Geldbuße. Während für die in § 81 Abs. 3 GWB aufgeführten Ordnungswidrigkeiten immer eine vorsätzliche Handlung erforderlich ist, kommt bei den in § 81 Abs. 1 und Abs. 2 GWB genannten Ordnungswidrigkeiten sowohl die vorsätzliche als auch die fahrlässige Begehung in Betracht.

Bei der Differenzierung ist zudem zu beachten, dass sich bei einzelnen Bußgeldtatbeständen aus der konkreten Tatbestandsfassung der jeweiligen Bezugsnorm eine Einschränkung der Fahrlässigkeitshaftung ergeben kann. So ist beispielsweise ein fahrlässiger Verstoß gegen das Verbot abgestimmter Verhaltensweisen, die eine Wettbewerbsbeschränkung „bezwecken“ (§ 81 Abs. 2 Nr. 1 i.V.m. § 1 GWB), aufgrund des dieser Tatbestandsalternative innewohnenden subjektiv-finalen Elements ausgeschlossen[150]. Entsprechendes gilt für den Tatbestand

[150] *Cramer/Panaris*, in: Loewenheim, Kartellrecht, § 81 Rn. 14; *Achenbach*, in: Frankfurter Kommentar (61. Lfg. 2006), § 81 Rn. 64. Allerdings werde vom Wortlaut des § 1 GWB nicht nur bezweckte, sondern auch bewirkte Wettbewerbsbeschränkungen erfasst, so dass

des § 81 Abs. 2 Nr. 1 i.V.m. § 21 Abs. 3 Nr. 3 GWB, bei der der Täter in der Absicht handeln muss, den Wettbewerb zu beschränken[151]. Daher ist stets zu prüfen, ob der einschlägige Tatbestand, auf den § 81 GWB verweist, nicht höhere Anforderungen an das Verschulden stellt, als § 81 GWB i.V.m. § 11 OWiG selbst.

Mitunter wird in der Literatur kritisiert, dass die Abgrenzung zwischen Vorsatz und Fahrlässigkeit in der Praxis vernachlässigt und oft auf den leichter nachweisbaren Fall der Fahrlässigkeit ausgewichen werde[152]. Auch wenn die praktischen Schwierigkeiten bei der Sachverhaltsfeststellung nicht unterschätzt werden dürfen, wird man eine genaue Bestimmung der subjektiven Tatseite aus zwei Gründen fordern müssen: Die Unterscheidung zwischen Vorsatz und Fahrlässigkeit kann zum einem bei der Tatbeteiligung, vor allem aber auch bei der Bußgeldbemessung gemäß § 17 Abs. 2 OWiG relevant werden.

I. Vorsatz

Das OWiG enthält weder in § 10 OWiG noch in sonstigen Vorschriften eine Begriffsbestimmung des Vorsatzes. Gegenstand und Inhalt des Vorsatzes lassen sich aber – jedenfalls teilweise – aus der Irrtumsregelung des § 11 OWiG entwickeln: Wenn nach § 11 Abs. 1 S. 1 OWiG derjenige nicht vorsätzlich handelt, der bei Begehung einer Handlung einen Umstand nicht kennt, der zum gesetzlichen Tatbestand gehört, folgt daraus positiv, dass der Vorsatz die Kenntnis aller tatbestandserfüllenden Umstände voraussetzt[153]. Hinzukommen muss ein Willenselement: Der Täter muss die Verwirklichung der Merkmale des gesetzlichen Tatbestands durch sein Handeln nicht nur kennen, sondern auch wollen. Damit besteht der Vorsatz aus einem intellektuellen und einem voluntativen Element und wird üblicherweise mit der Kurzformel „Wissen und Wollen der Tatbestandsverwirklichung“ definiert[154].

Wie im Strafrecht wird auch im Ordnungswidrigkeitenrecht zwischen der Absicht, der Wissentlichkeit (direkter Vorsatz) und dem Eventualvorsatz (beding-

---

oftmals diese Tatbestandsalternative vorliegt, wenn der subjektive Tatbestand in Frage steht.

151 *Cramer/Panaris*, in: Loewenheim, Kartellrecht, § 81 Rn. 14; *Nothdurft*, in: Langen/Bunte, Dt. Kartellrecht, § 21 Rn. 71.

152 *Rengier*, in: KK OWiG, § 10 Rn. 51, der kritisch auf OLG Celle NJW 1990, 589 und OLG Düsseldorf NJW 1991, 1625 verweist.

153 *Rosenkötter*, Ordnungswidrigkeiten, Rn. 92a; zu der hier nicht näher zu thematisierenden Frage des Vorsatzinhalts und vorsatztheoretischen Konzepten siehe ausführlich *Rengier*, in: KK OWiG, § 11 Rn. 2 ff.

154 Vgl. nur *Fischer*, StGB, § 15 Rn. 3 m.w.N.

ten Vorsatz) als mögliche Vorsatzformen unterschieden[155]. Grundsätzlich genügt zur Tatbestandserfüllung Eventualvorsatz. Auf Absicht oder Wissentlichkeit kommt es nur insoweit an, als der jeweilige Verbotstatbestand entsprechende qualifizierende Merkmale enthält. So erfordert beispielsweise der Boykottaufruf (§ 81 Abs. 3 Nr. 1 i.V.m. § 21 Abs. 1 GWB) die Absicht, also das zielgerichtete Handeln um des Erfolges wegen, andere Unternehmen unbillig zu beeinträchtigen.

Der Vorsatz muss sich auf alle Merkmale des gesetzlichen Verbotstatbestands beziehen, und zwar unabhängig davon, ob es sich um normative oder um deskriptive Merkmale des gesetzlichen Tatbestands handelt. Bei den deskriptiven Tatbestandsmerkmalen, also Tatbestandsmerkmale, die sich unmittelbar durch sinnliche Wahrnehmung erfassen lassen, ist ein entsprechender Vorsatz gegeben, wenn der Täter den Sachverhalt, der das Merkmal ausfüllt, tatsächlich wahrgenommen hat. Hingegen können normative Tatbestandsmerkmale nicht allein durch sinnliche Wahrnehmung erfasst werden, sondern erst durch eine zusätzliche Wertung. So ist beispielsweise das „unbillige Behindern" anderer Unternehmen i.S.d. § 20 Abs. 1 GWB ein normatives Tatbestandsmerkmal. Um objektiv beurteilen zu können, ob eine „unbillige Behinderung" vorliegt oder nicht, sind ausreichende kartellrechtliche Kenntnisse notwendig. Dass gleichwohl das Kartellrecht nicht zum Sonderdeliktsrecht für „Rechtsgelehrte" werden darf, liegt auf der Hand. Daher ist es nicht erforderlich, dass der Handelnde die juristischen Begrifflichkeiten im Einzelnen kennt und in seinen Willen einbezieht. Ausreichend ist vielmehr, dass er deren sozialen Sinn in Form einer den wesentlichen Sachverhalt der juristischen Wertung umfassenden Parallelwertung in der Laiensphäre erfasst[156]. Er muss sich geistig mit dem unrechtstypisierenden Charakter des Merkmals auseinandergesetzt und dadurch Bedeutungserkenntnis erlangt haben[157]. Hat der Täter die tatsächlichen Umstände, die das normative Tatbestandsmerkmal ausfüllen, voll wahrgenommen, so hat er regelmäßig auch den Bedeutungsgehalt des normativen Tatbestandsmerkmals zumindest laienhaft erfasst[158]. In der Praxis wird daher regelmäßig aus dem objektiven Geschehensablauf auf den Vorsatz rückgeschlossen[159]. Jedoch lässt sich bei den hochkomplexen und mehrdeutigen Strukturen wirtschaftlicher Prozesse das voluntative Element nicht allein aus dem vom Täter erkannten Grad der Wahrscheinlichkeit

---

155 *Bohnert*, OWiG, § 10 Rn. 4; *Gürtler*, in: Göhler, OWiG, § 10 Rn. 2; *Rengier*, in: KK OWiG, § 10 Rn. 5; *Lemke/Mosbacher*, OWiG, § 10 Rn. 3; *Raum*, in: Langen/Bunte, Dt. Kartellrecht, § 81 Rn. 45; *Rosenkötter*, Ordnungswidrigkeiten, Rn. 103.

156 *Klusmann*, in: Wiedemann, Kartellrecht, § 55 Rn. 54; *Achenbach*, in: Frankfurter Kommentar (61. Lfg. 2006), Vor. § 81 Rn. 83; *Dannecker/Biermann*, in Immenga/Mestmäcker, GWB, Vor. § 81 Rn. 83.

157 *Cramer/Panaris*, in: Loewenheim, Kartellrecht § 81 Rn. 15; *Bauer/Wrage-Molkenthien*, WuW 1988, 586 (587).

158 *Rosenkötter*, Ordnungswidrigkeiten, Rn. 92a.

159 Vgl. etwa BGH NJW 2005, 2322 (2325).

des Taterfolgs ableiten[160]. Gerade wenn stark wertungsabhängige Erfolgsbegriffe des GWB im Raum stehen, ist vielmehr eine Gesamtwürdigung des Einzelfalls erforderlich, bei der die Motive und die Interessenlage des Täters ebenso zu berücksichtigen sind wie der konkrete Zuschnitt der zu beurteilenden Handlung[161]. Zweifel über die Vorsätzlichkeit eines Verstoßes können in der Verfolgungspraxis oft erst durch Zustellung einer Abmahnung oder einer Abstellungsverfügung nach § 32 GWB zerstreut werden[162]. Denn nach der Übermittlung der in Worte gefassten Rechtsauffassung der Kartellbehörde wird ein Täter sich bei Fortsetzung des kartellrechtswidrigen Verhaltens kaum mit Erfolg auf das Fehlen des intellektuellen Elements des Vorsatzes berufen können.

Für den Sonderfall der Aufsichtspflichtverletzungen nach § 130 OWiG gilt, dass hier der Nachweis des Vorsatzes kaum möglich ist, obwohl der Wortlaut auch diese Begehungsform ausdrücklich vorsieht. Etwas anderes kann bei schweren Versäumnissen gelten. Nach Ansicht des Bundeskartellamts nimmt derjenige, der sich bewusst nicht um die Einhaltung der bestehenden gesetzlichen Bestimmungen kümmert und es unterlässt, die erforderlichen und geeigneten Maßnahmen zu deren Einhaltung zu gewährleisten, billigend voraussehbare Rechtsverstöße in Kauf, auch wenn er keine Kenntnis vom Verstoß im Einzelfall vor seiner Begehung erlangt[163].

II. Fahrlässigkeit

Die fahrlässige Begehungsweise ist im Kartellbußgeldrecht in drei Konstellationen von besonderer Bedeutung: Erstens bei Aufsichtspflichtverletzungen nach § 130 OWiG, zweitens in Fällen, in denen der Täter einem vorsatzausschließendem Tatbestandsirrtum gemäß § 11 Abs. 1 S. 1 OWiG unterliegt[164] und drittens in Fällen, in denen dem Täter vorsätzliches Handeln nicht nachgewiesen werden kann[165].

Fahrlässig handelt, wer die im Verkehr erforderliche und ihm mögliche Sorgfalt außer Acht lässt und dadurch die Tatbestandsverwirklichung nicht erkennt (un-

---

160 *Raum*, in: Langen/Bunte, Dt. Kartellrecht, § 81 Rn. 45.

161 *Raum*, in: Langen/Bunte, Dt. Kartellrecht, § 81 Rn. 45; vgl. BGHSt 46, 30 (35); 47, 148 (157).

162 *Klusmann*, in: Wiedemann, Kartellrecht, § 55 Rn. 55; *Dannecker/Biermann*, in: Immenga/Mestmäcker, GWB, Vor. § 81 Rn. 83.

163 BKartA WuW/E DE-V 85 (89) – *„Preisetiketten"*, vgl. auch *Gürtler*, in: Göhler, OWiG, § 130 Rn. 16a.

164 Siehe Kapitel 2, E I.

165 Fahrlässigkeit ist kein minus, sondern ein aliud gegenüber dem Vorsatz, so dass beide Begehungsformen einander ausschließen. Der bloße Verdacht des Vorsatzes schließt eine Ahndung wegen Fahrlässigkeit indes nicht aus, vgl. *Gürtler*, in: Göhler, OWiG, § 10 Rn. 7.

bewusste Fahrlässigkeit) oder zwar als möglich ansieht, aber ernsthaft darauf vertraut, diese werde nicht eintreten (bewusste Fahrlässigkeit)[166]. Dem Täter muss ein persönlicher Vorwurf gemacht werden können, d.h., er muss nach seinen persönlichen Fähigkeiten in der Lage sein, den an ihn gerichteten Sorgfaltsanforderungen gerecht zu werden[167]. Beruft sich der Täter im Kartellordnungswidrigkeitenverfahren darauf, dass er aufgrund einer fehlerhaften inneren Wertung von der Legalität seiner Handlung ausgegangen war, ist dies keine Frage des Vorsatzes, sondern der Vorwerfbarkeit, also der Schuld[168]. Grundsätzlich ist bei einer objektiv pflichtwidrigen Handlung auch von einer subjektiven Sorgfaltspflichtverletzung auszugehen. Der Täter handelt ausnahmsweise dann nicht subjektiv pflichtwidrig, wenn er nach seinen persönlichen Verhältnissen zur Beachtung der objektiven Sorgfalt nicht fähig ist. So können etwa Wissenslücken beim Betroffenen die subjektive Pflichtwidrigkeit ausschließen[169]. Jedoch kann sich dann der Fahrlässigkeitsvorwurf auf die Verletzung von Erkundigungs- oder Aufsichtspflichten verlagern[170].

III. Zusammenfassung

Während für die in § 81 Abs. 3 GWB aufgeführten Ordnungswidrigkeiten immer eine vorsätzliche Handlung erforderlich ist, kommt bei den in § 81 Abs. 1 und Abs. 2 GWB genannten Ordnungswidrigkeiten sowohl die vorsätzliche als auch die fahrlässige Begehung in Betracht. Jedoch ergibt sich zum Teil bei einzelnen Bußgeldtatbeständen aus der konkreten Tatbestandsfassung der jeweiligen Bezugsnorm eine Einschränkung der Fahrlässigkeitshaftung.

Vorsätzlich handelt, wer mit Wissen und Wollen der Tatbestandsverwirklichung handelt. Das voluntative Element kann häufig aus dem objektiven Geschehen abgeleitet werden. Aufgrund der stark wertungsabhängigen Erfolgsbegriffe des GWB kann sich unter Umständen aus einer Gesamtwürdigung des Einzelfalls, bei der die Motive und die Interessenslage des Täters ebenso zu berücksichtigen sind wie der konkrete Zuschnitt der zu beurteilenden Handlung, etwas anderes ergeben. Fehlt der Vorsatz, bzw. ist er nicht nachweisbar, kommt ein Fahrläs-

---

166 *Rengier*, in: KK OWiG, § 10 Rn. 15; *Gürtler*, in: Göhler, OWiG § 10 Rn. 6; *Lemke/Mosbacher*, OWiG, § 10 Rn. 3; *Bohnert*, OWiG, § 10 Rn. 17; *Rosenkötter*, Ordnungswidrigkeiten, Rn. 114 ff.

167 *Cramer/Panaris*, in: Loewenheim, Kartellrecht § 81 Rn. 17; *Achenbach*, in: Frankfurter Kommentar (61. Lfg. 2006), Vor. § 81 Rn. 83. Allgemein zur individuellen Vorhersehbarkeit und Sorgfaltswidrigkeit vgl. *Rengier*, in: KK OWiG, § 10 Rn. 40 ff. m.w.N.

168 Zum Verbotsirrtum siehe Kapitel 2, E II.

169 *Rengier*, in: KK OWiG, § 10 Rn. 41; vgl. auch *Gürtler*, in: Göhler, OWiG, § 10 Rn. 14.

170 Ausführlich zu dieser „Übernahmefahrlässigkeit“ siehe *Rengier*, in: KK OWiG, § 10 Rn. 24 ff.

sigkeitsvorwurf in Betracht, soweit das Gesetz auch diese Begehungsform mit Geldbuße bedroht.

Fahrlässig handelt, wer die im Verkehr erforderliche und ihm mögliche Sorgfalt außer Acht lässt und dadurch die Tatbestandsverwirklichung nicht erkennt oder zwar als möglich ansieht, aber ernsthaft darauf vertraut, diese werde nicht eintreten. Neben Fällen, in denen dem Täter vorsätzliches Handeln nicht nachgewiesen werden kann, spielt die Fahrlässigkeit vor allem bei Aufsichtspflichtverletzungen nach § 130 OWiG sowie beim Vorliegen eines vorsatzausschließenden Tatbestandsirrtums gemäß § 11 Abs. 1 S. 1 OWiG eine Rolle.

E. Irrtümer des Managers

Im kartellrechtlichen Zusammenhang sind Manager nicht selten mit hochkomplexen wirtschaftlichen Zusammenhängen konfrontiert, die es unter Berücksichtigung einer schwer zu überblickenden Vielzahl von gerichtlichen und verwaltungsrechtlichen Entscheidungen zu subsumieren gilt. Das Risiko hierbei einem rechtlich erheblichen Irrtum zu unterliegen, ist nicht zuletzt aufgrund des Wechsels zum System der Legalausnahme[171] erheblich gestiegen[172].

Das Ordnungswidrigkeitenrecht unterscheidet zwischen Tatbestandsirrtümern (§ 11 Abs. 1 OWiG) und Verbotsirrtümern (§ 11 Abs. 2 OWiG). Diese Differenzierung, die es ebenso in § 16 und § 17 StGB gibt, ist in Hinblick auf die Rechtsfolge bei Vorliegen eines Irrtums von entscheidender Bedeutung: Während der Tatbestandsirrtum zwar den Vorsatz ausschließen kann, ohne dass die Ahndung fahrlässigen Verhaltens davon berührt würde, schließt ein Verbotsirrtum die Vorwerfbarkeit[173] der Tat aus.

---

171 Im Rahmen der Angleichung an das europäische Kartellrecht wurde mit der 7. GWB-Novelle ein Legalausnahmesystem eingeführt (siehe die Begr. z. RegE, BT-Drucks. 15/3640, S. 21): „Wettbewerbsbeschränkende Vereinbarungen gelten danach automatisch als freigestellt, wenn sie die Freistellungsvoraussetzungen des Artikels 81 Abs. 3 des EG-Vertrages erfüllen“. Für eine Freistellung vom Kartellverbot über § 2 GWB ist daher keine Entscheidung der Kartellbehörde mehr erforderlich, wenn die entsprechenden Freistellungsvoraussetzungen vorliegen, vgl. *Bunte,* in: Langen/Bunte, Dt. Kartellrecht, Einführung Rn. 28; *Fuchs*, in Immenga/Mestmäcker, GWB, § 2 Rn. 13; *Nordemann*, in: Loewenheim, Kartellrecht § 2 Rn. 5.

172 Ausführlich hierzu: *Dreher/Thomas*, WuW 2004, 8.

173 Die Vorwerfbarkeit im Ordnungswidrigkeitenrecht entspricht nach allgemeiner Ansicht der Schuld im Strafrecht, vgl. etwa *Rosenkötter*, Ordnungswidrigkeiten, Rn. 7; *Gürtler*, in: Göhler, OWiG, Vor. § 1 Rn. 30; *Rengier*, in: KK OWiG, Vor. §§ 15,16 Rn. 54.

I. Tatbestandsirrtum

Ein Tatbestandsirrtum liegt nach § 11 Abs. 1 OWiG vor, wenn der Täter einen Umstand nicht kennt, der zum gesetzlichen Tatbestand gehört. Der Täter weiß nicht um die Existenz eines objektiv-tatbestandsmäßigen Umstands, d.h., er hat entweder von diesem Umstand einschließlich Wirklichkeit keine Vorstellung oder eine unvollständige bzw. unrichtige Vorstellung.

Dabei kann sich die Fehlvorstellung zum einem auf deskriptive Tatbestandsmerkmale beziehen, wenn dem Täter eine Fehleinschätzung des äußeren Geschehens unterlaufen ist. Dies ist beispielsweise der Fall, wenn der Täter von einer rechtskräftigen Abstellungsverfügung nach § 32 GWB keine Kenntnis hat, als er dieser gem. § 81 Abs. 2 Nr. 2 a) GWB zuwiderhandelt[174]. Da nach § 81 Abs. 2 GWB auch fahrlässige Verstöße geahndet werden können, ist dann entscheidend, ob der Täter die Abstellungsverfügung hätte kennen müssen oder ihm dies etwa aufgrund höherer Gewalt unmöglich war.

Aber auch dann, wenn Vorstellungen über die Existenz eines objektiv-tatbestandsmäßigen Umstands zutreffen, ist ein Tatbestandsirrtum möglich, sofern der Täter die objektiv-tatbestandsmäßige Bedeutung des Umstands nicht erkennt[175]. Dies betrifft insbesondere Fehlvorstellungen in Bezug auf normative Tatbestandsmerkmale. Wie oben ausgeführt, ist jedoch kein juristisch exaktes Begriffsverständnis erforderlich, sondern der Täter muss lediglich den sozialen Sinngehalt des Merkmals verstanden haben. Zur Bejahung vorsätzlichen Handelns reicht unabhängig von einer genauen juristischen Subsumtion bereits eine Parallelwertung in der Laiensphäre, so dass keine überspannten Anforderungen an das „Tatbewusstsein" des Handelnden zu stellen sind[176]. Insbesondere bei denjenigen Tatbeständen, die fahrlässiges Handeln nicht mit Bußgeld bedrohen, besteht die andernfalls Gefahr, dass sich der Täter bezüglich der stark wertungsabhängigen Rechtsbegriffe des GWB mit der Behauptung aus der Verantwortung zieht, er habe den normativen Tatbestand wertungsmäßig nicht voll erfasst. Abgesehen davon hat die Frage nach der Bedeutung von Irrtümern über normative Tatbestandsmerkmale seit der 6. GWB Novelle an Bedeutung verloren, da seitdem § 81 Abs. 1 und 2 GWB durchgängig auch die fahrlässige Tatbegehung unter Geldbuße stellt und in Zweifelsfällen in der Praxis jedenfalls Fahrlässigkeit angenommen wird.

---

174 So als Beispiel auch genannt von *Klusmann*, in: Wiedemann, Kartellrecht, § 55 Rn. 57.

175 *Mitsch*, Ordnungswidrigkeiten, § 8 Rn. 12; *Rengier*, in: KK OWiG, § 11 Rn. 15 ff.

176 Es genügt, wenn sich der Täter über den sozialen Sinngehalt seines Tuns bewusst ist, vgl. für den Fall des Boykottaufrufs OLG Düsseldorf WuW/E DE-R 1381 (1384) – „*DSD*"; *Klusmann*, in: Wiedemann, Kartellrecht, § 55 Rn. 57; *Rengier*, in: KK OWiG, § 11 Rn. 15; *Gürtler*, in: Göhler, OWiG, § 11 Rn. 7 m.w.N.

II. Verbotsirrtum

Ein Verbotsirrtum gemäß § 11 Abs. 2 OWiG liegt vor, wenn der Handelnde über das Verbotensein seines Tuns irrt, weil er das Bestehen oder die Anwendbarkeit der betreffenden Rechtsvorschriften nicht kennt. Ein Täter handelt nicht vorwerfbar, also ohne Schuld, wenn ihm die Einsicht Unrecht zu tun fehlt und sein Irrtum unvermeidbar war.

In der Praxis steht regelmäßig die Frage der Vermeidbarkeit im Vordergrund. Vermeidbar ist der Irrtum, wenn der Handelnde bei Anwendung der Sorgfalt, die nach der Sachlage objektiv zu fordern war und die er nach seinen persönlichen Verhältnissen erbringen konnte, in der Lage gewesen wäre, das Unerlaubte seines Handelns zu erkennen[177]. Dazu muss er nach den Umständen des Einzelfalls und seinen persönlichen Verhältnissen alle intellektuellen, ihm zugänglichen Erkenntnismittel zur Orientierung über die fraglichen Vorschriften einsetzen[178]. Die Prüfungspflicht hängt dabei insbesondere von der Größe des Unternehmens, der Unternehmensbranche und der Stellung des Täters in der Unternehmenshierarchie ab. So hat das Kammergericht entschieden, dass einem GmbH-Geschäftsführer, der seit Jahren eine leitende Position in seiner Branche wahrnimmt und mit dem Vertriebsbereich vertraut ist, das Preisbindungsverbot geläufig sein müsse[179].

Die Voraussetzungen eines unvermeidbaren Verbotsirrtums werden dadurch erheblich erhöht, dass den Handelnden eine umfassende Erkundigungspflicht trifft, wenn er die Rechtslage nicht selbstständig beurteilen kann. Dabei reicht es nach der BGH-Rechtsprechung unter Umständen nicht aus, beim unternehmensinternen oder konzerninternen Justitiar Rat einzuholen[180]. Soweit Bedenken gegen die Unvoreingenommenheit des Justitiars bestehen oder die Rechtslage unklar ist, kann die zuständige Kartellrechtsbehörde befragt werden: Die eindeutige Auskunft eines Sachbearbeiters des Bundeskartellamts, einem Vertrag stünden keine kartellrechtlichen Bedenken entgegen, führt zu einem unvermeidbaren

---

177 KG WuW/E OLG 2321 (2324) – *„Luftfotografie"*: „Ein Verbotsirrtum über einen Kartellverstoß ist nicht vorwerfbar, wenn dem Betroffenen keinerlei Zweifel an der Rechtmäßigkeit aufkommen konnte und ein mit dem Fall befasstes Gericht die Möglichkeit eines Kartellrechtsverstoßes überhaupt nicht in Erwägung gezogen hat".

178 *Gürtler*, in: Göhler, OWiG, § 11 Rn. 24.

179 KG WuW/E OLG 5053 (5061) – *„Einflussnahme auf die Preisgestaltung"*. Vgl. auch KG WuW/E OLG 5121, (5130) – *„Treibstoffzuschlag"*, wo das KG zur Kenntnis der Unzulässigkeit von Preisabsprachen und Preisbindung ausführt, dass alle Betroffenen erfahrene, langjährig in der Branche tätige Führungskräfte seien.

180 BGH WuW/E BGH 1901 (1904) – *„Transportbeton-Vertrieb II"*, wonach zu berücksichtigen ist, dass die wirtschaftliche Interessenlage des Unternehmens, dem der Justitiar angehört, die erteilte Auskunft beeinflussen kann.

Irrtum[181]. Zudem kommt die Konsultation eines kartellrechtlich spezialisierten externen Beraters mit der gutachterlichen Prüfung der relevanten Rechtsfragen in Betracht[182]. Wenn ein kartellrechtlich erfahrener Rechtsberater fehlerhafte Auskunft erteilt, etwa weil er Unterschiede des vorliegenden Falls zu den von ihm herangezogenen Gerichtsentscheidungen nicht beachtet, ist der Irrtum unvermeidbar[183]. Auf Entscheidungen höherer Gerichte kann sich ein Täter verlassen, wenn sie eindeutig einen konkreten Sachverhalt klären und die hierzu gemachten Aussagen sich auf den konkreten Fall übertragen lassen[184]. Ist hingegen die jeweilige Rechtslage aufgrund einer noch nicht herausgebildeten höchstrichterlichen Rechtsprechung als unsicher zu qualifizieren, so handelt derjenige, der irrtümlich auf die Zulässigkeit seines Handelns vertraut und dabei das Risiko eines Verstoßes in Kauf nimmt, dem BGH nach in vermeidbarem Verbotsirrtum: Wer seine Interessen trotz zweifelhafter Rechtslage auf Kosten fremder Rechte wahrnehme, trage grundsätzlich das Risiko einer unzutreffenden rechtlichen Beurteilung und handele daher, wenn seine Beurteilung nicht zutreffe, im Zweifel schuldhaft. Entschuldigt könne er nur sein, wenn ihm nach sorgfältiger Prüfung der Sach- und Rechtslage auch unter Berücksichtigung der schutzwürdigen Interessen des anderen Teils eine vorherige Klärung der Rechtslage unzumutbar gewesen sei[185].

III. Zusammenfassung

Ein Tatbestandsirrtum gemäß § 11 Abs. 1 OWiG liegt vor, wenn der Täter einen Umstand nicht kennt, der zum gesetzlichen Tatbestand gehört. Dies kann insbesondere der Fall sein, wenn dem Täter eine Fehleinschätzung des äußeren Geschehens unterlaufen ist. Wer beispielsweise aufgrund eines Zustellungsfehlers keine Kenntnis von einer rechtskräftigen Abstellungsverfügung nach § 32 GWB hat, als er dieser gemäß § 81 Abs. 2 Nr. 2 a) GWB zuwiderhandelt, handelt

---

181 KG WuW/E OLG 3387 (3391) – *„Altölpreise"*. Wenn hingegen die Äußerung im eindeutigen Gegensatz zum Gesetzeswortlaut steht und der Betroffene die Vorschrift kennen muss, soll dies nicht gelten nach OLG Frankfurt WuW/E OLG 4944 (4948) – *„Fahrschullehrerabsprache"*.

182 BGH WuW/E BGH 1891 (1894) – *„Ölbrenner II"*; KG WuW/E OLG 2205 (2207) – *„Jeans"*; KG WuW/E OLG 4108 (4111) – *„Sportartikelhandel"*. Zutreffend weisen *Dreher/Thomas*, WuW 2004, 8 (13) darauf hin, dass von kleineren Unternehmen solche Maßnahmen grundsätzlich nicht verlangt werden, sondern nur bei erkennbar komplizierten und insbesondere neuartigen Problemkonstellationen.

183 BGH WuW/E BGH 1891 (1894) – *„Ölbrenner II"*.

184 OLG Bremen, NJW 1960, 163 (164); OLG Stuttgart, NJW 1967, 122; BayObLG NStZ-RR 2001, 54 (55); AG Weilburg, NStZ-RR 1996, 346; *Gürtler*, in: Göhler, OWiG, § 11 Rn. 27; *Rengier*, in: KK OWiG, § 11 Rn. 85; *Lemke/Mosbach*, OWiG, § 11 Rn. 21.

185 BGH WuW/E BGH 2341 (2346) – *„Taxizentrale Essen"*; BGH WuW/E BGH 3121 (3127) –*„Bedside-Testkarten"*. Vgl. auch *Rengier*, in: KK OWiG, § 11 Rn. 87.

aufgrund eines Tatbestandsirrtums ohne Vorsatz. Möglich ist jedoch dann eine Ahndung wegen fahrlässiger Tatbegehung.

Ein Verbotsirrtum gemäß § 11 Abs. 2 OWiG liegt vor, wenn der Handelnde über das Verbotensein seines Tuns irrt, weil er das Bestehen oder die Anwendbarkeit der betreffenden Rechtsvorschriften nicht kennt. Der Täter handelt nicht vorwerfbar, also schuldlos, wenn ihm die Einsicht Unrecht zu tun fehlt und sein Irrtum unvermeidbar war. Die Rechtsprechung stellt sehr hohe Anforderungen an die Unvermeidbarkeit des Verbotsirrtums, da den Betroffenen insbesondere umfassende Erkundigungspflichten treffen. Der praktische Anwendungsbereich des unvermeidbaren Verbotsirrtums beschränkt sich vornehmlich auf Fälle, in denen das Management auf Grundlage einer fehlerhaften Einschätzung der Rechtslage durch die Kartellbehörde oder durch Rechtsanwälte handelt.

F. Rechtswidrigkeit und Rechtfertigungsgründe

Die Ahndung einer Ordnungswidrigkeit setzt gemäß § 1 OWiG die Rechtswidrigkeit des Verhaltens voraus, welche durch die Tatbestandsmäßigkeit indiziert wird. Widerlegt wird sie, wenn das Vorliegen eines Rechtfertigungsgrundes nachgewiesen wird. Fraglich ist, welche Bedeutung Rechtfertigungsgründe im Zusammenhang mit Kartellordnungswidrigkeiten haben.

I. Rechtfertigung bei behördlichen Verfügungen

Als Rechtfertigungsgrund können unter Umständen behördliche Genehmigungen in Betracht kommen, nämlich dann, wenn ein an sich verbotenes tatbestandliches Verhalten vorliegt, im Einzelfall aber das Verbot aufgrund einer Interessenabwägung aufgehoben werden kann[186]. Im Kartellrecht stellt sich die Frage, wie der Vollzug eines Zusammenschlusses, der auf einer fehlerhaft entstandene Freigabeentscheidung (z.B. aufgrund eines behördlichen Verfahrensfehlers) der Kartellbehörde beruht, ordnungswidrigkeitenrechtlich zu bewerten ist. Ein Verstoß gegen das Verbot des Vollzugs nicht freigegebener Zusammenschlüsse (§ 81 Abs. 2 Nr. 1 i.V.m. § 41 Abs. 1 S. 1 GWB) kommt hier nicht in Betracht, da der Tatbestand angesichts einer objektiv existierenden Freigabeerklärung nicht verwirklicht wurde[187]. Die fehlende Freigabe ist in § 41 Abs. 1 S. 1 GWB als negatives Tatbestandsmerkmal ausgestaltet, so dass sich die Frage nach der

---

186 Sog. repressives Verbot mit Befreiungsvorbehalt, vgl. *Rengier*, in: KK OWiG, Vor. §§ 15, 16 Rn. 15. Hingegen ist beim präventiven Verbot mit Erlaubnisvorbehalt die behördliche Genehmigung regelmäßig tatbestandsausschließendes Merkmal.

187 So auch *Achenbach*, in: Frankfurter Kommentar (61. Lieferung 2006), Vor. § 81 Rn. 143; *Dannecker/Biermann*, in: Immenga/Mestmäcker, GWB, § 81 Rn. 152.

Rechtswidrigkeit gar nicht erst stellt[188]. Daran ändert sich auch dann nichts, wenn die Freigabe durch die Angabe unrichtiger Tatsachen erschlichen wurde. Hier ist zunächst lediglich ein Verstoß gegen § 39 Abs. 3 S. 5 GWB zu sehen, der die Angabe unrichtiger oder unvollständiger Informationen bei der Fusionsanmeldung verbietet. Eine Bußgeldahndung wegen eines Verstoßes gegen das Vollzugsverbot kann erst erfolgen, wenn die Freigabe nach § 48 VwVfG von der Kartellbehörde zurückgenommen worden ist[189].

Daneben stellt sich die Frage, ob behördliche Anordnungen auch dann zu befolgen sind, wenn sie einen Rechtsfehler aufweisen und deshalb nicht hätten ergehen dürfen. Bei belastenden Verwaltungsakten der Kartellbehörde, insbesondere bei Verfügungen und Anordnungen, die ein bestimmtes Verhalten mit Geldbuße bedrohen, kommt es darauf an, ob hier eine formale Verwaltungsakzessorietät anzunehmen ist oder die materielle Rechtmäßigkeit der Verfügung erforderlich ist. Zu berücksichtigen ist auch hier die grundsätzliche gesetzgeberische Unterscheidung im Verwaltungsverfahrensrecht zwischen Rechtswidrigkeit und Nichtigkeit[190]. Eine nichtige Verfügung (§ 43 Abs. 3 VwVfG) muss demnach nicht befolgt werden und kann damit nicht Anknüpfungspunkt für einen Bußgeldbescheid sein[191]. Hingegen sind nach h.M. Verfügungen, die lediglich rechtswidrig sind, grundsätzlich zu befolgen[192]. Soweit im Schrifttum hingegen über die Nichtigkeitsgründe des § 44 VwVfG hinaus „sachlich erhebliche Mängel der Rechtmäßigkeit des Verwaltungshandelns“ im Ordnungswidrigkeitenverfahren für beachtlich gehalten werden[193], ist dies als zu unscharfes Abgrenzungskriterium abzulehnen.

II. Rechtfertigung durch allgemeine Rechtfertigungsgründe

Allgemeine Rechtfertigungsgründe wie etwa die Notwehr gemäß § 15 OWiG oder der rechtfertigende Notstand gemäß § 16 OWiG haben im Kartellrecht

---

188 Vgl. *Rengier*, in: KK OWiG, Vor. §§ 15, 16 Rn. 17 mit ähnlichen Beispielen für negative Tatbestandsmerkmalen, die gegen die Einordung der Genehmigung als Rechtsfertigungsgrund sprechen.

189 *Dannecker/Biermann*, in: Immenga/Mestmäcker, GWB, § 81 Rn. 158, wonach die Rücknahme objektive Bedingung der Ahndbarkeit ist.

190 Vgl. *Achenbach*, in: Frankfurter Kommentar (69. Lieferung 2009), § 81 Rn. 136; *Rengier*, in: KK OWiG, Vor. §§ 15, 16 Rn. 21; im Grundsatz auch *Dannecker/Biermann*, in: Immenga/Mestmäcker, GWB, Vorb. § 81 Rn. 73.

191 *Mitsch*, Ordnungswidrigkeiten, § 9 Rn. 26; *Vollmer*, in: MK GWB, § 81 Rn. 65; *Raum*, in: Langen/Bunte, Dt. Kartellrecht, § 81 Rn. 123; *Achenbach*, in: Frankfurter Kommentar (69. Lieferung 2009), § 81 Rn. 136.

192 *Mitsch*, Ordnungswidrigkeiten, § 9 Rn. 26; *Vollmer*, in: MK GWB, § 81 Rn. 65; *Achenbach*, in: Frankfurter Kommentar (61. Lieferung 2006), Vor. § 81 Rn. 143; *Raum*, in: Langen/Bunte, Dt. Kartellrecht, § 81 Rn. 123.

193 *Dannecker/Biermann*, in: Immenga/Mestmäcker, GWB, § 81 Rn. 172.

keine praktische Bedeutung. Grund hierfür ist, dass in diesen Fällen schon keine objektive Tatbestandsverwirklichung vorliegt. So scheidet beispielsweise im Falle eines Abwehrboykotts die Rechtfertigung wegen Notwehr schon deshalb aus, weil mangels „Unbilligkeit“ keine Verwirklichung des Tatbestands des § 21 Abs. 1 GWB vorliegt[194]. Auch rechtswidrige betriebliche Weisungen eines Vorgesetzten[195] haben keine rechtfertigende Wirkung nach § 16 OWiG, da hier dem im Unternehmen beschäftigten Arbeitnehmer ein normgemäßes Verhalten zumutbar ist[196].

III. Zusammenfassung

Die Rechtswidrigkeit wird durch die Tatbestandsverwirklichung indiziert. Rechtfertigende Wirkung kann jedoch die Freigabeentscheidung in der Fusionskontrolle haben. Erweist sich diese als fehlerhaft, handelt der auf den begünstigenden Verwaltungsakt vertrauende Manager nicht rechtswidrig. Bei Verfügungen der Kartellbehörde, die ein bestimmtes Verhalten mit Geldbuße bedrohen, kommt es lediglich auf die Wirksamkeit des Verwaltungsakts (§ 43 Abs. 1 VwVfG) an, so dass auch rechtswidrige Verfügungen der Kartellbehörden zu befolgen sind. Allgemeine Rechtfertigungsgründe wie etwa die Notwehr gemäß § 15 OWiG spielen im kartellrechtlichen Zusammenhang keine Rolle.

G. Verjährung

Grundsätzlich verjähren Kartellordnungswidrigkeiten gemäß § 81 Abs. 8 S. 1 GWB i.V.m. § 31 Abs. 2 Nr. 1 OWiG binnen drei Jahren, da die Geldbuße im Höchstmaß mit mehr als 15.000 Euro bedroht ist. Eine längere Verjährung gilt gemäß § 81 Abs. 8 S. 2 GWB für besonders schwerwiegende Ordnungswidrigkeiten: Danach verjähren die Kartellordnungswidrigkeiten nach § 81 Abs. 1,

---

194 *Vollmer*, in: MK GWB, § 81 Rn. 67; *Achenbach*, in: Frankfurter Kommentar (61. Lieferung 2006), Vor. § 81 Rn. 144. Die Frage, ob Milcherzeuger ein - so die Ansicht des Beschwerdeführers - "Notwehrrecht" haben, wenn ihnen durch die geballte Nachfragemacht des Handels die Existenzgrundlage entzogen wird, hat der BGH nicht als abstrakt klärungsbedürftige Rechtsfrage grundsätzlicher Bedeutung anerkannt und eine Nichtzulassungsbeschwerde zurückgewiesen, siehe BGH GUT 263 (264) – *„Boykott der Milchbauern“*.

195 Ausführlich hierzu *Rengier*, in: KK OWiG, Vor. §§ 15, 16 Rn. 27 m.w.N.

196 Vgl. *Achenbach*, in: Frankfurter Kommentar (61. Lieferung 2006), Vor. § 81 Rn. 146. Von oben ausgeübter Druck innerhalb der Unternehmenshierarchie kann hingegen im Rahmen der behördlichen Opportunitätsentscheidung von entscheidender Bedeutung sein, soweit die Verhängung einer persönlichen Geldbuße im Raum steht.

Abs. 2 Nr. 1 und Abs. 3 GWB nach fünf Jahren und in den Fällen des Abs. 1 und 2 unabhängig davon, ob sie vorsätzlich oder fahrlässig begangen wurden.

Die Verjährung beginnt gemäß § 31 Abs. 3 S. 1 OWiG, sobald das tatbestandsmäßige Verhalten beendet ist, d.h. mit dem Abschluss der letzten dem Tatbestand unterfallenden Handlung oder mit dem Eintritt des zum Tatbestand gehörenden Erfolges. In bestimmten Fallkonstellationen, etwa beim Boykottaufruf oder bei Zuwiderhandlungen gegen fusionsrechtliche Vollzugsverbote, fällt der Zeitpunkt der Tatbeendigung notwendig mit der Vollendung der Tathandlung zusammen. Bei Kartellabsprachen über Preise, Gebiete usw. ist die Tat solange nicht beendet, wie die Absprache praktiziert wird, also einzelne Umsetzungsmaßnahmen getroffen werden[197]. Der BGH hat entschieden, dass in solchen Fällen die Verjährung erst mit Beendigung des Kartells und folglich erst dann beginnt, wenn keine auf der wettbewerbswidrigen Vereinbarung beruhenden Handlungen mehr vorgenommen werden[198]. Nach der Rechtsprechung enden Submissionsabsprachen erst mit der Erstellung der Schlussrechnung[199]. Bei Aufsichtspflichtverletzungen nach § 130 OWiG beginnt die Verjährung grundsätzlich erst mit Beendigung der Anknüpfungstat[200]. Nach fragwürdiger Rechtsprechung soll dies aber nicht gelten, wenn nach einer konkreten Zuwiderhandlung zu befürchten ist, dass in nächster Zeit weitere Verstöße erfolgen werden[201]. Dies überzeugt nicht, da diese Ansicht zu einem unzulässigen Aufschub des Verjährungsbeginns führt, soweit sich der unmittelbare Täter lediglich im Stadium der Vorbereitung befindet und eine Intensivierung der bereits eingetroffenen Rechtsgutsbeeinträchtigung nicht erfolgt ist[202].

Das Ruhen und die Unterbrechung der Verfolgungsverjährung, etwa durch die erste Vernehmung des Betroffenen, richten sich nach §§ 32, 33 OWiG. Bei der Verfolgung natürlicher Personen als Täter ist hierbei insbesondere zu beachten, dass ein Durchsuchungsbeschluss die Verjährung nur unterbricht, wenn sich aus dem Beschluss oder der Ermittlungsakte ergibt, dass sich das Verfahren auch gegen die betroffene Person richten soll[203]. Eine besondere Verjährungsunterbrechung regelt § 81 Abs. 9 GWB für den Fall, dass sich die europäische Kommission oder Wettbewerbsbehörden anderer Mitgliedsstaaten der Europäischen

---

197 *Klusmann*, in: Wiedemann, Kartellrecht, § 55 Rn. 25.

198 BGH WuW/E DE-R 1567 (1568) – *„Berliner Transportbeton I"*; OLG Düsseldorf WuW/E DE-R 1733 (1746) – *„Papiergroßhandel"*.

199 BGH WuW/E BGH 2100 (2102) – *„Schlussrechnung"*; a.A. *Achenbach*, in: Frankfurter Kommentar (61. Lfg. 2006) , § 81 Rn. 61 (Teilnahme am Eröffnungstermin) und *Dannecker*, NStZ 1985, 49 (55) (Eröffnungszeitpunkt der Angebote).

200 *Dannecker/Biermann*, in: Immenga/Mestmäcker, GWB, § 81 Rn. 482; *Cramer/Panaris*, in: Loewenheim, Kartellrecht § 81 Rn. 81; *Gürtler*, in: Göhler, OWiG, § 130 Rn. 30.

201 BGH WuW/E 2100 (2102) – *„Schlussrechnung"*, wonach weitere Anknüpfungstaten zu erwarten sind, wenn bereits vollendete Vortaten nicht beendet sind.

202 *Dannecker* NStZ 1985, 49 (56); ebenfalls kritisch *Rengier*, in: KK OWiG, § 130 Rn. 112.

203 BGH WuW/E DE-R 2032 (2034) – *„Papiergroßhandel"*.

Union gemäß Art. 101 oder 102 AEUV mit einem Bußgeldverfahren gegen dieselbe Vereinbarung, denselben Beschluss oder dieselbe Verhaltensweise befassen. Dadurch wird den nationalen Kartellbehörden die Möglichkeit gegeben, das Verfahren auszusetzen und abzuwarten, bis die Kommission bzw. eine ausländische Wettbewerbsbehörde ihr Verfahren abgeschlossen hat[204].

H. Persönliche Bußgeldverantwortung als Rechtsfolge

Liegen die genannten Voraussetzungen vor, so kann ein persönlicher Bußgeldbescheid gegen die betroffene natürliche Person ergehen. Insofern hat die Kartellbehörde in zweierlei Hinsicht eine Ermessensentscheidung zu treffen. Zunächst muss sie entscheiden, ob eine persönliche Bußgeldhaftung bei Abwägung aller Umständen geboten erscheint (Entschließungsermessen). Sofern sie dies bejaht, stellt sich die Frage, wie hoch das konkrete Bußgeld sein soll (Auswahlermessen).

I. Entschließungsermessen der Kartellbehörde

Für die Verfolgung von Ordnungswidrigkeiten gilt nicht wie im Strafverfahren der Legalitätsgrundsatz, sondern das Opportunitätsprinzip[205]. Die Verfolgung von kartellrechtlichen Ordnungswidrigkeiten liegt gemäß § 47 Abs. 1 S. 1 OWiG im pflichtgemäßen Ermessen der Kartellbehörden. Solange das Verfahren bei der Kartellbehörde anhängig ist, kann diese es nach § 47 Abs. 1 S. 2 OWiG einstellen. Die Einstellung des Verfahrens darf jedoch nicht von der Zahlung eines Geldbetrages an eine gemeinnützige Einrichtung oder sonstige Stelle abhängig gemacht oder damit in Zusammenhang gebracht werden (§ 47 Abs. 3 OWiG)[206].

---

204 So auch ausdrücklich der Normzweck nach der Begr. z. RegE, BT-Drucks. 15/3640, S. 67 f.; aus dem Schrifttum siehe etwa *Dannecker/Biermann*, in: Immenga/Mestmäcker, GWB, § 81 Rn. 488; *Cramer/Panaris*, in: Loewenheim, Kartellrecht § 81 Rn. 82; *Bechtold*, in: Bechtold, GWB, § 81 Rn. 54; *Raum*, in: Langen/Bunte, Dt. Kartellrecht, § 81 Rn. 190.

205 *Seitz*, in: Göhler, OWiG, § 47 Rn. 1; *Bohnert*, in: KK OWiG, § 47 Rn. 1; *Lemke/Mosbach*, OWiG, § 47 Rn. 1; *Dannecker/Biermann*, in: Immenga/Mestmäcker, GWB, Vor. § 81 Rn. 195; *Cramer/Panaris*, in: Loewenheim, Kartellrecht § 81 Rn. 47.

206 Dadurch unterscheidet sich die Regelung eindeutig von einer strafrechtlichen Einstellung nach § 153 a StPO, der eine Ausnahme vom – im Ordnungswidrigkeitenrecht nicht geltenden – Legalitätsprinzip ist.

1. Opportunitätsgrundsatz bei Kartellordnungswidrigkeiten

Die Möglichkeit zur Nichtverfolgung von Kooperationsabreden mit geringer wettbewerbsbeschränkender Bedeutung hat das Bundeskartellamt in der sogenannten „Bagatellbekanntmachung“[207] geregelt. Darin sind Ermessensgrundsätze festgelegt, nach denen wegen Geringfügigkeit von der Verfahrenseinleitung regelmäßig abgesehen wird. Dies ist beispielsweise der Fall, wenn bei einer kartellrechtswidrigen horizontalen Vereinbarung die beteiligten Unternehmen insgesamt auf keinem Markt mehr als 10 % Marktanteil halten[208]. Insofern kann nämlich die Kartellierung Druck auf marktstärkere Unternehmen ausüben und bei einer Gesamtbetrachtung wettbewerbsfördernd sein. Sofern das Bundeskartellamt auf Grundlage der „Bagatellbekanntmachung“ davon ausgeht, dass nur geringfügige Auswirkungen auf den Wettbewerb vorliegen, die ein behördliches Einschreiten nicht erfordern, profitiert neben dem betroffenen Unternehmen auch die tatbestandsmäßig handelnde natürliche Person von der Nichtverfolgung.

Während die Möglichkeit zur Nichtverfolgung von Ordnungswidrigkeiten durch die „Bagatellbekanntmachung“ geregelt ist, existiert umgekehrt keine Regelung, wann zwingend ein Bußgeldverfahren einzuleiten ist. Insofern scheint die Kartellbehörde in ihrer Entscheidung völlig frei zu sein. Eine Einstellung aus Opportunitätsgründen scheidet jedoch bei schwerwiegenden Ordnungswidrigkeiten regelmäßig aus, da sich hier die Ermessensbildung zu einer Verfolgungspflicht verengt[209]. Dies gilt vor allem in den Fällen des §§ 81 Abs. 1 Nr. 1 i.V.m. 1, 14, 19 Abs. 1, 20, 21 Abs. 1 und 2 GWB, da Verbraucher und andere Wettbewerber ein erhebliches öffentliches Interesse am Schutz des freien Wettbewerbs haben.

2. Ermessensbeschränkung durch den Grundsatz der Selbstbindung der Verwaltung bei Geldbußen gegen natürliche Personen

Speziell in Hinblick auf die Verhängung von Geldbußen gegen natürliche Personen als persönlich Betroffene kann im Einzelfall eine Selbstbindung der Verwaltung und damit eine Ermessensreduzierung auf Null in Betracht kommen. Dies setzt voraus, dass eine bestimmte Verwaltungspraxis vorliegt und der Handelnde darauf vertraut, dass die Behörde unter Berücksichtigung des Art. 3 Abs. 1 GG bei einem vergleichbaren Sachverhalt entsprechend dieser Verwaltungspraxis entscheidet, soweit nicht im Einzelfall rechtfertigende Gründe für ein Abweichen vorliegen[210]. Eine entsprechende Ermessenbeschränkung kommt insbesondere in Hinblick auf die umfangreiche Haftung von Beteiligten

---

207 Bekanntmachung Nr. 18/2007 des BKartA über die Nichtverfolgung von Kooperationsabreden mit geringer wettbewerbsbeschränkender Bedeutung.

208 Bekanntmachung Nr. 18/2007 des BKartA, Rn. 8.

209 *Maiazza*, Opportunitätsprinzip, S. 275.

210 Vgl. *Kopp/Ramsauer*, VwVfG, § 40 Rn. 25.

in Betracht. Durch Anwendung des § 14 Abs. 1 S. 2 OWiG können sich auch Angestellte, die in der Unternehmenshierarchie auf einer unteren Stufe stehen, an vorsätzlichen Kartellordnungswidrigkeiten anderer beteiligen[211]. So kann nach den gesetzlichen Regelungen auch die mit Schreibarbeiten befasste Sekretärin sich wegen einer Beteiligungshandlung persönlich bußgeldpflichtig machen. Jedoch entspricht es nicht der Verfolgungspraxis des Bundeskartellamts, einfache Angestellte, die überwiegend Anweisungen von Vorgesetzten umsetzen und so gut wie keine unternehmerische Handlungsfreiheit haben, zur Verantwortung zu ziehen[212]. Insoweit liegt eine behördliche Praxis vor, die in erster Linie auf die Verfolgung von Tätern aus der höchsten und der mittleren Managementebene abzielt. Dies schließt nicht aus, dass im Einzelfall doch gegen einen Unternehmensangestellten der unteren Ebene ein Bußgeld verhängt wird, wenn sachliche Gründe für das Abweichen von der sonst üblichen Praxis sprechen. Dies kann insbesondere der Fall sein, wenn der Beteiligte besonders schwerwiegende oder über das erforderliche Maß hinausgehende Förderungshandlungen vornimmt, sich im Verfahren uneinsichtig und unkooperativ zeigt oder ein Wiederholungstäter ist. Die Voraussetzungen für eine Ermessensreduzierung auf Null sind praktisch kaum nachweisbar, da das Vorliegen einer Verwaltungspraxis im Einzelfall schwer zu belegen ist und die Kartellbehörde fast immer sachliche Gründe für das Abweichen von der Verwaltungspraxis nennen kann.

Festzuhalten ist, dass die berufliche Stellung der vom kartellrechtlichen Bußgeldverfahren betroffenen Person für die Ausübung des Verfolgungsermessens in der behördlichen Praxis von maßgeblicher Bedeutung ist und gerade untergeordnete Angestellte von einem Absehen der Verfolgung aus Opportunitätsgründen profitieren. Dies ist zu begrüßen, da diese Personen regelmäßig nur austauschbare Randfiguren bei der Unrechtsverwirklichung sind und sich aufgrund der hierarchischen Unternehmensstrukturen nur unter erheblichen Schwierigkeiten der geforderten Beteiligungshandlungen widersetzen können. Die Verhängung von persönlichen Bußgeldern ist demnach primär angebracht, wenn ein Täter der obersten oder mittleren Managementebene vorsätzlich oder grob fahrlässig unmittelbar eine Kartellordnungswidrigkeit begeht, sich durch erheblichen Tatbeitrag an einer solchen beteiligt oder im groben Maße seine Aufsichtspflicht verletzt und dadurch einen solchen Rechtsverstoß nicht verhindert. Nicht geboten ist eine persönliche Bußgeldahndung grundsätzlich dann, wenn der Täter

---

211 Siehe Kapitel 2, C I 2.

212 Vgl. hierzu die Untersuchung von *Brunner*, Täterkreis, S. 137: „Insgesamt sind etwa zwei Drittel der betroffenen natürlichen Personen der höchsten Managementebene zuzuordnen. (…) Während Personen der mittleren Managementebene – Niederlassungsleiter, Direktoren, Abteilungsleiter, und Prokuristen – mit 30 % noch relativ häufig verfolgt wurden, blieb die Zahl der betroffenen schlichten Unternehmensangestellten unterer Stufen erwartungsgemäß sehr bescheiden (2,25 %).“

einfacher Unternehmensangestellter ist und im Wesentlichen nur Anweisungen von Vorgesetzten umsetzt und dabei weitgehend unselbstständig handelt.

II. Auswahlermessen der Kartellbehörde

1. Bestimmung des Bußgeldrahmens

Entschließt sich die Kartellbehörde einen Bußgeldbescheid gegen einen Unternehmensangestellten zu verhängen, so hat sie sich bei der Festlegung der Bußgeldhöhe innerhalb des gesetzlich festgelegten Bußgeldrahmens zu bewegen. Dieser ist nicht für alle kartellrechtlichen Ordnungswidrigkeiten gleich, sondern vom Unrechtsgehalt der konkreten Bestimmung abhängig. § 81 Abs. 4 S. 1 GWB ordnet an, dass Zuwiderhandlungen gegen schwerwiegende Kartellordnungswidrigkeiten, namentlich gegen § 81 Abs. 1, des Abs. 2 Nr. 1, 2 a und Nr. 5 und Abs. 3 GWB, mit einer Geldbuße von bis zu einer Million Euro geahndet werden können. Die Erhöhung der Obergrenze dieses Bußgeldrahmens von 500.000 Euro auf eine Million Euro durch die 7. GWB-Novelle soll der wirtschaftlichen Entwicklung Rechnung tragen und – gerade vor dem Hintergrund des Wechsels zur Legalausnahme – eine wirkungsvollere Abschreckung und Ahndung bei besonders gravierenden Verstößen gegen Wettbewerbsbestimmungen ermöglichen[213]. In allen anderen Fällen, also bei den leichteren Kartellordnungswidrigkeiten nach § 81 Abs. 2 Nr. 2 b, 3, 4 und 6 GWB, kann die Ordnungswidrigkeit mit einer Geldbuße bis zu 100.000 Euro geahndet werden (§ 81 Abs. 4 S. 5 GWB). Nach unten wird der Bußgeldrahmen durch § 17 Abs. 1 OWiG auf fünf Euro begrenzt.

Eine Modifizierung erfährt der Bußgeldrahmen im Falle der fahrlässigen Tatbegehung. Handelt der Täter in den Fällen des § 81 Abs. 1 und Abs. 2 GWB fahrlässig, so reduziert sich das Höchstmaß der Geldbuße gemäß § 17 Abs. 2 OWiG auf die Hälfte des angedrohten Höchstbetrages. Bei Aufsichtspflichtverletzungen bestimmt sich das Höchstmaß der Geldbuße gemäß § 130 Abs. 3 S. 2 OWiG nach dem für die Pflichtverletzung angedrohtem Höchstmaß der Geldbuße. Bei einer vorsätzlichen Aufsichtspflichtverletzung, die sich auf eine vorsätzliche schwerwiegende Kartellordnungswidrigkeit bezieht, beträgt daher das Höchstmaß einer Million Euro, während bei einer fahrlässigen Aufsichtspflichtverletzung, die sich auf eine vorsätzliche Kartellordnungswidrigkeit bezieht, das Höchstmaß nur 500.000 Euro beträgt. Problematisch ist die Frage, ob bei fahrlässigen Aufsichtspflichtverletzungen, die sich auf fahrlässige Anknüpfungstaten beziehen, eine zweifache Reduzierung der Obergrenze um jeweils 50 %, insgesamt also um 75 %, auf 250.000 Euro erfolgt. Das Bundeskartellamt lehnt eine doppelte Berücksichtigung der Vorschrift des § 17 Abs. 2 OWiG ab, da

[213] Begr. z. RegE, BT-Drucks. 15/3640, S. 67.

„andernfalls – entgegen dem Sinn und Zweck des § 130 OWiG – arbeitsteilig agierende Großunternehmen gegenüber inhabergeführten Kleinunternehmen bevorzugt würden“[214]. Diese Argumentation ist wenig überzeugend, da beim inhabergeführten Kleinunternehmen regelmäßig keine zu beaufsichtigenden Personen existieren, so dass mangels Vergleichbarkeit nicht von der Privilegierung der im Großunternehmen aufsichtspflichtigen Person die Rede sein kann. Richtigerweise geht es nicht um die Privilegierung von Großunternehmen, sondern um die schlichte Gesetzesanwendung, welche eine Privilegierung bei der Verletzung von Aufsichtspflichten im Vergleich zur unmittelbaren Täterschaft aufgrund der geringeren Nähe zur Unrechtsverwirklichung vorsieht. § 130 Abs. 3 OWiG unterscheidet nicht zwischen fahrlässigen und vorsätzlichen Aufsichtspflichtverletzungen und nimmt daher in beiden Fällen hinsichtlich der Höchstgrenze auf den Bußgeldrahmen der Anknüpfungstat Bezug, so dass nach derzeitiger Gesetzeslage eine doppelte Anwendung des § 17 Abs. 2 OWiG zwingend ist[215].

Gemäß § 17 Abs. 4 S. 1 OWiG soll dem Täter ein etwaiger wirtschaftlicher Vorteil seiner Tat entzogen werden. Falls nötig, darf hierzu das gesetzliche Höchstmaß des Bußgeldrahmens überschritten werden (§ 17 Abs. 4 S. 2 OWiG). Durch den seit der 7. GWB-Novelle eingeführten § 81 Abs. 5 S. 2 GWB steht es im Ermessen[216] der Kartellbehörden, eine Vorteilsabschöpfung vorzunehmen oder eine Geldbuße als reines Ahndungsinstrument einzusetzen[217]. Für die hier untersuchte Thematik der Bußgeldverantwortlichkeit natürlicher Personen ist diese Unterscheidung nicht relevant, da wirtschaftliche Vorteile dem Unternehmen zufließen und nicht den Unternehmensangestellten. Soweit dem Täter vom Unternehmen als Belohnung für ein kartellrechtswidriges Verhalten Vermögensvorteile zugeflossen sind, etwa Bonuszahlungen, entstammen diese nicht originär dem wettbewerbswidrigen Verhalten, sondern sind lediglich in ihrem Zusammenhang als eine Art „Gegenleistung“ ausgeschüttet worden. Daher handelt es sich nicht um behördlich abschöpfbare Vermögensvorteile, sondern um Vermögensvorteile, die vom Unternehmen (u.U. nach § 817 ff. BGB) zurückverlangt werden können. Festzuhalten ist damit, dass der persönliche Bußgeldbescheid gegen Manager reinen Sanktionscharakter hat. Da eine Vorteilsabschöpfung ausscheidet, darf das Höchstmaß des Bußgeldrahmens nicht überschritten werden.

---

214 BKartA WuW/E DE-V 911 (916) – *„Fotoarbeitstasche“.*

215 So auch: KG JR 1972, 121 (122); *Dannecker/Biermann*, in: Immenga/Mestmäcker, GWB, § 81 Rn. 323; *Rogall*, in: KK OWiG, § 130 Rn. 105; *Demuth/Schneider,* BB 1970, 642 (649).

216 Nach dem Wortlaut des § 81 Abs. 5 GWB (lex speciales) „kann“ ein Vermögensvorteil abgeschöpft werden, während nach § 17 Abs. 4 OWiG der Vorteil abgeschöpft werden „soll“.

217 *Achenbach/Wegner*, ZWeR 06, 49 (55 ff.); zur Entstehungsgeschichte vgl. auch *Dannecker/Biermann*, in: Immenga/Mestmäcker, GWB, § 81 Rn. 443.

2. Kriterien für die Bußgeldbemessung bei natürlichen Personen

Bei der Bußgeldbemessung gilt als Grundregel, dass der nach dem gesetzlichen Bußgeldrahmen vorgesehene Höchstbetrag nur in den denkbar schwersten Fällen verhängt werden darf, in denen das größte denkbare Unrecht sowie die schwerste Schuld vorliegen und kein Bußgeldmilderungsgrund greift[218]. In durchschnittlichen Fällen ist dagegen der Mittelwert anzuwenden, so dass hier der gesetzliche Bußgeldrahmen bei weitem nicht ausgeschöpft werden darf[219]. Auch die bisherige Kartellrechtspraxis ist bei der Bemessung zu beachten: Das Bußgeld muss in einem angemessenen Verhältnis zu anderen, in gewisser Weise vergleichbaren Verfahren stehen[220].

Die vom Bundeskartellamt bekanntgemachten Bußgeldleitlinien[221] gelten nur für die Festsetzung von Geldbußen gegen Unternehmen und Unternehmensvereinigungen[222] und sind daher nicht anwendbar, soweit es um Bußgelder gegen natürliche Personen geht. Für diese ist im Ausgangspunkt zunächst § 17 Abs. 3 S. 1 OWiG maßgeblich, wonach das konkrete Bußgeld auf Grundlage der Bedeutung der Ordnungswidrigkeit und des Vorwurfs, der den Täter trifft, festgelegt werden soll. Zu unterscheiden ist damit zwischen tat- und schuldbezogenen Zumessungskriterien. Außerdem ist die wirtschaftliche Leistungsfähigkeit des Täters gemäß § 17 Abs. 3 S. 2 OWiG zu berücksichtigen.

a) Tatbezogene Zumessungskriterien

Speziell für Kartellrechtsverstöße gilt gemäß § 81 Abs. 4 S. 6 GWB, dass bei der Festsetzung der Höhe sowohl die Schwere der Zuwiderhandlung als auch deren Dauer zu berücksichtigen sind. Bußgelderhöhend wirken negative Tatauswirkungen wie eine nachhaltige Strukturverschlechterung auf dem Markt[223], eine Verknappung des Warenangebots[224], erhebliche Erhöhung der

---

218 *Klusmann*, in: Wiedemann, Kartellrecht, § 57 Rn. 74; *Dannecker/Biermann*, in: Immenga/Mestmäcker, GWB, § 81 Rn. 363.

219 *Klusmann*, in: Wiedemann, Kartellrecht, § 57 Rn. 74; *Dannecker/Biermann*, in: Immenga/Mestmäcker, GWB, § 81 Rn. 363.

220 KG WuW/E OLG 1394 (1398 f.) – *„Japanischer Fotoimport"*; WuW/E OLG 1569 (1570) – *„Tierpflegemittel"*; *Dannecker/Biermann*, in: Immenga/Mestmäcker, GWB, § 81 Rn. 363.

221 Bekanntmachung Nr. 38/2006 des BKartA über die Festsetzung von Geldbußen nach § 81 Abs. 4 Satz 2 des Gesetzes gegen Wettbewerbsbeschränkungen (GWB) gegen Unternehmen und Unternehmensvereinigungen.

222 Bekanntmachung Nr. 38/2006 des BKartA, I 1.

223 KG WuW/E OLG 3175 (3180) – *„Preisanpassungsklausel"*; *Dannecker/Biermann*, in: Immenga/Mestmäcker, GWB, § 81 Rn. 371; *Raum*, in: Langen/Bunte, Dt. Kartellrecht, § 81 Rn. 161; *Klusmann*, in: Wiedemann, Kartellrecht, § 57 Rn. 82. Generell zur erheblichen Beeinträchtigungen des Wettbewerbs als Zumessungskriterium vgl. BKartA WuW/E BKartA 2505 (2506) – *„Pharmagroßhandel"*.

Abgabepreise[225] sowie das Ausmaß des Schadens bei Dritten (Lieferschwierigkeiten o.ä.)[226]. So wird beispielsweise ein Eingriff in den Preiswettbewerb von der Rechtsprechung als besonders schwerwiegend angesehen, weil sich „seine Beeinträchtigung auf die Abnehmer der betreffenden Waren unmittelbar und besonders fühlbar auswirkt"[227]. Schwerwiegend ist ferner die Bildung von Quotenkartellen und der dadurch entstehende Eingriff in Wettbewerbsverhältnisse, insbesondere dann, wenn der Markt lebenswichtige Produkte betrifft, wobei an das Kriterium „lebenswichtig" keine allzu hohen Anforderungen gestellt werden[228]. Weiterhin wird bei der Bußgeldbemessung regelmäßig erschwerend berücksichtigt, dass der Täter mit besonders hoher krimineller Energie gehandelt hat, etwa weil er besondere Geheimhaltungsmaßnahmen trifft[229] oder die Kartellierung einen hohen Organisationsgrad aufweist[230]. Demgegenüber wirkt es sich bußgeldmildernd aus, wenn die Tat geringe wirtschaftliche und sonstige Folgen hat[231], dem an der Kartellabsprache Beteiligten letztlich keine Vorteile bringt[232] oder wenn der Verstoß prinzipiell legalisierungsfähig ist, z.B. weil ein rechts-

---

224 BKartA WuW/E BKartA 2005 (2009) – *„Behälterglas"*; *Dannecker/Biermann*, in: Immenga/Mestmäcker, GWB, § 81 Rn. 371; *Klusmann*, in: Wiedemann, Kartellrecht, § 57 Rn. 82.

225 KG WuW/E OLG 2369 (2374) – *„Programmzeitschriften"*; *Dannecker/Biermann*, in: Immenga/Mestmäcker, GWB, § 81 Rn. 371; *Klusmann*, in: Wiedemann, Kartellrecht, § 57 Rn. 82.

226 BKartA WuW/E BKartA 2505 (2506) – *„Pharmagroßhandel"*; *Dannecker/Biermann*, in: Immenga/Mestmäcker, GWB, § 81 Rn. 371; *Klusmann*, in: Wiedemann, Kartellrecht, § 57 Rn. 82.

227 KG WuW/E OLG 1394 (1398) – *„Japanischer Fotoimport"*.

228 So etwa entschieden bei Zement: BKartA WuW/E BKartA 1417 (1426) – *„Süddeutsche Zementhersteller"*; OLG Düsseldorf WuW/E DE-R 1315 (1320) – *„Berliner Transportbeton I"*; WuW/E DE-R 1433 – *„Transportbeton in C."*.

229 KG WuW/OLG 1265 (1268) – *„Zahnpasten"*; *Dannecker/Biermann*, in: Immenga/Mestmäcker, GWB, § 81 Rn. 371. Hingegen weist *Klusmann*, in: Wiedemann, Kartellrecht, § 57 Rn. 82 hierzu darauf hin, dass Geheimhaltungsmaßnahmen eigentlich in der Natur der Sache liegen. In der Tat sollten nur solche Geheimhaltungsmaßnahme bußgelderhöhend berücksichtigt werden, die über das für den jeweiligen Rechtsverstoß übliche Maß deutlich hinausgehen, wie etwa der Gebrauch von aufwendiger Verschlüsselungssoftware für E-Mails.

230 KG WuW/E DE-R 83 (87) *„Jeans-Vertrieb"*; *Dannecker/Biermann*, in: Immenga/Mestmäcker, GWB, § 81 Rn. 371; *Klusmann*, in: Wiedemann, Kartellrecht, § 57 Rn. 82.

231 OLG Stuttgart WuW/E OLG 1299 (1302) – *„Feuerwehrschutzanzüge"*; *Dannecker/Biermann*, in: Immenga/Mestmäcker, GWB, § 81 Rn. 372; *Klusmann*, in: Wiedemann, Kartellrecht, § 57 Rn. 83.

232 OLG Düsseldorf WuW/E DE-R 1315 (1320) – *„Berliner Transportbeton I"*; *Dannecker/Biermann*, in: Immenga/Mestmäcker, GWB, § 81 Rn. 372; *Klusmann*, in: Wiedemann, Kartellrecht, § 57 Rn. 83.

widrig nicht angemeldeter Zusammenschluss eindeutig nicht untersagt werden kann[233].

b) Schuldbezogene Zumessungskriterien

Schuldbezogene Kriterien betreffen den persönlichen Vorwurf, der dem Täter zu machen ist. Erschwerend berücksichtig werden kann etwa die berufliche Stellung des Täters, etwa wenn dieser Jurist ist[234]. Des Weiteren wirkt es sich bußgelderhöhend aus, wenn der Täter ein rücksichtsloses Gewinnstreben zeigt[235] oder sich bewusst über eine Mahnung der Kartellbehörde hinwegsetzt[236]. Bußgeldmindernd wurde in der kartellrechtlichen Praxis berücksichtigt, dass der Täter (erwiesenermaßen) aus „Not" handelte, etwa zur Existenzsicherung oder um Arbeitsplätze zu sichern[237], bei der Tatbeteiligung eher passiv war und auf ihn Druck ausgeübt wurde[238] oder das kartellrechtswidrige Verhalten aus eigenem Antrieb eingestellt hat[239]. Auch das Nachtatverhalten kann bußgeldmindernde Wirkung haben, vor allem bei Ablegung eines umfangreichen Geständnisses[240] oder bei der freiwilligen Herausgabe belastender Unterlagen aufgrund der Ankündigung einer Durchsuchung[241].

---

233 BKartA WuW/E BKartA 1376 (1387) – *„Linoleum"*; KG WuW/E OLG 3387 (3393) – *„Altölpreise"*, WuW/E OLG 1103 (1105) – *„Supervisors"*; *Dannecker/Biermann*, in: Immenga/Mestmäcker, GWB, § 81 Rn. 372; *Klusmann*, in: Wiedemann, Kartellrecht, § 57 Rn. 83.

234 KG WuW/OLG 1265 (1268) – *„Zahnpasten"*, wo der Betroffene Justitiar war; *Dannecker/Biermann*, in: Immenga/Mestmäcker, GWB, § 81 Rn. 383; *Klusmann*, in: Wiedemann, Kartellrecht, § 57 Rn. 85. *Dannecker/Biermann*, in: Immenga/Mestmäcker, GWB, § 81 Rn. 383 weisen in diesem Zusammenhang zu Recht darauf hin, dass eine herausgehobene Stellung im Wirtschaftsleben an sich nicht die bußgeldrechtliche Verantwortung zu steigern vermag, sondern erst die damit regelmäßig einhergehende besondere Verantwortung den Vorwurf der Pflichtverletzung steigern kann.

235 KG WuW/E OLG 3387 (3394) – *„Altölpreise"; Raum*, in: Langen/Bunte, Dt. Kartellrecht, § 81 Rn. 162; *Klusmann*, in: Wiedemann, Kartellrecht, § 57 Rn. 85.

236 LKartB Bayern WuW/ LKartB 183 (185) – *„Zahntechniker-Innung"*; *Dannecker/Biermann*, in: Immenga/Mestmäcker, GWB, § 81 Rn. 378; *Raum*, in: Langen/Bunte, Dt. Kartellrecht, § 81 Rn. 162; *Klusmann*, in: Wiedemann, Kartellrecht, § 57 Rn. 85.

237 KG WuW/E OLG 3387 (3394) – *„Altölpreise"*; OLG Düsseldorf WuW/E OLG 2488 (2494) – *„Heizöl-Spediteure"*; *Klusmann*, in: Wiedemann, Kartellrecht, § 57 Rn. 86.

238 OLG Düsseldorf WuW/E OLG 2488 (2494) – *„Heizöl-Spediteure"*; OLG Stuttgart WuW/E OLG 3981 (3982) – *„Trägerhose"*; *Dannecker/Biermann*, in: Immenga/Mestmäcker, GWB, § 81 Rn. 378; *Klusmann*, in: Wiedemann, Kartellrecht, § 57 Rn. 86.

239 BKartA WuW/E DE-V 911 (917) – *„Fotoarbeitstasche"*; *Klusmann*, in: Wiedemann, Kartellrecht, § 57 Rn. 86.

240 KG WuW/E OLG 1100 (1102) – *„Fotohändlerverband"*; *Raum*, in: Langen/Bunte, Dt. Kartellrecht, § 81 Rn. 164; *Dannecker/Biermann*, in: Immenga/Mestmäcker, GWB, § 81 Rn. 381; *Klusmann*, in: Wiedemann, Kartellrecht, § 57 Rn. 86. Vgl. auch BKartA

c) Wirtschaftliche Leistungsfähigkeit des Täters

Daneben kommen bei der Bemessung der Geldbuße auch die wirtschaftlichen Verhältnisse des Täters gemäß § 17 Abs. 3 S. 2 OWiG in Betracht. Hierfür wird in der Praxis versucht, das Einkommen des Täters zu bestimmen. Regelmäßig verlangen die Kartellbehörden vom Täter hierzu die Vorlage der letzten Jahressteuererklärung, ohne dass eine entsprechende Herausgabepflicht bestünde[242]. Die Finanzbehörden sind ebenfalls aufgrund des Steuergeheimnisses (§ 30 AO) nicht zur Vorlage befugt. Daher muss das Einkommen des Täters häufig geschätzt werden, obwohl das OWiG im Gegensatz zu § 40 Abs. 3 StGB diese Vorgehensweise nicht explizit vorsieht. Die kartellrechtliche Rechtsprechung stellt zur Schätzung vor allem auf den tatsächlich ausgeübten Beruf des Betroffenen ab[243]. Mitunter werden der Kartellbehörde aber auch bereits im Ermittlungsverfahren Informationen über die wirtschaftliche Situation des Betroffenen bekannt, etwa wenn bei Vernehmungen andere Beschuldigte Angaben über Abfindungsansprüche des Betroffenen machen. Neben dem Einkommen sind auch Einkünfte aus Vermögen, Schulden, Unterhaltsverpflichtungen usw. berücksichtigt[244]. Anhand dieser Kriterien ist die finanzielle Belastbarkeit des Täters zu bestimmen, die in einem angemessenen Verhältnis zu der Sanktionierung unter Berücksichtigung des Unrechts- und Schuldgehaltes stehen muss.

d) Sonstige Zumessungskriterien

In der Praxis wird im Rahmen der Bußgeldzumessung mitunter mildernd berücksichtigt, dass das Bußgeldverfahren ungewöhnlich lange gedauert hat, ohne

---

WuW/E BKartA 1689 (1693) – *„Heizungs- und Klimaindustrie"*, wo unter dem Aspekt der Rechtsmittelgarantie auf bedenklicher Weise die Hinnahme der Bußgeldfestsetzung ohne Rechtsmitteleinlegung bußgeldmindernd berücksichtigt wurde.

241 BKartA, Bußgeldbescheid vom 02.09.2003, Aktenzeichen: B 7-69/03, S. 10, unveröffentlicht, abrufbar unter http://www.bundeskartellamt.de; *Dannecker/Biermann*, in: Immenga/Mestmäcker, GWB, § 81 Rn. 381; *Klusmann*, in: Wiedemann, Kartellrecht, § 57 Rn. 86.

242 *Klusmann*, in: Wiedemann, Kartellrecht, § 57 Rn. 89. Ähnlich *Raum*, in: Langen/Bunte, Dt. Kartellrecht, § 81 Rn. 163, wonach es gemäß § 77 Abs. 1 OWiG ausreicht, wenn die Kartellbehörde oder der Richter die wesentlichen Rahmendaten zu den Vermögensverhältnissen feststellt und kein umfassender von den finanziellen Verhältnissen verschafft werden muss.

243 KG WuW/E OLG 4065 (4074) – *„Markt-intern-Dienst Sanitär/Installation"*; KG WuW/E OLG 5053 (5062) – *„Einflussnahme auf die Preisgestaltung"*, wonach für Geschäftsführer mittelgroßer Unternehmen im Zuschnitt der dortigen Nebenbetroffenen ein Jahreseinkommen von 150.000 Euro die untere Grenze bilden soll.

244 BKartA WuW/E BKartA 2871 (2874) – *„Straßenstrich"*; *Dannecker/Biermann*, in: Immenga/Mestmäcker, GWB, § 81 Rn. 387; *Raum*, in: Langen/Bunte, Dt. Kartellrecht, § 81 Rn. 163.

dass der Betroffene dies zu vertreten hätte[245]. Gemäß Art. 6 Abs. 1 S. 1 EMRK hat die Aburteilung in Strafsachen in angemessener Frist zu erfolgen. Nach der Rechtsprechung des BGH soll dies auch für Bußgeldverfahren gelten: „Wenngleich in Bußgeldsachen wegen der im Vergleich zum Strafverfahren geringeren psychischen Belastung der Beteiligten die Anforderungen an die Feststellungen einer rechtswidrigen Verfahrensverzögerung abgemildert sind, lässt sich in Hinblick auf die über dreijährige Verfahrensdauer nicht ausschließen, dass ein Maß an Untätigkeit vorliegt, das zur Annahme einer rechtsstaatswidrigen Verfahrensverzögerung nötigt“[246].

Schließlich finden sich in einigen kartellrechtlichen Entscheidungen im Rahmen der Bußgeldzumessung Erwägungen zur Präventionswirkung. So wird von der Rechtsprechung ein höheres Bußgeld insbesondere unter generalpräventiven Gesichtspunkten für erforderlich angesehen, wenn es sich um eine besonders gemeinschädliche Tat handelt oder ein besonders gefährdetes Rechtsgut betroffen ist[247]. Auch spezialpräventive Erwägungen können relevant werden, wenn der Betroffene von einer Wiederholung der Tat abgeschreckt werden soll[248].

3. Privilegierung des Betroffenen durch Anwendung der Bonusregelung (Bekanntmachung Nr. 9/2006 des BKartA)

Gemäß § 81 Abs. 7 GWB kann das Bundeskartellamt allgemeine Verwaltungsgrundsätze über die Ausübung seines Ermessens bei Bemessung der Geldbuße festlegen. Dazu hat das Bundeskartellamt erstmals im Jahr 2000 eine Kronzeugenregelung nach europäischem Vorbild eingeführt[249], die mittlerweile durch die Bekanntmachung Nr. 9/2006 neu geregelt worden ist[250]. Die darin festgelegten Verwaltungsgrundsätze, denen ermessenskonkretisierende Wirkung zukommt,

---

245 BGH WuW/E DE-R 1233 (1235) – *„Frankfurter Kabelkartell“*; BGH WuW/E BGH 2336 – *„U-Bahn-Bau Frankfurt“*; BGH WuW/E BGH 2542 (2543) – *„Sportartikelhandel“*; *Raum*, in: Langen/Bunte, Dt. Kartellrecht, § 81 Rn. 166.

246 BGH WuW/E DE-R 1233 (1235) – *„Frankfurter Kabelkartell“*, unter Bezugnahme auf EGMR, NJW 1985, 1273 f. Tatsächlich dürfte die psychologische Belastung für die Beteiligten – entgegen der oben zitierten Auffassung des BGH – in langwidrigen Kartellordnungswidrigkeitenverfahren höher sein, als in vielen Strafverfahren.

247 KG WuW/E OLG 1394 (1398) – *„Japanischer Fotoimport“*; BKartA WuW/E BKartA 1280 (1287) – *„Oldtimer“*; BKartA WuW/E BKartA 1670 (1675) – *„Kaltprofile“*. Kritik an diesem unmittelbaren Rückgriff auf präventive Erwägungen äußert *Achenbach*, in: Frankfurter Kommentar (69. Lfg. 2009), § 81 Rn. 278 mit dem Argument, dass das zugrunde gelegte rein negative Verständnis von Generalprävention zunehmend vom Modell der positiven Generalprävention verdrängt werde.

248 KG WuW/E OLG 1339 (1349) – *„Linoleum“*; KG WuW/E OLG 1394 (1398) – *„Japanischer Fotoimport“*; BKartA WuW/E BKartA 1586 (1590) – *„Preisaufkleber“*.

249 Bekanntmachung Nr. 68/2000 des BKartA.

250 Bekanntmachung Nr. 9/2006 des BKartA über den Erlass und die Reduktion von Geldbußen in Kartellsachen.

sollen Anreize für Kartellmitglieder schaffen, mit dem Bundeskartellamt zu kooperieren und wettbewerbswidriges Verhalten aufzudecken. Im Gegenzug für diese Unterstützung wird dem „Kronzeugen" Ermäßigung bis hin zu einem völligen Bußgeldverzicht gewährt. Der bestehende Zusammenhalt innerhalb der Organisationsstruktur eines Kartells soll aufgebrochen werden und zudem die Gründung wettbewerbsfeindlicher Organisationen durch die Entziehung der gegenseitigen Vertrauensgrundlage verhindert werden. Die Bonusregelung findet nicht nur auf Unternehmen und Unternehmensvereinigungen, sondern ausdrücklich auch auf natürliche Personen Anwendung[251].

Die Bonusregelungen unterscheiden zwei Fallgruppen, nämlich den vollständigen Erlass der Geldbuße und der Reduktion der Geldbuße. Die Einstufung ist davon abhängig, in welchem Stadium sich das Ermittlungsverfahren der Kartellbehörde befindet und welche Rolle der betroffene Kronzeuge bei der Aufdeckung der kartellrechtswidrigen Organisation spielt. Die Geldbuße wird erlassen, wenn der Betroffene sich als erster Kartellbeteiligter an das Bundeskartellamt wendet, bevor dieses über Beweismittel verfügt, die für die Erwirkung eines Durchsuchungsbeschlusses ausreichen[252]. Wenn das Bundeskartellamt in der Lage ist, einen Durchsuchungsbeschluss zu erwirken, aber noch nicht genügend Beweismittel zum Nachweis der Tat hat und der Betroffene als erster Kartellbeteiligter durch mündliche oder schriftliche Informationen und ggf. Beweismittel dem Bundeskartellamt einen Tatnachweis ermöglicht, wird die Geldbuße in der Regel erlassen[253]. Liegen die Voraussetzungen für einen Erlass nicht vor, so kommt eine Ermäßigung der Geldbuße um bis zu 50 % in Betracht, wenn der Betroffene Beiträge zur Aufklärung leistet, indem er Informationen bzw. Beweismittel liefert, die wesentlich zum Tatnachweis beitragen[254]. In jedem Fall muss der Antragsteller während der gesamten Dauer ununterbrochen und uneingeschränkt mit dem Bundeskartellamt zusammenarbeiten[255].

Bonusanträge wurden seit ihrer Einführung häufig gestellt und spielen in der Kartellrechtspraxis eine immer wichtiger werdende Rolle. Im Tätigkeitsbericht des Bundeskartellamts 2009/2010 (BT-Drucksache 17/6640) heißt es hierzu auf S. 37:

> *„Die Zahl der Bonusanträge bewegt sich weiterhin auf hohem Niveau. Das Bundeskartellamt nahm im Jahr 2009 insgesamt 24 und in 2010 insgesamt 54 Anträge entgegen. Im Jahr 2009 stammten die Anträge von ei-*

---

[251] Bekanntmachung Nr. 9/2006 des BKartA, Abschnitt A Rn. 1.

[252] Bekanntmachung Nr. 9/2006 des BKartA, Abschnitt B Rn. 3. Hierzu *Säcker*, WuW 2009, 3: „Man kann nachträgliche Immunität erreichen, wenn man sich einer besonderen Sportart verbunden weiß, nämlich dem Windhund-Rennen."

[253] Bekanntmachung Nr. 9/2006 des BKartA, Abschnitt B Rn. 4.

[254] Bekanntmachung Nr. 9/2006 des BKartA, Abschnitt C Rn. 5.

[255] Zu den allgemeinen Kooperationspflichten siehe Bekanntmachung Nr. 9/2006 des BKartA, Abschnitt D.

nem persönlich Betroffenen und von 23 Unternehmen und betrafen 20 Bußgeldverfahren. 2010 wurden fünf Anträge von persönlich Betroffenen und 49 Unternehmensanträge entgegengenommen, die sich auf 25 Bußgeldverfahren verteilten."

Antragberechtigt sind nicht nur Unternehmen, sondern auch persönlich betroffene natürliche Personen. Dies bedeutet nicht, dass jeder Unternehmensmitarbeiter, der eine persönliche Bußgeldhaftung vermeiden möchte, einen eigenen Antrag stellen muss. Insoweit kommt der Regelung in Abschnitt D Rn. 17 der Bekanntmachung Nr. 9/2006 für die Bußgeldhaftung natürlicher Personen große Bedeutung zu: Ein von einer vertretungsberechtigten Person für ein Unternehmen gestellter Antrag wird auch als Antrag für die in dem Unternehmen gegenwärtig oder früher beschäftigten, an dem Kartell beteiligten natürlichen Personen gewertet, soweit sich aus dem Antrag oder aus dem Verhalten des Unternehmens nicht etwas anderes ergibt. Dadurch wird der Anwendungsbereich der Bonusregelung für natürliche Personen erheblich ausgeweitet, da eine Privilegierung ohne persönliche Antragsstellung möglich ist. Bei einem unüberbrückbaren unternehmensinternen Konflikt, etwa weil ein Mitarbeiter die von der Unternehmensleitung geplante Zusammenarbeit mit der Kartellbehörde ablehnt oder sogar aktiv zu verhindern versucht, kann diese Person im Bonusantrag explizit von einer Bußgeldbefreiung ausgenommen werden.

Zivilrechtliche Ansprüche bleiben von der Anwendung der Bonusregelung ebenso unberührt wie eine strafrechtliche Verfolgung[256]. Die Anreizwirkung der Bonusregelung wird also möglicherweise dadurch in Frage gestellt, dass die für die Sachverhaltsaufklärung erforderlichen natürlichen Personen durch ihre Kooperation eine Selbstschädigung durch nachteilige zivilrechtliche oder strafrechtliche Folgen zu befürchten haben. Gleichzeitig ist das Unternehmen auf eine freiwillige Kooperation der Unternehmensmitarbeiter mit der Kartellbehörde angewiesen[257]. Dies wirft die Frage auf, inwiefern ein Zielkonflikt zwischen dem Kronzeugenprogramm im Ordnungswidrigkeitenrecht einerseits und den zivilrechtliche und strafrechtlichen Rechtsfolgen anderseits besteht. Dies hängt von der nachfolgenden thematisierten Frage ab, inwiefern eine persönliche zivilrechtliche Haftung von Geschäftsleitern gegenüber dem eigenem Unternehmen oder Dritten besteht und ob eine Enthaftung durch Freistellungserklärungen etc. möglich ist. Daneben muss das Risiko einer strafrechtlichen Verurteilung untersucht werden. Festgehalten werden kann an dieser Stelle, dass die Kronzeugenregelung für betroffene Unternehmensangestellte zumindest in Hinblick auf persönliche Geldbußen erfolgreich Handlungsanreize für die Zusammenarbeit mit der Kartellbehörde liefert.

---

256 Bekanntmachung Nr. 9/2006 des BKartA, Abschnitt F Rn. 24.

257 Insofern sind Unternehmen unter Umständen auch oft gut beraten, sich nicht sofort von den involvierten Mitarbeitern zu trennen, vgl. *Schroeder*, in: FS für Bechtold, S. 451 f.

IV. Zusammenfassung

Die Kartellbehörden können gemäß § 47 Abs. 1 OWiG grundsätzlich frei darüber entscheiden, ob ein Bußgeld verhängt oder eine Einstellung erfolgen soll. Eine Einstellung aus Opportunitätsgründen kommt in Betracht, soweit es sich nicht um eine schwerwiegende Ordnungswidrigkeit handelt oder wenn die Tat unter den Anwendungsbereich der „Bagatellbekanntmachung" des Bundeskartellamts (Nr. 18/2007) fällt. Bei der Verhängung von Geldbußen gegen natürliche Personen als persönlich Betroffene kann das Ermessen im Einzelfall durch die Selbstbindung der Verwaltung auf Null reduziert sein. Nach der Verfolgungspraxis der Kartellbehörde werden nämlich ganz überwiegend nur Manager auf der höchsten bzw. auf der mittleren Stufe der Unternehmenshierarchie verfolgt. Das Verhalten einfacher Angestellter darf nur sanktioniert werden, wenn ein sachlicher Grund für das Abweichen von dieser Verwaltungspraxis besteht. Daran fehlt es vor allem, wenn einfache Unternehmensangestellte im Rahmen von Beteiligungshandlungen nur Anweisungen von Vorgesetzten umsetzen und weitgehend unselbstständig handeln.

Gegen natürliche Personen kann bei schwerwiegenden Ordnungswidrigkeiten ein Bußgeld von maximal einer Million Euro verhängt werden (§ 81 Abs. 4 S. 1 GWB), in allen anderen Fällen bis zu 100.000 Euro (§ 81 Abs. 4 S. 5 GWB). Bei der konkreten Bemessung der Bußgeldhöhe ist die Schwere der Zuwiderhandlung sowie deren Dauer (§ 81 Abs. 4 S. 4 GWB) ebenso zu berücksichtigen wie die wirtschaftlichen Verhältnisse des Täters (§ 17 Abs. 3 S. 2 OWiG).

Eine Reduzierung bis hin zu einem Erlass der Geldbuße kann dem Betroffenen zugutekommen, wenn er nach Maßgabe der „Kronzeugenregelung" (Bekanntmachung Nr. 9/2006) mit der Kartellbehörde kooperiert. Ein von einer vertretungsberechtigten Person für ein Unternehmen gestellter Antrag wird auch als Antrag für die in dem Unternehmen gegenwärtig oder früher beschäftigten, an dem Kartell beteiligten natürlichen Personen gewertet, soweit sich aus dem Antrag oder aus dem Verhalten des Unternehmens nicht etwas anderes ergibt. Zivilrechtliche oder strafrechtliche Folgen bleiben bei Anwendung der Bonusregelung unberührt.

3. Kapitel: Zivilrechtliche Haftung und Enthaftung von Managern bei Kartellrechtsverstößen

Erklärtes Ziel europäischer Reformbemühungen im Bereich des Wettbewerbsrechts ist eine zahlenmäßige Erhöhung der zivilrechtlichen Schadensersatzklagen[258]. Im nationalen Recht sind mit Inkrafttreten der 7. GWB-Novelle einige Neuerungen im Bereich der privaten Kartellrechtsdurchsetzung eingeführt worden, durch die Kartellopfern die zivilrechtliche Rechtsdurchsetzung erleichtert werden soll[259]. Diese gesetzgeberische Entwicklung beruht darauf, dass Schadensersatzklagen privater Marktteilnehmer bei der Verwirklichung der wettbewerbspolitischen Ziele des GWB eine wesentliche Rolle einnehmen können, weil von der zivilrechtlichen Haftung wegen der enormen Höhe, die der kartellbedingte Schaden aufweisen kann, erhebliches Abschreckungspotential ausgeht. Ein Unternehmen sieht sich umso mehr zur Einhaltung des Kartellrechts veranlasst, je eher es bei Gesetzesverletzung nicht nur ein Bußgeld, sondern auch existenzbedrohende zivilrechtliche Schadensersatzansprüche befürchten muss. In einem Diskussionspapier hat das Bundeskartellamt daher zu Recht darauf hingewiesen, dass die private Kartellrechtsdurchsetzung die behördliche Kartellbekämpfung ergänzen und entlasten müsse[260].

Der kartellrechtswidrig handelnden natürlichen Person droht eine zivilrechtliche Haftung aus zwei verschiedenen Anspruchsrichtungen: Neben Dritten, wie etwa durch die Kartellierung benachteiligte Konkurrenzunternehmen, kommt auch das eigene, mit einer Geldbuße belastete Unternehmen als Anspruchssteller in Betracht. Umgekehrt stellt sich aber auch die Frage, inwieweit ein Manager seinerseits im Hinblick auf die ihn belastende persönliche Geldbuße Ersatzansprüche hat. Insofern kommt ein Freistellungs- bzw. Ersatzanspruch gegen das eigene Unternehmen in Betracht. Daneben stellt sich die Frage, inwieweit sog.

---

[258] Grünbuch der Europäischen Kommission vom 19.12.2005, „Schadensersatzklagen wegen Verletzung des EU-Wettbewerbsrecht", KOM(2005) 672, S. 4 f. Zur Entwicklung des rechtlichen und tatsächlichen Stellenwerts der privatrechtlichen Sanktionen im Kartellrecht siehe auch ausführlich *Alexander*, Schadensersatz und Abschöpfung, S. 307 ff.

[259] So wurde etwa das Schutzgesetzerfordernis zugunsten der Anspruchsberechtigten aufgegeben und in § 33 Abs. 3 S. 3 GWB die Schadensschätzung erleichtert. Zur Neukonzeption des § 33 GWB durch die 7. GWB-Novelle siehe *Bornkamm*, in: Langen/Bunte, Dt. Kartellrecht, § 33 Rn. 16; *Emmerich*, in: Immenga/Mestmäcker, GWB, § 33 Rn. 7; *Bechtold*, in: Bechtold, GWB, § 33 Rn. 1.

[260] BKartA, Diskussionspapier: Private Kartellrechtsdurchsetzung, S. I. Im Schrifttum hat sich vor allem *Meyer-Lindemann* mit dem Verhältnis von Bußgeld und Schadensersatz beschäftigt und sich für den rechtspolitischen Weg zu einem stärkeren *Private Enforcement* und gegen exorbitante Bußgelder ausgesprochen, vgl. *Meyer-Lindemann*, WuW 2011, 1235.

D&O-Versicherungen Versicherungsschutz bei Kartellrechtsverstößen bieten können.

A. Schadensersatzansprüche des eigenen Unternehmens gegen den Manager

Unlängst wurde im Schrifttum noch konstatiert, dass kein Fall bekannt sei, in dem ein Unternehmen seine Gesellschaftsorgane oder sonstige Unternehmensmitarbeiter wegen eines Kartellrechtsverstoßes gerichtlich auf Schadensersatz in Anspruch genommen hat und entsprechende Einigungen – wenn überhaupt – außergerichtlich getroffen werden würden[261]. Mittlerweile hat die Frage nach der persönlichen Schadensersatzpflicht von Unternehmensmitarbeitern die deutschen Gerichte erreicht[262]. Die Bereitschaft eigene, meist ehemalige Kollegen in Regress zu nehmen, ist in den letzten Jahren gestiegen. Angesichts der immer höher werdenden Gehälter von Spitzenmanagern erscheint es durchaus denkbar, dass in Zukunft bei streitigen Rechtsverhältnissen auch kartellrechtliche Schadensersatzansprüche im Innenverhältnis von der Gesellschaft gegen den verantwortlichen Geschäftsleiter gerichtlich geltend gemacht werden, insbesondere dann, wenn sich das Unternehmen in einer wirtschaftlichen Schieflage befindet. Als Schaden kommt in erster Linie der Ersatz der Unternehmensgeldbuße in Betracht, da – wie oben festgestellt – die kartellrechtswidrige Handlung des Geschäftsleiters regelmäßig neben dem persönlichen Bußgeldbescheid auch zu einem Unternehmensbußgeld führt. Als weitere Schadenspositionen sind aber auch Verfahrenskosten oder Schadensersatzansprüche Dritter gegen das Unternehmen denkbar. Befriedigt das Unternehmen diese Ansprüche Dritter, so stellt sich die Frage nach dem anschließenden Rückgriff gegen den verantwortlichen Manager.

Welche Anspruchsgrundlagen im Innenverhältnis zwischen Manager und Unternehmen in Betracht kommen, hängt von der Rechtsform der Gesellschaft ab. So ist der Regress der Aktiengesellschaft gegen Vorstandsmitglieder in § 93 Abs. 2 AktG spezialgesetzlich geregelt. Da die Rechtsform der AG wegen ihrer wirtschaftlichen Größe und Verbreitung im kartellrechtsrelevanten Bereich

---

261 So *Petry*, Risikomanagement, S. 268; *Dreher*, ZWeR 2004, 75 (101); *Kapp/Hummel*, ZWeR 2011, 349 (352).

262 Hintergrund eines der ersten laufenden Verfahren ist der Umstand, dass der Beklagte sich im Vorfeld geweigert hatte, einen Verjährungsverzicht zu unterschreiben. Darauf erhob dessen ehemaliger Arbeitgeber Feststellungsklage, um die Verjährung etwaiger Schadensersatzansprüche wegen Beteiligung an wettbewerbswidrigen Absprachen zu verhindern.

von besonderer Bedeutung ist[263], soll nachfolgend der Regress exemplarisch anhand der Haftung eines Vorstandsmitglieds nach § 93 Abs. 2 AktG untersucht werden[264].

I. Pflichtverletzung des Managers

Erste Voraussetzung des Regressanspruchs nach § 93 Abs. 2 S. 1 AktG ist, dass eine Pflichtverletzung des in Anspruch genommenen Vorstandsmitglieds vorliegt.

1. Pflichten der Geschäftsleitung

Wann eine pflichtwidrige Handlung eines Vorstandsmitglieds vorliegt, hängt im Wesentlichen davon ab, wie die Pflichten des Vorstands genau definiert werden. Der Vorstand ist bei der Ausübung der ihm gemäß § 76 AktG obliegenden Leitung der AG an die Einhaltung sämtlicher Rechtsvorschriften gebunden, die das Unternehmen als Rechtssubjekt treffen[265]. Aus dieser sog. Legalitätspflicht folgt für den kartellrechtlichen Zusammenhang, dass ein Vorstandsmitglied nicht selbst unmittelbar Kartellrechtsverstöße begehen oder veranlassen darf und im Rahmen seiner Aufsichtspflicht dafür sorgen muss, dass von nachgeordneten Unternehmensangestellten keine kartellrechtswidrigen Handlungen vorgenommen werden. Es handelt sich dabei um die externe Pflichtenbindung, die für das Außenverhältnis zwischen der Gesellschaft und Dritten gilt. Für einen Schadensersatzanspruch nach § 93 Abs. 2 S. 1 AktG muss das Vorstandsmitglied jedoch im Innenverhältnis seine Pflichten gegenüber der Gesellschaft verletzt

263 Dies gilt vor allem in Hinblick auf Tatbestände, die eine marktbeherrschende Stellung voraussetzen sowie für die Schwellenwerte bei der Fusionskontrolle.

264 Für die GmbH gibt es in § 43 Abs. 2 GmbHG und für die Genossenschaft in § 34 Abs. 2 GenG ähnlich formulierte Anspruchsgrundlagen, so dass die nachfolgenden Ausführungen weitgehend auf diese übertragbar sind. Als weitere spezialgesetzliche Anspruchsgrundlage bei der Aktiengesellschaft kann § 117 AktG in Betracht kommen sowie bei herrschenden Gesellschaften § 309 Abs. 2 AktG. Daneben kommen als deliktische Anspruchsgrundlagen regelmäßig § 826 BGB, § 823 Abs. 1 BGB (Eingriff in den eingerichteten und ausgeübten Gewerbebetrieb) sowie § 823 Abs. 2 BGB i.V.m. Schutzgesetzen (z.B. § 266 StGB; die Kartellordnungswidrigkeitentatbestände sind hingegen keine Schutzgesetze zugunsten des eigenen Unternehmens) in Betracht. Für Angestellte unterhalb der Leitungsebene sind bei einer Haftung nach § 280 BGB i.V.m. dem Arbeitsvertrag die arbeitsrechtlichen Grundsätze über den innerbetrieblichen Schadensausgleich zu beachten sind.

265 *Raiser/Veil*, Kapitalgesellschaften, §14 Rn. 81; *Hölters*, in: Hölters, AktG, § 93 Rn. 54 ff.; *Bayer*, in: FS für K. Schmidt, S. 85 (88); *Fleischer*, BB 2008, 1070 (1070); *Krause*, BB Special 8/2007, 2 (5).

haben[266]. In Betracht hierfür kommen in erster Linie Verstöße gegen die Sorgfalts-, Treue- und Verschwiegenheitspflichten, die sich aus § 93 Abs. 1 AktG ergeben[267].

2. Kartellverstöße als „Nützliche Pflichtverletzungen"

Die Differenzierung zwischen den Pflichten im Außen- und Innenverhältnis wirkt scheinbar überflüssig, da der Rückschluss nahe liegt, dass bei einer Gesetzesverletzung im Außenverhältnis immer auch von einem pflichtwidrigen Verhalten im Innenverhältnis ausgegangen werden kann. Dennoch ist zu erwägen, ob Fälle denkbar sind, in denen ein Vorstandsmitglied kartellrechtswidrige Vereinbarungen trifft, anordnet oder duldet, ohne zugleich im Innenverhältnis eine Pflichtverletzung zu begehen.

a) Rein ökonomische Betrachtung

Zweifel daran, dass Kartellverstöße per se als pflichtwidrige Handlung im Innenverhältnis zu qualifizieren sind, kommen auf, wenn man eine rein ökonomische Betrachtungsweise einnimmt. Kartellrechtswidrige Absprachen werden vom Unternehmen nicht mit dem Ziel vorgenommen, den Wettbewerb zu beschränken. Die Wettbewerbsbeeinträchtigung ist vielmehr das Mittel, um das eigentliche Ziel, nämlich die Verbesserung der wirtschaftlichen Position des Unternehmens, zu erreichen. Als klassisches Beispiel dienen Preisabsprachen dazu, erhöhte Preise an Abnehmer oder an den Verbraucher weiterzugeben, wodurch der Gewinn des Unternehmens erheblich gesteigert werden kann. Dies wirft die Frage auf, ob eine Kartellabsprache im Interesse des Unternehmens sein kann und damit nicht als pflichtwidrige Handlung einzustufen ist.

Bleibt man bei einer rein ökonomischen Betrachtungsweise, so entfällt ein mutmaßliches Interesse des Unternehmens nicht schon in Hinblick auf zu erwartende Sanktionen. Denn zum einem ist die Bußgeldhöhe und zum anderen auch die Entdeckungswahrscheinlichkeit maßgeblich dafür, ob sich Kartellverstöße für ein Unternehmen wirtschaftlich lohnen können. Geht man von einer nicht zu vernachlässigenden Dunkelziffer bei Kartellabsprachen aus, kann sich wegen einer geringen Entdeckungswahrscheinlichkeit das gesetzwidrige Verhalten finanziell rentieren. Mathematisch kann dies ausgedrückt werden, indem man die Summe der zu erwartenden Sanktionen mit der Entdeckungswahrscheinlich-

---

266 Allgemeine Ansicht, vgl. etwa *Hefermehl/Spindler*, in: MK AktG, § 93 Rn. 68; *Krieger/Sailer-Coceani*, in: Schmidt/Lutter, AktG, § 93 Rn. 27; *Hopt*, in: Großkomm AktG, § 93 Rn. 98; *Wilsing*, in: Krieger/Schneider: Managerhaftung, § 25 Rn. 22; *Dreher*, in: FS für Konzen, S. 85 (94); *Fleischer*, BB 2008, 1070.

267 *Hopt*, in: Großkomm AktG, § 93 Rn. 72; *Krieger/Sailer-Coceani*, in: Schmidt/Lutter, AktG, § 93 Rn. 26; *Hefermehl/Spindler*, in: MK AktG, § 93 Rn. 68 ff.; *Hüffer*, AktG, § 93 Rn. 13.

keit multipliziert und das Ergebnis mit dem wirtschaftlichen Vorteil, der aus der Kartellabsprache herrührt, vergleicht[268].

Während in den USA die Frage nach einem solchen effizienten Gesetzesbruch („efficient breach of public law") kontrovers diskutiert wird[269], haben in Deutschland Literaturstimmen einstimmig eine ablehnende Haltung eingenommen[270]. Als Grund hierfür wird zum Teil angeführt, dass eine Aktiengesellschaft gemäß § 396 Abs. 1 AktG durch Urteil aufgelöst werden kann, wenn die Gesellschaft durch gesetzwidriges Verhalten ihrer Verwaltungsträger das Gemeinwohl gefährdet und Aufsichtsrat und Hauptversammlung nicht für eine Abberufung sorgen; dies sei Ausdruck dafür, dass die Einhaltung der Gesetzesvorschriften dem Gesellschaftsinteresse vorgeordnet sei[271]. Dieser Rückschluss ist zumindest in dem hier dargestellten Kontext nicht überzeugend, da theoretisch bei einer verschwindend geringen Entdeckungswahrscheinlichkeit die unternehmerische Sorge um den Wegfall der rechtlichen Existenzberechtigung gegen Null tendieren kann. Stattdessen ist grundlegender zu überlegen, ob sich die dargestellte rein ökonomische Betrachtungsweise mit geltendem Recht vereinbaren lässt.

b) Juristische Betrachtung unter Berücksichtigung der Business Judgement Rule

Das Hauptproblem bei der Prüfung einer Pflichtverletzung i.S.v. § 93 Abs. 2 S. 2 AktG besteht in ihrer Abgrenzung von haftungsrechtlich nicht relevanten Fehlschlägen und Irrtümern. Rückschläge bei der Unternehmensführung sind nichts Ungewöhnliches und nicht jede fehlgeschlagene unternehmerische Entscheidung ist automatisch als Pflichtverletzung anzusehen, da andernfalls die Managerhaftung vollkommen ausufern würde. Im Anschluss an die ARAG/Garmenbeck-Rechtsprechung[272] hat der Gesetzgeber im neuen § 93 Abs. 1 S. 2 AktG die Business Judgement Rule kodifiziert, nach der keine Pflichtverletzung vorliegt, wenn das Vorstandsmitglied bei einer unternehmerischen Entscheidung vernünftigerweise davon ausgehen durfte, auf Grundlage

---

268 *Shavell*, Economic Analysis of Law, 2004, S. 479 ff.; *Fleischer*, BB 2008, 1070. Allgemein zu einem Multiplikationsprinzip, das dem Ausgleich von Durchsetzungsdefiziten dient, *Wagner*, Gutachten A zum 66. DJT, A 104.

269 Zur Rechtsvergleichung, die hier nicht näher untersucht werden soll, siehe *Fleischer*, BB 2008, 1070 (1071).

270 *Hopt*, in: Großkomm AktG, § 93 Rn. 99; *Altmeppen*, in: Roth/Altmeppen, GmbHG, § 43 Rn. 6; *Raiser/Veil*, Kapitalgesellschaften, §14 Rn. 66; *Fleischer*, in: FS für Wiedemann, S. 827 (845); *ders.*, ZIP 2005, 141 (148 ff.); *ders.*, BB 2008, 1070 (1071); *Berg*, AG 2007, 271 (273).

271 *Fleischer*, ZIP 2005, 141 (148).

272 BGHZ 135, 244 Leitsatz b) S. 2, wonach „dem Vorstand für die Leitung der Geschäfte der AG ein weiter Handlungsspielraum zugebilligt werden muss, ohne den unternehmerisches Handeln schlechterdings nicht denkbar ist".

angemessener Informationen zum Wohle der Gesellschaft zu handeln. Nach der Regierungsbegründung fallen jedoch Gesetzesverstöße nie in den Anwendungsbereich der Business Judgement Rule, da es für illegales Verhalten keinen „sicheren Hafen" geben soll[273]. Damit kann nach dem Willen des Gesetzgebers bei Vorliegen eines objektiv existierenden Kartellrechtsverstoßes sich ein Vorstandsmitglied nicht unter Verweis auf die Business Judgement Rule entlasten.

c) Schlussfolgerung

Wenn aus dem universalen Geltungsanspruch der Rechtsordnung folgt, dass dieser der Leitungsmacht von Geschäftsleitern äußere Grenzen setzt, bei deren Überschreitung eine Anwendung der Business Judgement Rule automatisch ausscheiden muss, kann es bei Verstößen gegen die Rechtsordnung gar nicht mehr auf das subjektive Interesse der Gesellschaft ankommen. Einen Verstoß gegen Kartellrechtsvorschriften kann die Rechtsordnung grundsätzlich nicht als pflichtgemäße Geschäftsführung einer Gesellschaft dulden. Zudem verdeutlichen auch rechtspolitische und kriminalistische Erwägungen, welche fragwürdigen Folgen die These von den „nützlichen Pflichtverletzungen" in der Kartellrechtspraxis hätte: Ein Vorstandsmitglied müsste sich unter Umständen gezielt gesetzeswidrig verhalten, um nicht dem Vorwurf ausgesetzt zu sein, er habe nicht im Unternehmensinteresse gehandelt. Dies kann mit der Rechtsordnung nicht vereinbar sein, so dass im Ergebnis die von der Theorie der „nützlichen Pflichtverletzung" eingenommene rein ökonomische Betrachtungsweise abzulehnen ist.

3. Fallgruppen ausnahmsweise fehlender Pflichtwidrigkeit

Damit ist noch nicht gesagt, dass eine kartellrechtliche Gesetzesverletzung stets als objektive Pflichtverletzung im Innenverhältnis einzustufen ist. Die bisherigen Überlegungen haben lediglich gezeigt, dass das "Recht" der unternehmerischen Entscheidungsfreiheit strikte Grenzen aufzeigt. Es bleibt prinzipiell ein haftungsfreier Raum für unternehmerische Ermessensentscheidungen in dem Bereich, in dem kein "Recht" besteht bzw. objektiv kein Rechtsbruch erfolgt.

a) Handeln bei ungeklärter Rechtslage

Bislang wurde dies vor allem in Fälle anerkannt, in denen der Vorstand bei rechtlicher Ungewissheit handelt, weil die Rechtslage entweder vollkommen

[273] Begr. z. RegE, BT-Drucks. 15/5092, S. 11. Aus dem Schrifttum hierzu: *Hüffer*, AktG, § 93 Rn. 4f; *Fleischer*, ZIP 2004, 685 (690); *ders.*, BB 2008, 1070 (1071); *Schäfer*, ZIP 2005, 1253 (1255); *Kapp/Gärtner*, CCZ 2009, 168 (170).

ungeklärt oder umstritten ist[274]. In diesen Fällen ist die Rechtslage zum Handlungszeitpunkt nicht klar genug herausgebildet, um eine Zuwiderhandlung anhand von später getroffenen Maßstäben als Pflichtverletzung zu qualifizieren. Im Kartellrecht spielt das Handeln bei rechtlicher Ungewissheit eine erhebliche Rolle, weil der Vorstand sich teilweise mit hochkomplexen wirtschaftlichen Zusammenhängen auseinandersetzen muss, eine schwer zu überblickende Vielzahl von gerichtlichen und verwaltungsrechtlichen Entscheidungen die Handlungspflichten konkretisiert und durch den Wechsel zum System der Legalausnahme die Anforderungen an rechtliche Selbstkontrollen verstärkt wurden[275].

Ist die Rechtslage völlig ungeklärt, d.h., existieren keine gerichtlichen Entscheidungen und die Literatur hat sich mit der Rechtsfrage nicht bzw. nicht erschöpfend auseinandergesetzt, so handelt ein Vorstandsmitglied nicht pflichtwidrig, wenn es alles ihm Mögliche zur Klärung der Rechtslage unternimmt, zwischen allen vertretbaren Positionen abwägt und sich auf dieser Grundlage für eine Handlung entscheidet, die er selbst für rechtmäßig erachtet[276]. Ist die Rechtslage nicht eindeutig, weil keine höchstrichterliche Rechtsprechung zu der relevanten Fragestellung existiert, so ist die Handlung des Vorstandsmitglieds nur dann als pflichtwidrig einzustufen, wenn bei Abwägung der Konsequenzen des Verhaltens für den Fall der Rechtswidrigkeit der für die Gesellschaft in Aussicht stehende Vorteil nicht lohnend erscheint[277]. Ist die Rechtslage umstritten, d.h., eine Auseinandersetzung mit der Rechtsfrage ist in der Rechtsprechung bzw. in der Literatur erfolgt und wegen unterschiedlicher Ergebnisse besteht ein sachlicher Anlass zur Überprüfung, so darf der Vorstand nur ausnahmsweise von einer bestehenden Verwaltungspraxis oder der höchstrichterlichen Rechtsprechung abweichen, etwa weil Gründe für eine Neuausrichtung vorliegen[278]. Dies kann etwa der Fall sein, wenn wegen eines *obiter dictum* ein Wandel der höchstrichterlichen Rechtsprechung zu erwarten ist. Allgemein lässt sich anknüpfend an den bisherigen Feststellungen folgende Grundregel festhalten: Je mehr bei einer unklaren Rechtslage die Grenzen des rechtlich Erlaubten verblassen, desto wichtiger werden für die Ermessenentscheidung nicht-juristische, vor allem ökonomische Kriterien.

---

274 *Hopt*, in: Großkomm AktG, § 93 Rn. 99; *Dreher*, in: FS für Konzen, S. 85 (92); *Bayer*, in: FS für K. Schmidt, S. 85 (92); *Krieger*, in: FS für Bezzenberger, S. 211 (215); *Fleischer*, ZIP 2005, 141 (149).

275 Ausführlich hierzu *Dreher/Thomas*, WuW 2004, 8.

276 Vgl. *Dreher*, in: FS für Konzen, S. 85 (93).

277 *Hopt*, in: Großkomm AktG, § 93 Rn. 99.

278 *Dreher*, in: FS für Konzen, S. 85 (93 f.), der als weitere Voraussetzung fordert, das sich unter Berücksichtigung des rechtlichen Risikos die Vorgehensweise im überwiegenden Interesse der Gesellschaft liegt und keine milderen Mittel wie etwa eine Verpflichtungszusage zur Verfolgung dieses Interesses zu Gebote steht.

b) Unzutreffende Beurteilung durch die Kartellbehörde

Des Weiteren kann die Pflichtwidrigkeit im Innenverhältnis auch ausnahmsweise entfallen, wenn die ordnungswidrigkeitenrechtliche Beurteilung der Kartellbehörde materiell-rechtlich[279] unzutreffend erfolgt ist[280]. Aufgrund einer fehlerhaften tatsächlichen oder rechtlichen Würdigung wird in diesem Fall dem Unternehmen eine Geldbuße auferlegt, obwohl objektiv kein ahndbarer Kartellrechtsverstoß vorliegt. Hier liegt es auf der Hand, dass mangels pflichtwidrigem Verhalten ein zivilrechtlicher Regressanspruch nicht besteht. Diese Fallgruppe dürfte aber vornehmlich theoretischer Natur sein: Durch den Amtsermittlungsgrundsatz treffen die tatsächlichen Feststellungen im Ordnungswidrigkeitenverfahren weitgehend zu, während die rechtliche Würdigung wegen der Fachkenntnis der Behördenmitarbeiter ebenfalls kaum zu beanstanden ist. Sollte dennoch ausnahmsweise ein Fehler bei der behördlichen Beurteilung erfolgen, kann das Unternehmen durch die Einlegung von Rechtsmitteln die fehlerhafte Beurteilung beanstanden mit der Folge, dass bei erfolgreicher Rechtsmitteleinlegung der Bußgeldbescheid aufgehoben wird und kein Schaden vorliegt.

c) Ordre public-Vorbehalt bei einer Bußgeldverhängung im Ausland

Die dritte Fallgruppe betrifft Fälle, in denen in einem ausländischem Verfahren eine Kartellbuße verhängt wurde, jedoch nach Maßstäben des nationalen Rechts die Verhängung einer Geldbuße offensichtlich nicht rechtmäßig wäre, weil die inländische Wertordnung eine Ahndung nicht zulassen würde[281]. Grundsätzlich erfordert eine pflichtgemäße Geschäftsleitung zwar, dass bei wirtschaftlicher Tätigkeit im Ausland die dort geltenden gesetzlichen Bestimmungen zu beachten sind. Mit anderen Worten: Wer auf einem ausländischen Markt tätig ist, muss die Einhaltung der dort geltenden kartellrechtlichen Bestimmungen beachten. Das Problem betrifft jedoch weniger materielle Aspekte, weil Deutschland und die Europäische Union ohnehin ein strengeres materielles Wettbewerbsrecht haben, als die meisten anderen Rechtsordnungen. Vielmehr geht es bei dieser Fallgruppe um – gemessen an nationalen Wertmaßstäben – eklatante Verstöße gegen Verfahrensprinzipien. In Betracht kommen etwa Verstöße gegen das

---

[279] Formelle Verstöße wirken sich hingegen auf die Beurteilung der Pflichtwidrigkeit grds. nicht aus, da sie lediglich Verfahrensfragen betreffen und das Handlungsunrecht der Tat korrekt erfasst wird.

[280] Ähnlich *Krieger*, in: FS für Bezzenberger, S. 211 (215), der dies losgelöst vom Kartellrecht allgemein für Fälle anerkennen will, bei denen sich „bei zivilrechtlicher Prüfung des Erstattungsanspruchs die straf- oder ordnungswidrigkeitenrechtliche Beurteilung als falsch herausstellt."

[281] Ähnlich *Krieger*, in: FS für Bezzenberger, S. 211 (216), der nicht ausdrücklich Bezug auf die odre public nimmt, sondern sich insb. auf Verstöße gegen ausländische Rechtsnormen bezieht, die in ihrer eigenen Jurisdiktion üblicherweise unbeachtet bleiben. Allgemein zur ordre public als Anerkennungshindernis bei fremden Gerichtsentscheidungen: *Völker*, ordre public, S. 29 ff.

Verhältnismäßigkeitsprinzip, gegen die Grundsätze „nulla poena sine lege" oder „ne bis in idem" oder gegen den Grundsatz des rechtlichen Gehörs. Pauschale Aussagen, wann genau hier die Pflichtwidrigkeit im Innenverhältnis entfällt, sind wegen der Vielzahl denkbarer Fallgestaltungen nicht möglich. Grundsätzlich gilt, dass es sich um schwerwiegende Verletzungen besonders bedeutsamer Verfahrensgarantien handeln muss. Zudem liegt nur dann keine pflichtwidrige Handlung im Innenverhältnis vor, wenn mit einer Bußgeldahndung im Ausland unter Berücksichtigung aller relevanten Umstände nicht zu rechnen war.

d) Billigung der kartellrechtswidrigen Handlung durch andere Gesellschaftsorgane

Fraglich ist, ob das Vorliegen einer Pflichtverletzung im Innenverhältnis dadurch entfallen kann, dass andere Gesellschaftsorgane der kartellrechtswidrigen Handlung im Vorfeld der Tat zugestimmt haben. Gemäß § 93 Abs. 4 S. 1 AktG entfällt die Haftung, wenn die Handlung des Vorstandsmitglieds auf einem gesetzmäßigen Beschluss der Hauptversammlung beruht. Es handelt sich hierbei jedoch um einen Ausschlussgrund für die Haftung[282], der die Pflichtwidrigkeit im Innenverhältnis unberührt lässt. Der Vorstand hat gemäß § 76 Abs. 1 AktG die Gesellschaft eigenverantwortlich zu leiten, so dass er sich nicht automatisch durch den Rückhalt anderer Gesellschaftsorgane der eigenen Verantwortung bzgl. der pflichtgemäßen Ausübung seiner Pflichten entziehen kann. Dem entspricht es auch, dass die Billigung des Aufsichtsrats im Voraus nach § 93 Abs. 4 S. 2 AktG nicht zu einem Haftungsausschluss führt. Festzuhalten ist daher, dass ein gesellschaftsinterner Rückhalt zwar – möglicherweise auch unter dem Aspekt der Treuwidrigkeit[283] – zu einem Haftungsausschluss führen kann, nicht aber zum Entfallen der Pflichtwidrigkeit gegenüber der Gesellschaft, so dass diese Fallgruppe hier nicht einschlägig ist.

e) Schlussfolgerung

Als Zwischenergebnis lässt sich somit festhalten, dass eine kartellrechtswidrige Handlung des Vorstands im Regelfall, nicht aber per se eine Pflichtverletzung gegenüber der Gesellschaft darstellt. Denn auch wenn der universelle Geltungsanspruch der Rechtsordnung die äußerste zulässige Grenze des unternehmerischen Ermessens bildet, sind bestimmte Fallgruppen denkbar, in denen trotz der

---

282 *Mertens/Cahn*, in: KK AktG, § 93 Rn. 148; *Hüffer*, AktG, § 93 Rn. 24; *Hefermehl/Spindler*, in: MK AktG, § 93 Rn. 124; *Krieger/Sailer-Coceani*, in: Schmidt/Lutter, AktG, § 93 Rn. 46; *Hölters*, in: Hölters, AktG, § 93 Rn. 294.

283 Dies setzt ein eindeutiges Verhalten seitens des Unternehmens voraus, durch das der Eindruck erweckt wird, dass keine Regressansprüche geltend gemacht werden. Dies kann vor allem bei Kronzeugenanträgen relevant werden. Zur Einrede des widersprüchlichen Verhaltens beim Unternehmensregress siehe auch *Kapp/Hummel*, ZWeR 2011, 349 (357).

Feststellung einer gesetzeswidrigen Handlung durch eine Kartellbehörde keine Pflichtverletzung des Vorstands im Innenverhältnis vorliegt.

4. Pflichtverletzung des Einzelnen im Kollegialorgan

Die Pflichtverletzung muss von dem konkret in Anspruch genommenem Vorstandsmitglied begangen worden sein, weil eine Zurechnung von Pflichtverletzungen anderer Organmitglieder ausscheidet[284]. Bei Kollegialorganen wirft dies die Frage auf, wann der einzelne Geschäftsleiter bei der Fassung eines Beschlusses eine Pflichtverletzung begeht. Eindeutig zu bejahen ist dies, wenn der betroffene Geschäftsleiter bei der Beschlussfassung für ein kartellrechtswidriges Vorgehen gestimmt hat. Hier kann sich der Geschäftsleiter nicht damit entlasten, dass es aufgrund der Mehrheitsverhältnisse nicht auf seine Stimme ankam, da der aus dem Strafrecht bekannte Grundsatz der kumulativen Kausalität gilt[285]. Schwieriger zu beurteilen ist die Frage, wann eine Pflichtverletzung desjenigen vorliegt, der gegen den pflichtwidrigen Beschluss des Gesamtorgans gestimmt hat. Relevant werden kann dies, da in der Praxis meistens von dem in § 77 Abs. 1 S. 1 AktG geregelten Prinzip der Gesamtgeschäftsführung abgesehen wird, so dass schon die Mehrheit der abgegebenen Stimmten für eine positive Beschlussfassung reicht. Sofern trotz seiner Gegenstimme der Beschluss positiv zustande kommt, muss das betroffene Vorstandsmitglied sich unter Umständen an den Aufsichtsrat wenden, damit dieser den Vollzug des Beschlusses beanstandet und so ein kartellrechtswidriges Verhalten verhindert[286]. Dies gilt zumindest dann, wenn der Beschluss des Gesamtorgans evident rechtlich unzulässig ist und eine interne Klärung im Vorstand scheitert. Soweit es um die Verhinderung von eindeutig kriminellen Handlungen geht und gesellschaftsinterne Maßnahmen hierfür nicht ausreichen, soll nach einer im Schrifttum vertretenen Ansicht der betroffene Geschäftsleiter sogar verpflichtet sein, den pflichtwidrigen Beschluss des Gesamtorgans bei der Kartellbehörde anzuzeigen[287]. Dem ist zuzustimmen,

---

[284] Nach allg. Meinung findet § 278 BGB ebenso wenig Anwendung wie § 831 BGB, vgl. etwa *Hopt*, in: Großkomm AktG, § 93 Rn. 52; *Hüffer*, AktG, § 93 Rn. 14; *Hefermehl/Spindler*, in: MK AktG, § 93 Rn. 85; *Hölters*, in: Hölters, AktG, § 93 Rn. 237 f.; *Krieger/Sailer-Coceani*, in: Schmidt/Lutter, AktG, § 93 Rn. 29.

[285] *Petry*, Risikomanagement, S. 271; *Fleischer*, BB 2004, 2645 (2646 f.). Allgemein zum strafrechtlichen Grundsatz der kumulativen Kausalität siehe etwa BGHSt 37, 106 (131).

[286] Vgl. *Petry*, Risikomanagement, S. 271; *Hölters*, in: Hölters, AktG, § 93 Rn. 241. Nach *Krieger/Sailer-Coceani*, in: Schmidt/Lutter, AktG, § 93 Rn. 28 ist das Vorstandsmitglied zuvor gehalten, eine interne Klärung im Vorstand herbeizuführen. Die Rechtsprechung nimmt eine Pflicht zum Einschreiten beispielsweise in Fällen an, in denen Anhaltspunkte vorliegen, dass der zuständige Geschäftsleiter Steuern oder Sozialversicherungsbeiträge nicht abführt, vgl. BGHZ 133, 370 (378) m.w.N.

[287] *Hopt*, in: Großkomm AktG, § 93 Rn. 54; *Fleischer*, BB 2004, 2645 (2649 ff.). Zurückhaltend hingegen *Krieger/Sailer-Coceani*, in: Schmidt/Lutter, AktG, § 93 Rn. 28, die darauf hinweisen, dass die Verschwiegenheitspflicht es grundsätzlich verbiete, Gesellschaftsinterna an Außenstehende weiterzugeben. Diese Auffassung ist im Ansatz berechtigt, ver-

vor allem weil durch die Stellung eines Bonusantrags Schaden weitgehend von der Gesellschaft abgewendet werden kann. Ist die rechtliche Zulässigkeit der beschlossenen Maßnahme unklar, empfiehlt es sich für den betroffenen Geschäftsleiter, entsprechende Bedenken protokollieren zu lassen und die Überprüfung der Rechtslage anzuregen.

II. Verschulden

Sofern eine Pflichtverletzung im Innenverhältnis vorliegt, setzt der Regressanspruch weiter voraus, dass die Pflichtverletzung schuldhaft, d.h. vorsätzlich oder fahrlässig erfolgt ist. Dies ist im kartellrechtlichen Zusammenhang meist eindeutig der Fall, da es bei Bejahung einer objektiven Pflichtverletzung dem Vorstandsmitglied für gewöhnlich zumutbar gewesen ist, sich wie ein ordentlicher und gewissenhafter Geschäftsleiter zu verhalten. Es handelt sich nämlich um einen objektiv normierten Verhaltensmaßstab[288], so dass mangelnde Kenntnisse und Fähigkeiten eines Vorstandsmitglieds nicht automatisch zu einem fehlenden Verschulden führen. Zumindest dem Vorwurf der Fahrlässigkeit kann sich ein Vorstandsmitglied daher in der Regel nicht mit einem Hinweis auf mangelnde Fähigkeiten und Kenntnisse entziehen, wenn ein ordentlicher und gewissenhafter Geschäftsleiter sachkundige rechtliche Beratung eingeholt hätte. Ein Verschulden des Vorstands liegt hingegen nicht vor, wenn Rechtsrat eingeholte und dabei fehlerhaft von der kartellrechtlichen Zulässigkeit der Verhaltensweise ausgegangen wurde[289].

Nicht anwendbar zu Lasten des Vorstandsmitgliedes ist § 278 BGB, wenn Angestellte der AG schuldhaft gehandelt haben; denn Geschäftsherr ist die AG und nicht das Vorstandsmitglied[290]. Jedoch wird sich hier der Fahrlässigkeitsvorwurf meist auf eine misslungene Pflichtendelegation oder auf eine unzureichende

---

mag jedoch bei eindeutigen Gesetzesverstößen, die schwerwiegende Bußgelder zur Folge haben, nicht zu überzeugen, da die Verschwiegenheitspflicht bei einer Gesamtabwägung regelmäßig zurücktreten muss.

288 BGHZ 129, 30 (34); *Krieger/Sailer-Coceani*, in: Schmidt/Lutter, AktG, § 93 Rn. 29; *Hefermehl/Spindler*, in: MK AktG, § 93 Rn. 82; *Hüffer*, AktG, § 93 Rn. 4; *Hölters*, in: Hölters, AktG, § 93 Rn. 248.

289 Vgl. *Hölters*, in: Hölters, AktG, § 93 Rn. 248. In diesen Fällen liegt aus ordnungswidrigkeitenrechtlicher Sicht regelmäßig ein unvermeidbarer Verbotsirrtum vor, siehe oben Kapitel 2, E II.

290 *Hefermehl/Spindler*, in: MK AktG, § 93 Rn. 85; *Krieger/Sailer-Coceani*, in: Schmidt/Lutter, AktG, § 93 Rn. 29; *Hüffer*, AktG, § 93 Rn. 14; *Hopt*, in: Großkomm AktG, § 93 Rn. 52. Allgemein zur Differenzhypothese: *Grüneberg*, in: Palandt, BGB, Vor. § 249 Rn. 10; *Ebert*, in: Erman, BGB, Vor. §§ 249-253, Rn. 24; *Oetker*, in: MK BGB, § 249 Rn. 16 ff.

Instruktion oder Überwachung verlagern, so dass diesbezüglich ein Verschulden des Vorstandsmitglieds vorliegt.

III. Ersatzfähiger Schaden

Bei der Schadensberechnung nach den §§ 249 ff. BGB ist von der Differenzhypothese auszugehen, d.h., das Vermögen der Gesellschaft wird mit der hypothetischen Vermögenssituation verglichen, die beim Hinwegdenken der pflichtwidrigen Handlung bestehen würde[291]. Eine wertmäßig bezifferbare Vermögenseinbuße ist in erster Linie in der von der Kartellbehörde verhängten Unternehmensgeldbuße zu sehen. Daneben kommen als Schadenspositionen entstandene Verfahrenskosten sowie Vermögenseinbußen aufgrund von Schadensersatzansprüchen Dritter in Betracht[292]. Ersatzfähig sind diese Schadenspositionen, wenn die pflichtverletzende Handlung ursächlich für den eingetretenen Schaden ist. Die haftungsausfüllende Kausalität wird dadurch begrenzt, dass Schäden, die nicht vom Schutzzweck der Norm erfasst sind, nicht erstattungsfähig sind.

1. Erstattungsfähigkeit der Unternehmensgeldbuße

In Hinblick auf das gegen das Unternehmen verhängte Bußgeld ist fraglich, ob diese Schadensposition noch vom Schutzzweck der Norm erfasst wird. Ein Schaden ist dann vom Schutzzweck der Norm erfasst, wenn die verletzte Vorschrift gerade den jeweiligen Geschädigten vor der konkreten Art der Beeinträchtigung schützen will[293]. Da § 93 Abs. 2 AktG als Anspruchsgrundlage den Zweck hat, die Gesellschaft vor Vermögensschäden, die aus pflichtwidrigem Verhalten von Vorstandsmitgliedern resultieren, zu schützen, sind grundsätzlich auch alle aus Kartellverstößen resultierenden Vermögensschäden miterfasst. Eine Einschränkung könnte sich jedoch in Hinblick auf Unternehmensgeldbußen ergeben, weil diese der Höhe nach genau auf das Unternehmen zugemessen sind und dieses sanktionieren sollen.

a) Meinungsstand

Zweifel daran, dass ein Unternehmen Schadensersatzansprüche wegen einer verhängten Unternehmensgeldbuße von einem Vorstandsmitglied verlangen

---

291 *Hefermehl/Spindler*, in: MK AktG, § 93 Rn. 79; *Hüffer*, AktG, § 93 Rn. 15; *Hopt*, in: Großkomm AktG, § 93 Rn. 264; *Hölters*, in: Hölters, AktG, § 93 Rn. 252; *Krieger/Sailer-Coceani*, in: Schmidt/Lutter, AktG, § 93 Rn. 30.

292 Auch Umsatzrückgänge, die auf Reputationsschäden beruhen, können Vermögensschäden darstellen, vgl. *Petry*, Risikomanagement, S. 276. Eine entsprechende Kausalität wird aber kaum nachweisbar sein.

293 *Grüneberg*, in: Palandt, BGB, Vor. § 249 Rn. 29; *Ebert*, in: Erman, BGB, Vor. §§ 249-253, Rn. 34; *Oetker*, in: MK BGB, § 249 Rn. 120.

kann, hat *Horn* geäußert[294]. Ausgangspunkt seiner Überlegung ist, dass das deutsche Kartellrecht als Bußgeldadressaten zwischen Unternehmen und persönlich betroffenen natürlichen Personen trennt und sich diese Differenzierung auch auf die Bußgeldbemessung fortsetzt, für die die Wirtschaftskraft des Adressaten maßgeblich ist. Daher sei es bedenklich, wenn das im Regelfall sehr viel höhere Bußgeld einer AG nachträglich durch einen Regressanspruch auf ein Vorstandsmitglied abgewälzt würde[295]. Zudem sei nach der h.M. der umgekehrte Weg, nämlich die Erstattung von Geldbußen persönlich betroffener Organmitglieder durch die AG, zulässig, so dass sich daraus ebenfalls Zweifel an einer Regressmöglichkeit ergäben[296]. *Horn* folgert, dass der Unternehmensregress gegen einen Vorstand nicht mit dem Sanktionszweck des Kartellrechts vereinbar ist und daher der Schutzzweck des § 93 Abs. 2 AktG eingeschränkt werden müsse[297].

Dem angeschlossen hat sich *Dreher*[298]. Seiner Ansicht nach dürfen Unternehmen sich nicht über Regressansprüche von eigenen Bußgeldpflichten entlasten[299]. Die Begrenzung der Höhe für persönliche Bußgelder (§ 81 Abs. 4 S. 1 GWB) stünde der Überwälzung von Unternehmensgeldbußen auf Vorstandsmitglieder durch Regressansprüche im Wege[300]. Zudem würde eine Entlastung der Unternehmen durch Regressansprüche die generalpräventive Wirkung der an sie gerichteten Bußgeldbedrohungen beeinträchtigen[301]. Solle ein Unternehmen durch Sanktion zu rechtmäßigem Verhalten in der Zukunft veranlasst werden, so müsse die Geldbuße endgültig das Unternehmen treffen[302]. *Dreher* führt weiterhin an, dass, sofern man seiner Forderung nach einem grundsätzlichen Regressausschluss nicht folge, zumindest der für persönlich Betroffene geltende Bußgeldrahmen (derzeit max. eine Million Euro) die Obergrenze für Regressansprüche der Gesellschaft bilden müsse[303].

Diesen vermittelnden Lösungsansatz vertritt auch *Fleischer*, da man nur so der differenzierenden bußgeldrechtlichen Erfassung von Unternehmen und Organmitgliedern gerecht werde[304]. *Bayer* hingegen sieht keinen Anlass, die Begrenzung an einem Bußgeldrahmen zu orientieren bzw. hypothetisch zu fragen, welches Bußgeld gegen das Vorstandsmitglied persönlich hätte verhängt werden

294 *Horn*, ZIP 1997, 1129 (1136).
295 *Horn*, ZIP 1997, 1129 (1136).
296 *Horn*, ZIP 1997, 1129 (1136).
297 *Horn*, ZIP 1997, 1129 (1136).
298 *Dreher*, in: FS für Konzen, S. 85 (104 ff.).
299 *Dreher*, in: FS für Konzen, S. 85 (105).
300 *Dreher*, in: FS für Konzen, S. 85 (105).
301 *Dreher*, in: FS für Konzen, S. 85 (106).
302 *Dreher*, in: FS für Konzen, S. 85 (106).
303 *Dreher*, in: FS für Konzen, S. 85 (105).
304 *Fleischer*, BB 2008, 1070 (1073), erwägend auch *Krause*, BB Special 8/2007, 2 (13).

können[305]. Er fordert eine Begrenzung auf einen „angemessenen Rahmen“, wobei Faktoren für Bemessung der Schadensumfang, die Schwere der Pflichtverletzung, aber auch Vergütung des Regresspflichtigen seien sollen[306].

Gegen einen Haftungsausschluss wird u.a. von *Zimmermann* angeführt, dass zwischen der staatlichen Sanktionierung und der zivilrechtlichen Beurteilung zu differenzieren ist und die Kartellbehörden mit der Bußgeldverhängung nicht entscheiden, wer dieses im Ergebnis wirtschaftlich zu tragen hat[307]. Der Sanktionszweck sei bereits mit der Festsetzung der Geldbuße, also mit der Zahlungsverpflichtung der Gesellschaft, erreicht[308]. Im zivilrechtlichen Schadensrecht der §§ 249 ff. BGB gälten die Zumessungskriterien der §§ 17 Abs. 3 S. 2 OWiG, 81 GWB nicht[309].

b) Stellungnahme

Zunächst ist festzuhalten, dass der Regress nicht wegen der Höchstpersönlichkeit der Geldbuße ausgeschlossen ist. Nach Ansicht des BGH muss jeder eine gegen ihn verhängte Geldbuße aus eigenem Vermögen aufbringen, was jedoch einen Anspruch gegen einen anderen auf Ersatz des dadurch entstandenen Vermögensnachteils nicht ausschließt[310]. Damit ist durch die Bußgeldverhängung an sich keine endgültige Entscheidung darüber getroffen, wer letztendlich die finanzielle Belastung zu tragen hat. Nicht selten verlagert sich die finanzielle Belastung, die durch die Verhängung einer Geldbuße entstanden ist, durch zivilrechtliche Ansprüche auf eine andere Person. Klassisches Beispiel hierfür wäre etwa ein Regressanspruch gegen einen Rechtsanwalt, der einen Mandanten fehlerhaft berät, wodurch dieser zu einem Bußgeld verurteilt wird.

Von diesem Grundsatz ausgehend ist zu fragen, ob sich für das deutsche Kartellrecht eine Besonderheit daraus ergibt, dass § 81 Abs. 4 GWB eine explizite Trennung zwischen Unternehmen und persönlich betroffenen natürlichen Personen als Bußgeldadressaten vorsieht. Man muss jedoch in der Unterscheidung zwischen der ordnungswidrigkeitenrechtlichen Bußgeldverhängung einerseits und der zivilrechtlichen Folgefrage nach Schadensersatz anderseits eine strikte Regelungsaufteilung des Gesetzgebers sehen. Während das kartellrechtliche Bußgeld eine staatliche Pflichtenmahnung ist und den Betroffenen sowie andere

---

305 *Bayer*, in: FS für K. Schmidt, S. 85 (97).

306 *Bayer*, in: FS für K. Schmidt, S. 85 (97). Zur Herleitung zieht Bayer die Fürsorgepflicht der Gesellschaft heran und nimmt hinsichtlich der Begrenzung Anleihe bei den Grundsätzen über die Beschränkung der Arbeitnehmerhaftung.

307 *Zimmermann*, WM 2008, 433 (437); vgl. auch *Petry*, Risikomanagement, S. 282; *Glöckner/Müller-Tautphaeus*, AG 2001, 344 (346).

308 *Zimmermann*, WM 2008, 433 (437).

309 *Zimmermann*, WM 2008, 433 (437).

310 BGH NJW 1997, 518 (519). In dem Fall hatte ein Steuerberater fehlerhaft beraten und wurde von seinem Mandanten deswegen in Regress genommen.

Marktteilnehmer von weiteren Wettbewerbsbeeinträchtigungen abhalten soll, verfolgen die Vorschriften zum zivilrechtlichen Schadensersatzanspruch (hier § 93 Abs. 2 AktG) den Schutz des Unternehmens, das durch pflichtwidriges Verhalten seiner Geschäftsleiter geschädigt wurde. Wegen des unterschiedlichen Regelungszwecks sind die für die jeweiligen Bereiche geltenden Grundsätze nicht ohne weiteres auf andere Rechtsgebiete übertragbar. Daher erscheint es zweifelhaft, ob der Schutzzweck der zivilrechtlichen Anspruchsgrundlagen durch die Bußgeldzumessungskriterien aus dem Ordnungswidrigkeitenrecht begrenzt werden kann.

Weiterhin ist daraus, dass umgekehrt eine Gesellschaft Geldbußen, die gegen Organmitglieder persönlich verhängt wurden, erstatten kann[311], kein Regressausschluss abzuleiten. Vielmehr zeigt dies, dass mit der Bußgeldverhängung nicht endgültig entschieden ist, wer letztendlich von den wirtschaftlichen Folgen des Bußgeldes getroffen wird. Abgesehen davon bleibt noch im Folgenden zu untersuchen, ob wirklich die pauschale Aussage, dass die Gesellschaft persönliche Geldbußen erstatten könne, zutreffend ist[312].

Im Übrigen wird der Bußgeldzweck durch den Regress nicht ernsthaft beeinträchtigt, da er faktisch kaum zu einer echten Entlastung des Unternehmens führt. Denn einen vollen Ersatz für das sehr hohe Unternehmensbußgeld wird das in Anspruch genommene Organmitglied in der Regel nicht aus eigenen Mitteln zu leisten im Stande sein, so dass eine komplette Naturalrestitution meist fernliegend ist. Die Gefahr, dass die Sanktionierung des Unternehmens faktisch leerläuft, besteht somit nicht. Insofern ist keine Unterwanderung der Präventionswirkung der Unternehmensgeldbuße zu befürchten.

Die Überlegung, dass anstelle eines Regressausschlusses zumindest eine Begrenzung der Forderungshöhe gelten muss, mag auf den ersten Blick gerecht erscheinen, doch eine dogmatische Herleitung gelingt nicht. So lässt sich eine Obergrenze des Regressanspruchs aus dem für persönlich Bußgeldpflichtige geltenden Bußgeldrahmen (§ 81 Abs. 4 S. 1 GWB) nicht ableiten, da insoweit der Regelungsinhalt des Kartellordnungswidrigkeitenrecht nicht auf das Zivilrecht durchschlagen kann. Zudem wäre nicht geklärt, ob das Unternehmen einen geringeren Wert als die Bußgeldobergrenze geltend machen darf und falls ja, wie sich ein solcher bestimmen soll. Sofern man sich an den von *Bayer* genannten Kriterien[313] orientiert, stellt sich die Frage, inwieweit eine danach vorgenommene Regressberechnung gerichtlich nachprüfbar ist. Mit der zivilrechtlichen Schadensberechnung nach §§ 249 ff. BGB erscheint es unvereinbar, wenn

---

311 So die oben erwähnte Argumentation von *Horn*, ZIP 1997, 1129 (1136).

312 Siehe Kapitel 3, C.

313 *Bayer*, in: FS für K. Schmidt, S. 85 (97): „Faktoren für die Höhe der Regressbegrenzung sollen etwa der Schadensumfang, die Schwere der Pflichtverletzung, aber auch die aktuelle und in der Vergangenheit bezogene Vergütung des Regresspflichtigen sein“.

sich das selbst bußgeldbelastete Unternehmen quasi zur Kartellbehörde aufschwingt und die Schadensberechnung anhand von Kategorien wie „Schwere der Pflichtverletzung“ zu bemessen versucht.

Im Ergebnis ergibt sich aus der derzeitigen Gesetzeslage weder ein Ausschluss noch eine Begrenzung des Regresses, da der Schutzzweck der Norm auch den Ersatz der Unternehmensgeldbuße umfasst.

2. Vorteilsanrechnung bei der Schadensberechnung

Fraglich ist zudem, ob bei Anwendung der Differenzhypothese auch diejenigen Vorteile zu berücksichtigen sind, die der Gesellschaft durch das kartellrechtswidrige Verhalten zugeflossen sind. Die Frage kann relevant werden, wenn die Kartellbehörde den erlangten Vorteil nicht gemäß § 34 Abs. 3 S. 1 1. Alt. GWB abgeschöpft hat, z.B. weil sie die Vorschrift für nicht anwendbar hält oder nur eine reine Sanktionsgeldbuße verhängen möchte. Auch ist denkbar, dass eine behördliche Vermögensabschöpfung erfolgt, diese aber zu gering ausfällt, da die Kartellbehörde den zu ermittelnden Vermögensvorteil schätzen muss. Damit wird nicht selten ein wirtschaftlicher Vorteil beim Unternehmen verbleiben, dessen Abzug von der Regressforderung das in Anspruch genommene Vorstandsmitglied möglicherweise fordern kann.

Grundsätzlich sind bei der zivilrechtlichen Schadensberechnung nach §§ 249 ff. BGB alle Vermögenvorteile vom eingetretenen Schaden im Wege der Anrechnung abzuziehen[314]. Voraussetzung dafür ist zum einem, dass zwischen dem schädigendem Ereignis und dem Vorteil ein adäquater Kausalzusammenhang besteht[315]. Dies ist bei dem durch kartellrechtswidriges Verhalten erwachsenen Vorteil meist unproblematisch der Fall. Zum anderem darf die Anrechnung nicht dem Zweck des Schadensersatzes zuwider laufen, d.h., sie darf den Geschädigten nicht unzumutbar belasten und den Schädiger nicht unbillig begünstigen[316]. Anhand dieser Formel arbeitet die Rechtsprechung weitgehend einzelfallorientiert, ohne dass bislang die Frage der Vorteilsanrechnung bei Kartellverstößen für den Fall der Innenhaftung geklärt wäre. Allerdings hat der BGH bei Schadensersatzansprüchen im Außenverhältnis entschieden, dass eine Vorteilsanrechnung erfolgen soll, wenn der Anspruchsteller (typischerweise ein Abnehmer des Kartellbeteiligten) die kartellbedingte Preiserhöhung an nachgelagerte Ab-

---

[314] Ausführlich mit zahlreichen weiteren Nachweisen: *Grüneberg*, in: Palandt, BGB, Vor. § 249 Rn. 68; *Ebert*, in: Erman, BGB, Vor. §§ 249-253, Rn. 82 ff.; *Oetker*, in: MK BGB, § 249 Rn. 228.

[315] Aus der Rechtsprechung: BGH NJW 1968, 491 (492); BGH NJW 1990, 1360. Aus dem Schrifttum: *Grüneberg*, in: Palandt, BGB, Vor. § 249 Rn. 69; *Oetker*, in: MK BGB, § 249 Rn. 237; *Ebert*, in: Erman, BGB, Vor. §§ 249-253, Rn. 86.

[316] Aus der Rechtsprechung: BGH NJW 2006, 499; BGH NJW 2007, 3130 (3132). Aus dem Schrifttum: *Grüneberg*, in: Palandt, BGB, Vor. § 249 Rn. 70 ff.; *Oetker*, in: MK BGB, § 249 Rn. 238; *Ebert*, in: Erman, BGB, Vor. §§ 249-253, Rn. 87.

satzstufen weitergegeben hat[317]. Die Gründe, die dabei für eine Vorteilsanrechnung sprechen, können auf den Schadensersatzanspruch im Innenverhältnis übertragen werden: Zielvorstellung der Schadensersatzregelung ist grundsätzlich die Restitution, nicht aber soll sich die Gesellschaft durch den Regress beim pflichtwidrig handelnden Vorstandsmitglied bereichern[318]. Erfolgt aus den oben genannten Gründen keine oder keine vollständige behördliche Vorteilsabschöpfung, würden bei Ablehnung einer Vorteilsanrechnung dem Unternehmen die aus dem Kartellrechtsverstoß entstandenen Gewinne verbleiben und zusätzlich ein Regressanspruch in voller Höhe bestehen, wodurch insgesamt ein unbilliger Vorteil gegenüber rechtmäßig handelnden Unternehmen eintreten würde. Daher muss bei der Schadensberechnung eine Anrechnung der entstanden Vorteile erfolgen[319]. Die Darlegungs- und Beweislast für die Voraussetzungen einer Vorteilsanrechnung liegen nach allgemeinen Grundsätzen des Schadensrechts beim Anspruchsgegner[320].

Wenn sich ein (ehemaliges) Vorstandsmitglied im Zivilprozess tatsächlich auf die Vorteilsanrechnung beruft, kann dies für das Unternehmen weitreichende Folgen haben, weil dadurch die Existenz etwaiger Vermögensvorteile offen gelegt und öffentlich diskutiert würde, von denen die Kartellbehörden keine oder nur im geringen Umfang Kenntnis hatte. Auch wenn eine nachträgliche behördliche Vermögensabschöpfung ggf. nicht mehr möglich ist[321], ist dadurch zumindest eine Schädigung des Unternehmensrufs zu befürchten. Die Geltendmachung des Regressanspruchs kann also unter dem Aspekt der Vorteilsanrechnung dem Unternehmen mehr schaden als nützen. Dies korrespondiert mit der nachfolgend untersuchten Frage, wann von der Durchsetzung des Anspruchs aus Gründen des Unternehmenswohls abgesehen werden kann oder muss.

---

317 BGH WuW/E DE-R 3431 (3440) – „*SD-Papier*". Zu dieser *passing-on defense* siehe Kapitel 3, B V.

318 Zum Ausgleichsprinzip und Bereicherungsverbot als Grundprinzipien des Schadensrechts siehe auch *Wagner*, Gutachten A zum 66. DJT, A 14.

319 *Petry*, Risikomanagement, S. 283; *Bayer*, in: FS für K. Schmidt, S. 85 (94); *Glöckner/Müller-Tautphaeus*, AG 2001, 344 (346); *Fleischer*, BB 2008, 1070 (1073); *Zimmermann*, WM 2008, 433 (439).

320 Vgl. BGH NJW 1985, 1539; NJW-RR 1992, 1397; NJW-RR 2004, 79 (81); *Oetker*, in: MK BGB, § 249 Rn. 279; *Grüneberg*, in: Palandt, BGB, Vor. § 249 Rn. 75; *Ebert*, in: Erman, BGB, Vor. §§ 249-253, Rn. 84; *Bayer*, in: FS für K. Schmidt, S. 85 (98).

321 Vgl. insb. § 34 Abs. 5 GWB, der die Verjährung im Vorteilabschöpfungsverfahren regelt.

IV. Durchsetzung des Ersatzanspruchs

1. Absehen von der Anspruchsdurchsetzung unter Berücksichtigung der ARAG/Garmenbeck-Rechtsprechung

Zuständig für die Verfolgung des Ersatzanspruchs gegen den Vorstand ist grundsätzlich der Aufsichtsrat, der dabei gemäß § 112 S. 1 AktG die AG auch gerichtlich in einem Prozess vertritt. Die Pflichten des Aufsichtsrats zur Verfolgung von Schadensersatzansprüchen gegen Vorstandsmitglieder wurden vom BGH in der ARAG/Garmenbeck-Entscheidung[322] konkretisiert. Danach hat der Aufsichtsrat grundsätzlich solche Ansprüche zu verfolgen, sofern er nach Prüfung der Sach- und Rechtslage zu dem Ergebnis gekommen ist, dass ein durchsetzbarer Schadensersatzanspruch besteht[323]. Ausnahmsweise darf er von einer Verfolgung dann absehen, wenn „gewichtige Gründe des Gesellschaftswohls dagegen sprechen und diese Umstände die Gründe, die für eine Rechtsverfolgung sprechen, überwiegen oder ihnen zumindest gleichstehen“[324].

Mithin stellt sich für den Aufsichtsrat eine Reihe von Fragen bezüglich der Konsequenzen einer Klage auf Schadensersatz. Bei Kartellrechtsverstößen ist zu erwägen, dass die Geltendmachung von Schadensersatzansprüchen zu einer (weiteren) Rufschädigung des Unternehmens führen könnte[325]. Bei einem öffentlichen Prozess könnten Presseberichte über kartellrechtswidrige Handlungen des Vorstands reputationsschädigend sein und zu Gewinneinbrüchen führen. Dem kann jedoch entgegengehalten werden, dass dem Regressanspruch nach § 93 Abs. 2 AktG eine kontroverse öffentliche Wahrnehmung immanent ist und vielmehr gerade durch eine Nichtgeltendmachung eigentlich bestehender Schadensersatzansprüche die Gefahr eines Vertrauens- und Ansehensverlustes besteht. Allerdings dürfte in der Presse die Nichtgeltendmachung von Ansprüchen weniger Beachtung finden als ein spektakulärer Prozess. Insofern kann eine zu befürchtende Rufschädigung der Gesellschaft durchaus ein Argument gegen eine Geltendmachung sein. Gewichtigeres Argument gegen eine Geltendmachung von Schadensersatzansprüchen kann jedoch die bereits erwähnte Proble-

---

[322] BGHZ 135, 244; vgl. auch die Anmerkung zum Fall von *Lutter*, ZIP 2005, 441.

[323] BGHZ 135, 244 Leitsatz d) S. 1.

[324] BGHZ 135, 244 Leitsatz d) S. 2. Diese Grundsätze sind auch im Schrifttum weitgehend anerkannt, vgl. etwa: *Krieger/Sailer-Coceani*, in: Schmidt/Lutter, AktG, § 93 Rn. 35; *Hefermehl/Spindler*, in: MK AktG, § 93 Rn. 90; *Fischer*, BB 1996, 225 (227); *Lutter*, ZIP 2005, 441 (442), wenngleich kontrovers diskutiert wird, was im Einzelfall unter den aktienrechtlich unbestimmten Rechtsbegriff des „Unternehmensinteresses“ in diesem Zusammenhang fällt und inwieweit dem Aufsichtsrat ein echtes unternehmerisches Ermessen zuzubilligen ist, siehe etwa *Dreher*, ZHR 158 (1994), 614; *Ders.*, ZIP 1995, 628; *Kling*, DZWIR 2005, 45.

[325] Die Reputationsschädigung kann nach der ARAG/Garmenbeck-Rechtsprechung als Grund gegen eine Geltendmachung angeführt werden, vgl. BGHZ 135, 244 (255).

matik sein, dass durch den Prozess die Veröffentlichung bislang nicht öffentlich bekannter, aus dem Kartellrechtsverstoß resultierender Vermögensvorteile zu befürchten ist. Ein Vorstandsmitglied wird versuchen sich zu verteidigen, indem es auf die kartellbedingten Mehrerlöse hinweist, die mitunter nicht vollständig von der Kartellbehörde abgeschöpft wurden. Eine ähnliche Problematik besteht in Hinblick auf Schadensersatzansprüche Dritter, die (insb. wenn ihnen keine Akteneinsicht gewährt wurde) eine öffentliche Verhandlung gegen Unternehmensmitarbeiter als Gelegenheit nutzen könnten, eigene Schadensersatzansprüche wegen des Kartellrechtsverstoß vorzubereiten. Ernsthafte Zweifel an der Zweckmäßigkeit einer Klage ergeben sich aber auch, wenn man bedenkt, dass nach der ARAG/Garmenbeck-Rechtsprechung der Aufsichtsrat im Wege einer Risikoanalyse abschätzen muss, „ob und in welchem Umfang die gerichtliche Geltendmachung zu einem Ausgleich des entstandenen Schadens führt“[326]. Eine vollständige Kompensation des Schadens wird ein Vorstandsmitglied aus eigenen Mitteln fast nie leisten können. Ein Unternehmen, das mit einer Unternehmensgeldbuße im zwei- bis dreistelligen Millionenbetrag belastet wurde, wird daher durch die Geltendmachung eines Regressanspruchs ihren Schaden nur bruchteilhaft kompensieren können. Dies führt zur Folgerung, dass bei kartellrechtlichen Unternehmensgeldbußen in Millionenhöhe ein Absehen von der gerichtlichen Anspruchsverfolgung wegen fehlender Kompensationsaussicht der Regelfall sein muss. In Betracht kommt zwar auch die Geltendmachung eines an der finanziellen Belastungsfähigkeit des Vorstandsmitglieds ausgerichteten Teilbetrages der gesamten Regressforderung. Je geringer jedoch dieser Teilbetrag ist, desto schwerer wiegen bei der Risikoabwägung unter Berücksichtigung des Prozessrisikos die Gründe, die gegen seine Geltendmachung sprechen. Aus diesem Grund darf der Aufsichtsrat auch unter Berücksichtigung der ARAG/Garmenbeck-Rechtsprechung sehr oft davon absehen, einen Regressanspruch gegen ein Vorstandsmitglied wegen der Unternehmensgeldbuße geltend zu machen.

Wenn sich der Aufsichtsrat gegen die Durchsetzung des Regressanspruchs entscheidet, kann unter den Voraussetzungen des § 148 AktG auch eine Aktionärsminderheit Schadensersatzklage gegen ein Vorstandsmitglied erheben. Nach § 148 Abs. 1 S. 2 Nr. 3 AktG lässt das Gericht die Klage zu, wenn Tatsachen vorliegen, die den Verdacht rechtfertigen, dass der Gesellschaft durch Unredlichkeit oder grobe Verletzung des Gesetzes ein Schaden entstanden ist. Jedoch dürfen auch hier gemäß § 148 Abs. 1 S. 2 Nr. 4 AktG der Geltendmachung keine überwiegenden Gründe des Gesellschaftswohls entgegenstehen. Nach der Regierungsbegründung kommt ein überwiegendes Interesse der Gesellschaft in Betracht, wenn die Beitreibung des geltend gemachten Betrages wegen der

---

326 BGHZ 135, 244 Leitsatz c) S. 1; vgl. auch *Weitbrecht*, NJW 2012, 881 (884), der auf die erforderliche Abwägung des Kosten-/Nutzenrisikos hinweist.

Vermögensverhältnisse des Schuldners ausgeschlossen erscheint[327]. Es entspricht also auch nicht dem Willen des Gesetzgebers, wenn gegen Organmitglieder Regressansprüche geltend gemacht werden, die aufgrund ihrer extremen Höhe nur bruchteilhaft vollstreckt werden können. Inwieweit hier die Geltendmachung eines Teilbetrages möglich wäre, ist noch nicht geklärt, erscheint aber prinzipiell denkbar[328]. In Zukunft könnte die Innenhaftung bei Kartellrechtsverstößen somit in Fälle praxisrelevant werden, in denen bei Nichtverfolgung durch den Aufsichtsrat eine der Höhe nach begrenzte Aktionärsklage zugelassen wird.

2. Beweiskraft des Bußgeldbescheids im Zivilprozess

Sofern sich die Gesellschaft zur Geltendmachung des Regressanspruchs vor einem Zivilgericht entscheidet, stellt sich die Frage, wie der Bußgeldbescheid beweisrechtlich zu beurteilen ist. Fraglich ist, ob die darin getroffenen Feststellungen das Zivilgericht binden oder ob ein Vorstandsmitglied vorbringen kann, es habe entgegen der Feststellung im Bescheid nie gesetzeswidrig gehandelt. Eine Bindung des Gerichts an die Feststellung des Verstoßes nach § 33 Abs. 4 S. 1 GWB scheidet aus, obwohl dem Wortlaut der Vorschrift nach auch Schadensersatzansprüche im Innenverhältnis erfasst sein könnten. Aus der Systematik ergibt sich jedoch, dass Schadensersatzberechtigte nach § 33 Abs. 1 S. 1 und 3 GWB nur Mitwettbewerber und sonstige Marktteilnehmer sein können. Eine analoge Anwendung scheidet aus, da mangels geringerer Schutzbedürftigkeit des Unternehmens, dem der Kartellrechtsverstoß der natürlichen Person zugerechnet wird, keine vergleichbare Interessenlage besteht.

Allerdings ist die faktische Beweiskraft des Bußgeldbescheids durchaus erheblich. Bußgeldbescheide sind wie Strafurteile öffentliche Urkunden i.S.d. des § 415 Abs. 1 ZPO. Zwar bezieht sich ihre formelle Beweiskraft nicht auf die inhaltliche, also die materielle Richtigkeit[329], so dass für das Zivilgericht bloß feststeht, dass ein Bußgeldbescheid ergangen ist, nicht aber, ob die darin getroffenen Feststellungen und die rechtliche Beurteilung zutreffend sind. Trotz der fehlenden gesetzlichen Bindungswirkung kommt dem Bußgeldbescheid eine erhebliche faktische Bedeutung bei der nach zivilprozessualen Grundsätzen

---

[327] Begr. z. RegE, BT-Drucks. 15/5092 S. 22: „Die Klagezulassung zu einem Anspruch, dessen Beitreibung angesichts der Vermögensverhältnisse des Schuldners völlig ausgeschlossen ist, kann jedenfalls ab einer bestimmten Höhe nach Nummer 4 verwehrt werden". Ohne Begründung kritisch hierzu: *Hüffer*, AktG, § 148 Rn. 3. Unkritisch hingegen zu der Gesetzesregelung etwa *Spindler*, in: Schmidt/Lutter, AktG, § 148 Rn. 31; *Hirschmann*, in: Hölters, AktG, § 93 Rn. 14.

[328] Die Zulassung der Aktionärsklage wird dann auf eine bestimmte Höhe begrenzt, vgl. *Spindler*, in: Schmidt/Lutter, AktG, § 148 Rn. 31.

[329] *Geimer*, in: Zöller, ZPO, § 415 Rn. 5; *Eichele*, in: Hk-ZPO, § 415 Rn. 9; *Reichold*, in: Thomas/Putzo, ZPO, § 415 Rn. 5.

vorgenommenen freien Beweiswürdigung nach § 286 Abs. 1 ZPO zu[330], so dass das Zivilgericht nur bei sehr substantiiertem Parteivortrag die inhaltliche Richtigkeit des Bescheids bezweifeln wird.

V. Zusammenfassung

Manager, die einen Kartellrechtsverstoß begehen, anordnen oder dulden, verstoßen im Regelfall nicht nur gegen die ihnen obliegende Legalitätspflicht im Außenverhältnis, sondern zugleich auch gegen die ihnen gegenüber der Gesellschaft im Innenverhältnis obliegenden Sorgfaltspflichten. Diese Pflichtverletzung im Innenverhältnis ist Grundvoraussetzung des Regressanspruchs des eigenen Unternehmens gegen den Manager und ist in der Regel zu bejahen, wenn eine Kartellbehörde eine wettbewerbswidrige Verhaltensweise geahndet hat. Ausnahmsweise kann die Pflichtwidrigkeit entfallen, wenn die Rechtslage bei der Tatbegehung unklar war, die Feststellung oder die rechtliche Würdigung der Kartellbehörde im Bußgeldverfahren objektiv nicht zutreffend war oder ein Kartellverfahren von einer ausländischen Behörde geführte wurde und dabei massiv gegen hier geltende Verfahrensgrundsätze verstoßen wurde. Im Normalfall steht der Gesellschaft jedoch wegen der gegen sie verhängten Unternehmensgeldbuße ein Regressanspruch gegen den schuldhaft handelnden Geschäftsleiter zu. Auch wenn das Bußgeld der Höhe nach auf das Unternehmen zugeschnitten ist und dessen Verhalten sanktionieren soll, liegt der Schaden bei einem Regress gegen den handelnden Unternehmensangestellten nicht außerhalb des Schutzzwecks der Norm, da zwischen der ordnungswidrigkeitenrechtlichen Bußgeldgeldverhängung und den zivilrechtlichen Folgen streng zu trennen ist. Ein Unterlaufen der Sanktionsfunktion der Unternehmensgeldbuße ist ohnehin nicht zu befürchten, weil in der Praxis regelmäßig aus wichtigen Gründen des Gesellschaftswohls unter Berücksichtigung der Grundsätze der ARAG/Garmenbeck-Rechtsprechung von einer Anspruchsverfolgung abgesehen wird. Dies liegt vor allem daran, dass ein Ausgleich des entstandenen Schadens nicht zu erwarten ist, weil die Schadenshöhe die wirtschaftliche Leistungsfähigkeit des in Anspruch genommenen Geschäftsleiters meist weit übersteigt. Gegen die Geltendmachung eines Teilbetrages sprechen regelmäßig wichtige Gründe des Gesellschaftswohls, insbesondere die Bekanntmachung bislang nicht öffentlicher Details im Zusammenhang mit der Kartellierung oder die Beeinträchtigung der Unternehmensreputation. Aus diesen Gründen ist das Risiko für den Manager, wegen der Unternehmensgeldbuße von der eigenen Gesellschaft in Anspruch genommen zu werden, als relativ gering einzustufen.

---

[330] *Wilsing*, in: Krieger/Schneider: Managerhaftung, § 27 Rn. 51; vgl. auch *Reichold*, in: Thomas/Putzo, ZPO, § 415 Rn. 5.

B. Schadensersatzansprüche außenstehender Dritter gegen den Manager

Wie bereits eingangs erwähnt, gewinnt die private Kartellrechtsdurchsetzung auf deutscher sowie auf europäischer Ebene immer mehr an Bedeutung. Bislang waren diese Klagen in Deutschland überwiegend auf ein Tun oder Unterlassen des Beklagten gerichtet. So können durch die Kartellierung benachteiligte Mitwettbewerber beispielsweise auf Belieferung oder auf Unterlassung einer diskriminierenden Handlung klagen. Von eher untergeordneter Bedeutung waren bislang auf Geldzahlung gerichtete Schadensersatzklagen von Kartellopfern[331]. Grund hierfür ist die schwierige Schadensberechnung, für die ein komplizierter Vergleich der Marktsituation mit und ohne dem wettbewerbsschädigenden Verhalten angestellt werden muss. So muss beispielsweise im Falle von Preisabsprachen der Abnehmer nach der Differenzhypothese darlegen, dass der von ihm tatsächlich gezahlte Kartellpreis höher ist als der Preis, der unter Wettbewerbsbedingungen gezahlt worden wäre[332]. Die Geltendmachung von kartellrechtlichen Schadensersatzansprüchen durch Dritte soll künftig erleichtert werden. So ist seit der 7. GWB-Novelle nach § 33 Abs. 3 S. 3 GWB i.V.m. § 252 BGB, § 287 ZPO eine Schadensschätzung möglich, wenn die Berechnung des hypothetischen Wettbewerbspreises Schwierigkeiten bereitet[333]. Durch diese und weitere im Zuge der 7. GWB-Novelle eingeführten Erleichterungen ist eine zahlenmäßige Erhöhung von Schadensersatzansprüchen gegen Unternehmen zu erwarten. Insbesondere dann, wenn das Unternehmen, in dem der Kartellrechtsverstoß begangen wurde, insolvent ist oder Ansprüche gegen dieses verjährt sind, kommt eine persönliche Haftung der ordnungswidrig handelnden natürlichen Person auf Grundlage des § 33 Abs. 3 S. 1 GWB in Betracht[334].

---

[331] BKartA, Diskussionspapier: Private Kartellrechtsdurchsetzung, S. I. Zu den Schwierigkeiten der privaten Kartellrechtsdurchsetzung vgl. auch *Meyer-Lindemann*, WuW 2011, 1235 (1243 f.).

[332] BGH WuW/E BGH 893 (898) – *„Hörgeräte"*; BGH WuW/E BGH 1911 (1914) – *„Meierei-Zentrale"*; BGH WuW/E BGH 2647 (2651 f.) – *„Nora-Kunden-Rückvergütung"*. Kritisch in Hinblick auf Beweisschwierigkeiten auch *Emmerich*, in: Immenga/Mestmäcker, GWB § 33 Rn. 87.

[333] *Bornkamm*, in: Langen/Bunte, Dt. Kartellrecht, § 33 Rn. 132; *Rehbinder*, in: Loewenheim, Kartellrecht, § 33 Rn. 37; *Emmerich*, in: Immenga/Mestmäcker, GWB § 33 Rn. 62.

[334] § 33 Abs. 3 GWB ist meist die einzig in Betracht kommende Anspruchsgrundlage, insb. weil es für den Anspruch aus § 826 BGB meist an einer vorsätzlichen sittenwidrigen Schädigung fehlt. § 93 Abs. 5 AktG hat ebenfalls kaum einen Anwendungsbereich, da er neben der Insolvenz der Gesellschaft eine gröbliche Pflichtverletzung voraussetzt.

I. Passivlegitimation natürlicher Personen

Dabei ist zunächst fraglich, ob neben Unternehmen auch natürliche Personen passivlegitimiert sein können. Nach § 33 Abs. 3 GWB ist ersatzpflichtig, wer einen schuldhaften Verstoß nach § 33 Abs. 1 GWB begeht. § 33 Abs. 1 GWB setzt wiederum einen Verstoß gegen eine GWB-Vorschrift, gegen Art. 101, 102 AEUV oder eine Verfügung der Kartellbehörde voraus. § 33 GWB verweist also auf materiell-rechtliche Vorschriften, gegen die vom Anspruchsgegner verstoßen worden sein muss, um eine Außenhaftung zu begründen. Die Frage nach der Passivlegitimation natürlicher Personen hängt maßgeblich davon ab, ob die Verweisungsziele des § 33 Abs. 1 GWB einen Rechtsverstoß der natürlichen Person miterfassen. Dies ist deshalb fraglich, weil die meisten Gebote und Verbote im GWB ausdrücklich an Unternehmen adressiert sind. Wie bereits dargestellt, können natürliche Personen ohne Unternehmenseigenschaft nur durch Zurechnung der Unternehmenseigenschaft gem. § 9 OWiG gegen diese Normen verstoßen[335]. Ihre Passivlegitimation hängt also maßgeblich davon ab, ob zu den Verweisungszielen des § 33 GWB neben den unternehmensbezogenen materiellen Verboten (etwa § 19 Abs. 1 GWB) auch der Bußgeldtatbestand des § 81 GWB i.V.m. § 9 OWiG zählt.

1. Meinungsstand

Bislang wurde im Schrifttum überwiegend eine persönliche Außenhaftung von Geschäftsleitern gemäß § 33 Abs. 3 GWB ausdrücklich bejaht[336] oder – wohl mangels Zweifel – überhaupt nicht thematisiert[337]. Neuerdings wird es in der Literatur aber teilweise abgelehnt, die in § 81 Abs. 1 bis 3 GWB geregelten Ordnungswidrigkeitentatbestände als Verweisungsziele des § 33 GWB anzuerkennen[338]. Begründet wird dies damit, dass § 81 GWB für das Kartellbußgeldrecht die gleiche Funktion wie § 33 GWB für das Kartelldeliktsrecht erfülle; beide Normen hätten parallele Funktionen für unterschiedliche Rechtsbereiche, so dass es systemwidrig sei, § 33 GWB auf § 81 GWB zu beziehen[339]. Die Eigenständigkeit beider Regelungsbereiche sei zu beachten, die eine „willkürliche

---

[335] Ausführlich siehe Kapitel 2, B.

[336] *Bornkamm*, in: Langen/Bunte, Dt. Kartellrecht, § 33 Rn. 90; *Emmerich*, in: Immenga/Mestmäcker, GWB § 33 Rn. 42; *Rehbinder*, in: Loewenheim, Kartellrecht, § 33 Rn. 34; zum § 33 a.F. *Roth*, in: Frankfurter Kommentar, § 33 (Stand: 11/2001) Rn. 133; *Kapp/Gärtner*, CCZ 2009, 168 (170).

[337] Keine Ausführung zur persönlichen Außenhaftung natürlicher Personen machen *Lübbing*, in: MK GWB, § 33; *Bechtold*, in: Bechtold, GWB, § 33; *Töpel*, in: Wiedemann, Kartellrecht, § 50.

[338] So vertreten von: *Görner*, Anspruchsberechtigung, S. 127; *Kling/Thomas*, Kartellrecht, § 21 Rn. 52.

[339] *Görner*, Anspruchsberechtigung, S. 129.

Kombination“ verbiete[340]. Weder § 81 GWB noch § 9 OWiG verböten ein Verhalten und seien folglich keine Verbotsnormen, sondern „sanktionsrechtliche Anknüpfungsnormen“[341]. Daraus wird geschlussfolgert, dass § 33 GWB als Verweisungsziel § 81 GWB i.V.m. § 9 OWiG nicht erfasse, folglich eine natürliche Person ohne Unternehmenseigenschaft nicht gegen einen materiellen Verbotstatbestand als Verweisungsziel verstoßen könne.

2. Stellungnahme

Betrachtet man den Wortlaut des § 33 Abs. 3 GWB, so fällt auf, dass für die Schadensberechnung in § 33 Abs. 3 S. 3, 4 GWB auf den Unternehmensgewinn abgestellt wird, was möglicherweise so gedeutet werden könnte, dass eine alleinige Ersatzpflicht des Unternehmens existiert. Andererseits ist im Wortlaut des § 33 Abs. 3 S. 1 GWB als Anspruchsgrundlage der Adressatenkreis offen formuliert („Wer einen Verstoß...begeht, ist zum Ersatz des daraus zu entstehenden Schadens verpflichtet.“). Hier fällt auf, dass der offene Wortlaut nicht nur dem des § 81 Abs. 1 GWB ähnelt („Ordnungswidrig handelt, wer...“), sondern auch dem des § 9 S. 1 UWG („Wer...vornimmt“)[342]. Eine ausdrückliche Adressierung an Unternehmen und Unternehmensvereinigungen, wie sie in zahlreichen Tatbeständen im GWB zu finden ist, fehlt hier. Die offene Formulierung des Wortlauts spricht also eher dafür, dass der Kreis der Passivlegitimierten nicht auf Unternehmen begrenzt ist, mithin jedermann ersatzpflichtig sein kann.

Soweit es für systemwidrig gehalten wird, die materiellen Verbotstatbestände mit einer § 33 GWB parallel gelagerten Rechtsfolgenbestimmung wie § 81 GWB zu kombinieren, wird nicht ausreichend berücksichtigt, das die kartellrechtlichen Ordnungswidrigkeiten immer aus einer Zusammensetzung zwischen § 81 Abs. 1 bis 3 GWB und einem außerbußgeldrechtlichen Gebot oder Verbot bestehen. Dieses Zusammenlesen ermöglicht es, dass auch natürliche Personen bei Anwendung des § 9 OWiG mit einem persönlichen Bußgeld sanktioniert werden können, wenn sie Kartellverstöße begehen. Von eben einem solchen Kartellverstoß spricht § 33 Abs. 1 GWB. Eine willkürliche Kombination ist darin nicht zu sehen, sondern die reine Anwendung der im Kartellrecht geltenden Regelungen über die Normadressatenschaft und deren Zurechnung.

Zweifel daran, dass sich die Passivlegitimation auf Unternehmen beschränkt, kommen auch unter dem Gesichtspunkt auf, dass nach der gesetzgeberischen

340 *Görner*, Anspruchsberechtigung, S. 129.

341 *Kling/Thomas*, Kartellrecht, § 21 Rn. 52.

342 So der zutreffende Hinweis von *Dreher*, WuW 2009, 133 (140). § 9 S. 2 UWG regelt eine persönliche Haftung explizit. Die ähnliche Normstruktur in § 33 GWB spricht dafür, dass auch hier eine persönliche Haftung gewollt ist. Zuzugestehen ist aber auch, dass sich umgekehrt argumentieren ließe, dass ein explizierter Hinweis wie in § 9 S. 2 UWG sich im GWB gerade nicht findet.

Wertung unstrittig eine persönliche Bußgeldhaftung natürlicher Personen bestehen kann. Wenn eine persönliche bußgeldrechtliche Verantwortung für ordnungswidriges Verhalten vom Gesetzgeber gewollt ist, dann muss eine zivilrechtliche Verantwortung erst Recht dem Sinn und Zweck des deutschen Kartellrechts entsprechen[343]. Um den erforderlichen und konsequenten „Gleichlauf der bußgeldrechtlichen und der zivilrechtlichen Haftung“[344] zu erreichen, muss § 81 GWB als Verweisungsziel von § 33 GWB erfasst sein. Hinzu kommt, dass – wie oben ausführlich dargestellt – bei einer Pflichtverletzung grundsätzlich auch eine zivilrechtliche Haftung im Innenverhältnis besteht. Erst Recht muss dann auch im Außenverhältnis gegenüber Dritten eine zivilrechtliche Haftung bestehen, weil der Dritte im Zweifel schutzwürdiger ist als die eigene Gesellschaft. Daher ist als Ergebnis festzuhalten, dass auch eine natürliche Person ohne Unternehmenseigenschaft passivlegitimiert i.S.d. § 33 Abs. 3 GWB sein kann.

II. Anspruchsberechtigte Personen

Anspruchsberechtigt sind gemäß § 33 Abs. 1 S. 1 GWB die „Betroffenen“. Nach § 33 Abs. 1 S. 3 GWB ist betroffen, wer als Mitbettbewerber oder sonstiger Marktbeteiligter durch den Verstoß beeinträchtigt ist. Auf die Schutzgesetzeigenschaft der materiell-rechtlichen Verbotsnorm kommt es seit der 7. GWB-Novelle nicht mehr an[345]. Primär kommen als Anspruchsberechtigte Unternehmen in Betracht, die mit dem Anspruchsgegner im Wettbewerber stehen, sowie direkte Abnehmer oder Anbieter auf der Marktgegenseite[346]. Allerdings realisieren sich die negativen Folgen gerade bei horizontalen Kartellabsprachen meist nicht nur bei den direkten Abnehmern der Kartellbeteiligten, sondern auch auf nachfolgenden Marktstufen, da die kartellbedingten Preiserhöhungen weitergegeben werden. Ob auch indirekte Abnehmer und Lieferanten, die auf weiter entfernten Marktstufen stehen, anspruchsberechtigt sind, war lange Zeit umstritten. Gegen ihre Anspruchsberechtigung wurde angeführt, dass bei wertender Betrachtung der Schaden nur bei unmittelbaren Abnehmern liege[347] und mit

---

343 Ähnlich *Dreher*, WuW 2009, 133 (139), der von milderer „Schadensersatzsanktion“ spricht.

344 *Dreher*, WuW 2009, 133 (137).

345 Zur Abkehr vom Schutzgesetzerfordernis siehe *Bornkamm*, in: Langen/Bunte, Dt. Kartellrecht, § 33 Rn. 17 ff.; *Lübbig*, in: MK GWB, § 81 Rn. 53 ff.

346 *Bornkamm*, in: Langen/Bunte, Dt. Kartellrecht, § 33 Rn. 31 ff.; *Vollmer*, in: MK GWB, § 81 Rn. 66; *Emmerich*, in: Immenga/Mestmäcker, GWB § 33 Rn. 28; *Rehbinder*, in: Loewenheim, Kartellrecht, § 33 Rn. 13.

347 Siehe ausführlich *Görner*, Anspruchsberechtigung, S. 211 ff.

jeder Absatzstufe eine „Atomisierung des Schadens“[348] einhergehe, so dass beim Endverbraucher als Schaden nur Bagatellbeträge anfallen würden. Dennoch hat der BGH mittlerweile ausdrücklich entschieden, dass bei Absatzketten auch indirekten Abnehmern ein Schadensersatzanspruch wegen kartellbedingter Preiserhöhungen zustehen kann[349]. Überzeugend hat der BGH betont, dass andernfalls eine zweckwidrige Entlastung solcher Kartelltäter erfolge, die Schäden mit großer Breitenwirkung verursachen[350]. Auch wenn durch das BGH-Urteil der Kreis potentieller Anspruchsberechtigter massiv ausgeweitet wurde, ist keine unverhältnismäßige Inanspruchnahme von Kartellbeteiligten zu erwarten, denn zum einem sind die Grundsätze der Vorteilsanrechnung bei der Schadensberechnung zu beachten, zum anderen wird die Geltendmachung von Ersatzansprüchen durch Geschädigte auf entfernteren Absatzstufen diesen angesichts von Beweisschwierigkeiten und geringer Schäden meist nicht lohnenswert erscheinen.

III. Verstoß nach § 33 Abs. 1 GWB

Die Schadensersatzpflicht setzt weiterhin einen Verstoß i.S.d. § 33 Abs. 1 GWB voraus. Dies kann ein Verstoß gegen ein im GWB geregeltes Gebot oder Verbot, gegen Art. 101, 102 AEUV[351] oder gegen eine Verfügung der Kartellbehörde sein. Neben kartellrechtswidrigen horizontalen oder vertikalen Vereinbarungen können vor allem einseitige Maßnahmen (§§ 19 bis 21 GWB, Art. 102 AEUV) relevant werden. Ob der Anspruchsgegner den Verstoß selbst begangen hat, diesen veranlasst oder sich auf sonstige Weise an ihm beteiligt oder die ihm obliegende Aufsichtspflicht zur Verhinderung von Kartellverstößen verletzt hat, ist aufgrund des Einheitstäterprinzips irrelevant. In allen Fällen liegt ein Verstoß i.S.d. § 33 Abs. 1 GWB vor.

IV. Verschulden des Managers

Schadensersatzansprüche nach § 33 Abs. 3 GWB setzen voraus, dass der Schädiger vorsätzlich oder fahrlässig gehandelt hat. Insoweit kann auf die obigen Ausführungen verwiesen werden[352]. Insbesondere gelten auch die strengen Vo-

---

[348] *Bornkamm*, in: Langen/Bunte, Dt. Kartellrecht, § 33 Rn. 38. Kritisch auch *Lübbig*, in: MK GWB, § 81 Rn. 64.

[349] BGH WuW/E DE-R 3431 – „*SD-Papier*“.

[350] BGH WuW/E DE-R 3431 (3433) – „*SD-Papier*“.

[351] Der Wortlaut des § 33 Abs. 1 GWB verweist noch auf Art. 81, 82 EGV. Es handelt sich um ein redaktionelles Versehen des Gesetzgebers, der lediglich die Verweise in § 81 GWB aktualisiert hat (vgl. BT-Drucks. 17/2467).

[352] Siehe Kapitel 2, D.

raussetzungen des vermeidbaren Verbotsirrtums[353]. Maßgeblich sind ferner die allgemeinen zivilrechtlichen Grundsätze für die Berücksichtigung eines Mitverschuldens und für eine etwaige Schadensminderungspflicht des Geschädigten[354].

V. Vorteilsanrechnung („passing-on defense")

Wie im Rahmen der Anspruchsberechtigung dargelegt, ist der Kläger meist Teil einer Absatzkette. Dadurch kann es vorkommen, dass er den kartellbedingt höheren Preis, mithin seinen nach der Differenzhypothese ermittelten Schaden, an die ihm nachgelagerten Absatzstufen weitergibt. Ob der Beklagte dieses Weiterwälzen des Schadens als sog. *passing-on defense* geltend machen kann, war lange umstritten[355]. Seit der 7. GWB-Novelle bestimmt § 33 Abs. 3 S. 2 GWB lediglich, dass bei einem überteuerten Bezug einer Ware oder einer Dienstleistung der Schaden nicht wegen einer Weiterveräußerung ausgeschlossen ist. Der BGH hat mittlerweile die Möglichkeit einer *passing-on defense* anerkannt, denn dadurch werde eine unverhältnismäßige mehrfache Inanspruchnahme des Kartellbeteiligten für einen nur einmal entstandenen Schaden ebenso vermieden wie eine ungerechtfertigte Bereicherung direkter Abnehmer, soweit sie tatsächlich wirtschaftlich keinen Schaden erlitten haben[356]. Dogmatisch handelt es sich dabei um Vorteilsanrechnung, für die der Anspruchsgegner die Darlegungs- und Beweislast trägt[357]. Dieser muss also grundsätzlich darlegen und beweisen, dass der Anspruchsteller die kartellbedingten Mehrkosten auf seine Abnehmer abgewälzt hat und der daraus entstandene Vorteil adäquat kausal auf dem Kartellrechtsverstoß als schädigendes Ereignis beruht. Nur in Ausnahmefällen kommen die Grundsätze der sekundären Darlegungslast zur Anwendung[358].

---

353 Vgl. auch *Bornkamm*, in: Langen/Bunte, Dt. Kartellrecht, § 33 Rn. 105; *Rehbinder*, in: Loewenheim, Kartellrecht, § 33 Rn. 33.

354 *Bornkamm*, in: Langen/Bunte, Dt. Kartellrecht, § 33 Rn. 106; *Emmerich*, in: Immenga/Mestmäcker, GWB § 33 Rn. 66. Ein Mitverschulden kommt vor allem dann in Betracht, wenn nicht rechtzeitig sämtliche Rechtsschutzmöglichkeiten ausgeschöpft worden sind.

355 Siehe hierzu etwa *Rehbinder*, in: Loewenheim, Kartellrecht, § 33 Rn. 39 m.w.N.

356 BGH WuW/E DE-R 3431 – *„SD-Papier"*; siehe hierzu *Weitbrecht*, NJW 2012, 881 (883 f.).

357 BGH WuW/E DE-R 3431 (3442) – *„SD-Papier"*. Allgemein zur Beweislastverteilung bei der Vorteilsanrechnung siehe: Vgl. BGH NJW 1985, 1539; NJW-RR 1992, 1397; NJW-RR 2004, 79 (81); *Oetker*, in: MK BGB, § 249 Rn. 279; *Grüneberg*, in: Palandt, BGB, Vor. § 249 Rn. 75; *Ebert*, in: Erman, BGB, Vor. §§ 249-253, Rn. 84.

358 BGH WuW/E DE-R 3431 (3443 ff.) – *„SD-Papier"*. Grund hierfür ist, dass die indirekt Geschädigten ihrerseits die Darlegungs- und Beweislast dafür tragen, dass die kartellbedingte Preiserhöhung auf sie abgewälzt wurde und vielfach der Schädiger sich durch eine Streitverkündung einer doppelten Inanspruchnahme entziehen kann. Ist eine Streitver-

VI. Tatbestandswirkung von Entscheidungen gem. § 33 IV GWB

Die Geltendmachung von zivilrechtlichen Ersatzansprüchen im Anschluss an Kartellbußgeldverfahren wird seit der 7. GWB-Novelle durch § 33 Abs. 4 GWB erleichtert. Für die sog. *Follow-on-Klagen* gilt danach eine Feststellungswirkung im Hinblick auf bestandskräftige Entscheidungen nationaler Kartellbehörden, der EU-Kommission oder der Wettbewerbsbehörde oder des als solches handelnde Gericht eines anderen Mitgliedsstaats der EG. Die Bindung des Zivilgerichts an diese Tatsachen ist dem Umstand geschuldet, dass es für den Zivilrechtskläger erheblich schwieriger ist als für die Kartellbehörden im Amtsermittlungsverfahren, den Nachweis eines Kartells und insbesondere eines durch die Kartellbeteiligten erzielten Vermögensvorteils zu erbringen[359]. Die Feststellungswirkung bezieht sich allein auf das Vorliegen des Kartellverstoßes, während alle weiteren Fragen, insbesondere zur Schadenskausalität und zur Schadensbezifferung, der freien Beweiswürdigung des Gerichts unterliegen[360].

VII. Zusammenfassung

Eine Schadensersatzhaftung von Managern gegenüber Dritten wegen Kartellrechtsverstößen gemäß § 33 Abs. 3 S. 1 GWB kommt insbesondere dann in Betracht, wenn das Unternehmen, in dem der Kartellrechtsverstoß begangen wurde, insolvent ist oder Ansprüche gegen dieses verjährt sind. Da § 81 GWB i.V.m. § 9 OWiG von den Verweisungszielen des § 33 Abs. 1 GWB erfasst wird, sind auch natürliche Personen ohne Unternehmenseigenschaft passivlegitimiert. Dies entspricht der gesetzgeberischen Wertung, nach der nicht nur eine zivilrechtliche Haftung im Innenverhältnis, sondern auch eine persönliche Bußgeldhaftung bestehen kann. Ob der Anspruchsgegner den Verstoß selbst begangen hat, sich an diesem beteiligt hat, oder eine ihm obliegende Aufsichtspflicht zur Verhinderung von Kartellverstößen verletzt hat, ist aufgrund des Einheitstäterprinzips irrelevant. In allen Fällen liegt ein Verstoß i.S.d. § 33 Abs. 1 GWB vor, der den Manager im Fall des Verschuldens gegenüber anspruchsberechtigten Mitwettbewerbern und sonstigen Marktbeteiligten zum Schadensersatz verpflichtet.

---

kündung unzumutbar (etwa in Hinblick auf betroffene private Endabnehmer), so kann eine sekundäre Darlegungslast nach sorgfältiger Abwägung aller maßgeblichen Umstände des Einzelfalls in Betracht kommen.

359 *Kling/Thomas*, Kartellrecht, § 21 Rn. 72; *Bornkamm*, in: Langen/Bunte: Dt. Kartellrecht, § 33 Rn. 137.

360 Begr. z. RegE, BT-Drucks. 15/3640, S. 54. Zum Umfang der Bindungswirkung siehe: *Emmerich*, in: Immenga/Mestmäcker, GWB § 33 Rn. 78; *Rehbinder*, in: Loewenheim, Kartellrecht, § 33 Rn. 54; *Lübbig*, in: MK GWB, § 81 Rn. 113 ff.

C. Regressansprüche des persönlich bußgeldpflichtigen Managers gegen sein Unternehmen

Als nächstes stellt sich die Frage, ob der mit einem persönlichen Bußgeldbescheid belastete Geschäftsleiter Ansprüche gegen das Unternehmen, für das er arbeitet bzw. gearbeitet hat, gelten machen kann. Konkret kommt neben der Erstattung dieses Bußgelds auch ein Ersatz von entstandenen Verfahrenskosten (insb. Rechtsanwaltsgebühren) in Betracht. Diese Ansprüche in Betracht zu ziehen, mag auf den ersten Blick überraschen, da oben festgestellt wurde, dass grundsätzlich dem Unternehmen ein Regressanspruch wegen der Unternehmensgeldbuße gegen den Geschäftsleiter zusteht. In den Fällen, in denen dem Unternehmen ein Regressanspruch zusteht, scheint eine umgekehrte Haftung, also ein Freistellungs- oder Aufwendungsersatzanspruch des Geschäftsleiters gegen das Unternehmen, von vorneherein ausgeschlossen. Denn eine gegenseitige Ersatzpflicht im Hinblick auf die jeweiligen Bußgelder wäre widersprüchlich. Da jedoch ein gesetzwidriges Verhalten im Außenverhältnis nicht zwingend mit einer Pflichtverletzung im Innenverhältnis einhergehen muss, könnte genau in einem solchen Divergenzfall ein Freistellungs- und Ersatzanspruch des persönlich haftenden Geschäftsleiters bestehen. Mithin stellt sich die Frage, unter welchen Voraussetzungen ein gesetzlicher Erstattungsanspruch besteht und ob darüber hinaus bei Nichtbestehen eines gesetzlichen Erstattungsanspruchs eine freiwillige Leistung des Unternehmens rechtlich zulässig wäre. Ob der Geschäftsleiter seiner persönlichen Zahlungspflicht bereits nachgekommen ist (dann Ersatzanspruch) oder nicht (dann Freistellungsanspruch) spielt dabei keine Rolle. Im Folgenden wird zur Vereinfachung nur vom Ersatzanspruch gesprochen.

I. Gesetzlicher Erstattungsanspruch gemäß §§ 670, 675 BGB

Nach § 670 BGB kann der Beauftragte vom Auftraggeber Aufwendungen ersetzt verlangen, die ihm bei der Auftragsdurchführung entstanden sind und die er den Umständen nach für erforderlich halten durfte. Dies gilt nach allgemeiner Ansicht auch für Vorstandsmitglieder einer Aktiengesellschaft[361].

---

[361] *Thomas*, Haftungsfreistellung, S. 240; *Mertens/Cahn*, in: KK AktG, § 84 Rn. 89; *Hefermehl/Spindler*, in: MK AktG, § 84 Rn 73; *Krieger*, in: FS für Bezzenberger, S. 211 (212); *Fleischer*, WM 2005, 909 (916); *Krause*, BB Special 8/2007, 2 (3).

1. Voraussetzungen eines gesetzlichen Erstattungsanspruchs

a) Bezug der Aufwendung zur dienstlichen Tätigkeit

Der Ersatzanspruch aus §§ 670, 675 BGB setzt voraus, dass ein gewisser Bezug zwischen dem vermögensschädigendem Verhalten und der Tätigkeit im Unternehmen besteht, da nur so eine Zuordnung in den Risikobereich des Unternehmens als Dienstherrn gerechtfertigt ist. Dies ist der Fall, wenn das Verhalten zum (vermeintlichen) Wohle des Unternehmens und nicht zur Verbesserung der eigenen Stellung vorgenommen wird und zugleich mit der Aufgabenwahrnehmung verknüpft ist[362]. In Hinblick auf kartellrechtswidriges Verhalten einer natürlichen Person ist diese Feststellung unproblematisch, da entsprechende Handlungen regelmäßig im Rahmen der Tätigkeit für das Unternehmen ausgeführt werden. Die interne Zuständigkeit für Aufgaben ist indes nicht maßgeblich, so dass auch bei einem Überschreiten interner Befugnisse die erforderliche Verknüpfung zur dienstlichen Tätigkeit besteht[363].

b) Keine schuldhafte Pflichtverletzung gegenüber der Gesellschaft

Kernvoraussetzung des Erstattungsanspruchs ist die negative Feststellung, dass der Anspruchsteller im Innenverhältnis nicht pflichtwidrig gehandelt hat. Es handelt sich hierbei quasi um die spiegelbildliche Betrachtung der Voraussetzung eines Unternehmensregresses: Hier ist gem. § 93 Abs. 2 S. 1 AktG die Pflichtverletzung im Innenverhältnis Voraussetzung der Managerhaftung[364]. Für die umgekehrte Anspruchsrichtung muss damit gelten, dass der Erstattungsanspruch des Vorstandsmitglieds nur bestehen kann, wenn dieses gerade keine Pflichtverletzung gegenüber der Gesellschaft begangen hat. Wie bereits dargestellt, kann es trotz einer Gesetzesverletzung im Außenverhältnis ausnahmsweise im Innenverhältnis an einer Pflichtverletzung fehlen. Dies ist der Fall, wenn die Rechtslage unklar oder umstritten war oder die kartellbehördliche Beurteilung in tatsächlicher oder rechtlicher Hinsicht nicht zutreffend erfolgt ist, mithin objektiv kein Kartellrechtsverstoß und damit keine pflichtwidrige Handlung vorliegt. Außerdem kann die Pflichtwidrigkeit entfallen, wenn ein Verfahren vor einer ausländischen Kartellbehörde nach Maßstäben des nationalen Rechts als evident rechtswidrig einzustufen wäre. Ist eine dieser Fallgruppen gegeben, so ist der Geschäftsleiter nicht nur von seiner Schadensersatzpflicht im Innenverhältnis befreit, sondern er kann einen Aufwendungsersatzanspruch gegen die Gesellschaft geltend machen.

---

362 *Krieger*, in: FS für Bezzenberger, S. 211 (221); *Krause*, BB Special 8/2007, 2 (4).

363 Dies kann aber auch dahinstehen, weil im Fall eines „Exzesses“ der Anspruch schon deshalb scheitert, weil die betreffende Person zweifellos eine schuldhafte Pflichtverletzung begangen hat, so dass deshalb ein Regressanspruch scheitert.

364 Siehe Kapitel 3, A I.

Bei Mitarbeitern unterhalb der Vorstandsebene gilt hinsichtlich der Pflichtwidrigkeit eine Besonderheit. Bei ihnen kommt zwar ein Aufwendungsersatzanspruch nach § 670 BGB in Betracht, jedoch sind die aus dem Arbeitsrecht stammenden Regeln über den innerbetrieblichen Schadensausgleich analog anzuwenden[365]. Dadurch werden sie in der Weise privilegiert, dass auch im Falle einer schuldhaften Pflichtverletzung ein Erstattungsanspruch bestehen kann: Bei leichtester Fahrlässigkeit (*culpa levissima*) besteht ein Anspruch in unbeschränkter Höhe, bei gewöhnlicher Fahrlässigkeit kommt eine teilweise Erstattung in Betracht und bei grober Fahrlässigkeit des Arbeitnehmers scheidet der Aufwendungsersatzanspruch in der Regel aus[366]. Die Bedeutung dieser Arbeitnehmerprivilegierung ist im vorliegenden Zusammenhang aber als gering einzustufen, weil die Verhängung eines persönlichen Bußgeldes gegen Angestellte auf der mittleren und unteren Stufe der Unternehmenshierarchie gerade bei vorsätzlichen Kartellrechtsverstößen relevant wird und in diesen Fällen meist aufgrund der offenkundigen Pflichtverletzung kein Erstattungsanspruch besteht.

2. Umfang der Erstattung

Als Schaden kommt vor allem eine persönliche Geldbuße in Betracht, die gegen den Manager verhängt wurde. Daneben stellt sich die Frage, inwieweit Verfahrenskosten (insb. Rechtsanwaltskosten) ersatzfähige Schadenspositionen sind und ob hierfür ein Vorschuss verlangt werden kann.

a) Erstattung der persönlichen Geldbuße und die Frage nach der Unterwanderung des Sanktionszwecks

Teilweise wird vertreten, dass der Zweck der Sanktion eine gesetzliche Verlagerung der Geldbuße auf den Dienstherren ausschließe. Die Geldbuße richte sich gerade gegen die persönlich betroffene natürliche Person und müsse sie im Ergebnis effektiv treffen[367]. Diese Problematik wurde bereits oben in umgekehr-

---

365 *Krause*, BB Special 8/2007, 2 (3). Allg. zur Beschränkung der Arbeitnehmerhaftung siehe etwa BAG BB 1981, 183. Die arbeitsrechtlichen Grundsätze über die Haftung bei betrieblicher Tätigkeit finden auf Vorstandsmitglieder keine Anwendung, vgl. BGH WM 1975, 467 (469); *Hüffer*, AktG, § 93 Rn. 14; *Krieger/Sailer-Coceani*, in: Schmidt/Lutter, AktG, § 93 Rn. 29; *Hopt*, in: Großkomm AktG, § 93 Rn. 254, 339 ff.

366 Zum Umfang der Haftungsbeschränkung je nach Grad des Verschuldens siehe BAG NZA 1988, 579; BAG NZA 1995, 565; *Preis*, in: Erfurter Kommentar zum Arbeitsrecht, § 619a BGB Rn. 6 ff. mwN.

367 *Krause*, BB Special 8/2007, 2 (9), mit der Einschränkung, dass dies nicht gelten soll, wenn die bei der Verhängung von Bußgeldern seitens der Behörde die Abwälzungsmöglichkeit von vorneherein miteinkalkuliert wurde. Dem ist entgegenzuhalten, dass (kartellrechtliche) Bußgelder die persönliche Schuld des Täters ahnden sollen und sich nach seinen persönlichen wirtschaftlichen Verhältnissen richten (§ 17 Abs. 3 S. 2 OWiG). Zudem erfolgt die Sanktionierung des Unternehmens durch eine eigene Unternehmensgeldbuße,

ter Konstellation, nämlich beim Regressanspruch des Unternehmens wegen einer ihm auferlegten Geldbuße, ausführlich thematisiert[368]. Die dort genannten Gründe, die im Ergebnis für eine Erstattungsfähigkeit sprechen, gelten auch hier. Insbesondere ist auch hier anzumerken, dass durch das Ordnungswidrigkeitenrecht keine abschließende Entscheidung darüber getroffen wird, wer die Geldbuße letztendlich zu tragen hat. Damit ist auch hier eine Erstattungsfähigkeit nicht in Hinblick auf den Sanktionszweck ausgeschlossen[369]. Gleichwohl ist nochmals zu betonen, dass der gesetzliche Erstattungsanspruch bei persönlichen Geldbußen gemäß §§ 670, 675 BGB nur ausnahmsweise besteht, da im Regelfall das Verhalten, dass die Bußgeldverantwortung begründet, gleichzeitig als Pflichtverletzung im Innenverhältnis zu qualifizieren ist.

b) Erstattung von Verfahrenskosten

Wenn das ordnungswidrigkeitenrechtliche Verfahren zu Ungunsten des Geschäftsleiters endet, wird dieser nicht nur durch den persönlichen Bußgeldbescheid, sondern auch durch die Verfahrenskosten finanziell belastet[370]. Ein gesetzlicher Anspruch auf Erstattung dieser Verfahrenskosten kann ebenfalls nach den Vorschriften zum Auftragsrecht gemäß §§ 670, 675 BGB in Betracht kommen[371]. Sind die oben genannten Anspruchsvoraussetzungen erfüllt, so kann der Geschäftsleiter Ersatz für die angefallenen Verfahrenskosten verlangen, die zur Verteidigung erforderlich waren. Insbesondere die Rechtsanwaltskosten können dabei erheblich sein, weil im kartellrechtlichen Bereich üblicherweise von der Gebührenordnung abweichende, höhere Honorare vereinbart werden. Nach der Rechtsprechung des BAG kann eine über die gesetzlichen Gebühren hinausgehende Honorarvereinbarung mit einem Anwalt erforderlich i.S.d. § 670 BGB sein, wenn auf der Grundlage der gesetzlichen Gebühren keine anwaltliche Hilfe zu erlangen ist[372]. Bei kartellrechtlichen Verfahren dürfte dies oft der Fall sein, da hier üblicherweise auf Grundlage von Honorarvereinbarungen die rechtliche

---

so dass die Einplanung einer Abwälzung dieser gesetzgeberisch vorgesehenen Zweispurigkeit widersprechen würde.

368 Siehe Kapitel 3, A III 1.

369 Verwunderlich ist, dass *Krause*, BB Special 8/2007, 2 (9) die gegenteilige Ansicht vertritt, obwohl er gleichzeitig beim Unternehmensregress die Problematik nicht thematisiert und dort keine Gefährdung des Sanktionszwecks in Betracht zieht, vgl. BB Special 8/2007, 2 (13 f.).

370 Zur Kostentragung vgl. § 105 OWiG i.V.m. § 464 ff. StGB.

371 BAG NJW 1995, 2372 (2373); *Marsch-Barner*, in: Krieger/Schneider, Managerhaftung, § 17 Rn. 6; *Hefermehl/Spindler*, in: MK AktG, § 84 Rn. 74; *Langhein*, in: MK HGB, § 110 Rn. 23; *Mertens/Cahn*, in: KK AktG, § 84 Rn. 93; *Fleischer*, WM 2005, 909 (915); *Krause*, BB Special 8/2007, 2 (8).

372 BAG NJW 1995, 2372 (2373).

Beratung erfolgt[373]. Dieses Ergebnis entspricht im Übrigen der gesetzgeberischen Tendenz, nach der Vergütungsvereinbarungen mittlerweile leichter abgeschlossen werden können (vgl. § 3a RVG) und Kostennoten nach der Gebührenordnung seltener werden.

c) Anspruch auf Zahlung eines Vorschusses

Auch wenn das Verfahren der Kartellbehörde wegen eines Kartellrechtsverstoßes bzw. das gerichtliche Rechtsmittelverfahren noch nicht rechtskräftig abschlossen ist, sind dem Geschäftsleiter regelmäßig bereits Aufwendungen entstanden, vor allem weil Rechtsanwälte mitunter Vorschüsse verlangen (vgl. § 9 RVG). Dann kann der Geschäftsleiter nach Maßgabe des § 669 BGB wiederum einen Vorschuss für seine zu erwartenden Aufwendungen verlangen. Dies gilt aber nur, wenn die Gesellschaft tatsächlich auch zum Aufwendungsersatz nach §§ 670, 675 BGB verpflichtet ist, also wenn im Innenverhältnis keine Pflichtverletzung vorliegt. Da eben dies zu Beginn des Verfahrens normalerweise nicht eindeutig feststeht, muss die Gesellschaft im Rahmen einer Prognoseentscheidung zur Überzeugung gelangen, dass das Verfahren zugunsten des betroffenen Geschäftsleiters ausgeht[374]. Die Gesellschaft steht dabei vor keiner leichten Entscheidung, da für sie einerseits eine Fürsorge- und Treuepflicht gegenüber ihren Organmitgliedern besteht[375], anderseits aber häufig eine eindeutig positive Prognose zum Verfahrensbeginn nicht möglich ist. Typischerweise stehen zu Beginn des Ermittlungsverfahrens nur die Umsetzung von wettbewerbswidrigen Absprachen auf operativer Ebene, etwa durch Mitarbeiter im Vertrieb, fest, während eine mögliche Kenntnis oder Aufsichtspflichtverletzung von Vorgesetzten weitere Aufklärungsmaßnahmen erfordert. Gerade bei Kartellrechtsverstößen können Unternehmen gut beraten sein, Mitarbeiter einen Vorschuss für die Kosten eines Rechtsberaters zu gewähren, um eine sinnvoll abgestimmte Verteidigungsstrategie zu gewährleisten.

Stellt sich im Nachhinein heraus, dass wegen einer schuldhaften Pflichtverletzung kein Erstattungsanspruch bestand, kann der Vorschuss nach den bereicherungsrechtlichen Vorschriften (§§ 812 ff. BGB) zurückverlangt werden. Wegen der günstigeren Beweislastverteilung kann eine schriftliche Vereinbarung mit dem Betroffenen, nach der Kosten nur vorläufig übernommen werden und der Betroffene später zur Rückzahlung verpflichtet ist, wenn ihm eine Pflichtverlet-

---

373 *Marsch-Barner*, in: Krieger/Schneider, Managerhaftung, § 17 Rn. 31 hält allgemein bei wirtschafts(straf)rechtlichen Fällen Honorarvereinbarungen für üblich und erforderlich.

374 *Marsch-Barner*, in: Krieger/Schneider, Managerhaftung, § 17 Rn. 15; *Bastuck*, Enthaftung, S. 116 ff.; *Fleischer*, WM 2005, 909 (915).

375 Ständige Rechtsprechung, vgl. etwa BGHZ 12, 337 (345); 15, 71 (77); 16, 50; 49, 30 (31); 50, 378 (383). Aus der Literatur siehe etwa *Mertens/Cahn*, in: KK AktG, § 84 Rn. 41; *Hefermehl/Spindler*, in: MK AktG, § 84 Rn. 46; *Hüffer*, AktG, § 93 Rn. 9.

zung im Innenverhältnis nachgewiesen wird, eine empfehlenswerte Maßnahme sein[376].

II. Freiwillige Erstattungsleistungen des Unternehmens aufgrund vertraglicher Vereinbarung

Als nächstes stellt sich die Frage, ob ein Unternehmen freiwillig – also ohne das ein gesetzlicher Anspruch besteht – einem Unternehmensmitarbeiter Ersatz für die Vermögenseinbußen leisten darf, die diesem im Zusammenhang mit dem kartellrechtswidrigen Verhalten entstanden sind. Es geht also um die Frage, ob eine persönliche Geldbuße auch dann erstattet werden darf, wenn wegen einer Pflichtverletzung im Innenverhältnis ein gesetzlicher Anspruch diesbezüglich ausscheidet. Zu klären ist, inwiefern solche Erstattungsleistungen rechtlich zulässig sind. Dabei ist zu differenzieren zwischen der nachträglich vereinbarten Erstattungsleistung sowie der bereits vor der schadensbegründenden Handlung getroffenen Erstattungszusage.

1. Nachträglich vereinbarte freiwillige Erstattungsleistungen

a) Erstattung eines persönlichen Bußgelds

Die Ausgangssituation ist zunächst die folgende: Ein Unternehmensmitarbeiter hat ein gegen ihn persönlich verhängtes Bußgeld bezahlt und die Gesellschaft möchte nun freiwillig, d.h. ohne dass ein gesetzlicher Anspruch bestünde, Ersatz für diese Zahlung leisten. Führt man sich vor Augen, dass in dieser Konstellation Vermögen von der Gesellschaft zu einem Mitarbeiter fließt, ohne dass eine gesetzliche Verpflichtung hierfür bestünde, ist zunächst die Annahme einer strafbaren Handlung nicht fernliegend. Nach der Rechtsprechung des BGH ist die freiwillige Übernahme einer Geldstrafe durch einen Dritten nicht als strafbare Strafvollstreckungsvereitelung nach § 258 Abs. 2 StGB strafbar, und zwar unabhängig davon, ob der Täter die Strafe bereits beglichen hat oder nicht[377]. Nicht eindeutig geklärt ist die Frage, inwiefern die Erstattung von Geldstrafen bzw. Geldbußen im Einzelfall als Untreue gemäß § 266 StGB einzustufen ist,

---

376 So auch *Marsch-Barner*, in: Krieger/Schneider, Managerhaftung, § 17 Rn. 18.

377 BGHSt 37, 226 (229 ff.). Mit dieser Entscheidung wandte sich der BGH von der Rechtsprechung des Reichsgerichts ab, dass in der direkten Bezahlung einer Geldstrafe durch Dritte eine Vollstreckungsvereitelung sah, da die Geldstrafe als persönliche Vermögensminderung ein Strafübel für den Verurteilten bilden sollte, vgl. RGSt 30, 232 (235). In der Literatur fand das Urteil breite Zustimmung (vgl. *Fischer*, StGB, § 258 Rn. 32 m.w.N.), aber auch Kritik, insb. weil sich die Zahlungsaufforderung an den Täter persönlich richtet und die Tagessatzhöhe auf diesen zugeschnitten ist, so die Kritik von *Scholl*, NStZ 1999, 599 (604).

wenn diesbezüglich wegen einer Pflichtverletzung im Innenverhältnis kein gesetzlicher Anspruch besteht. Im Ausgangspunkt ist anzuerkennen, dass bei der Entscheidung über die freiwillige Erstattung einer Geldbuße dem Unternehmen ein gewisser Ermessenspielraum zugebilligt werden muss[378], da die freie Verfügung über das Gesellschaftsvermögen letztlich auf der Privatautonomie beruht und die Beurteilung des in Rede stehenden pflichtwidrigen Verhaltens eine Wertungsfrage ist. Da es im Hinblick auf das geschützte Rechtsgut bei der Untreue auf das Gesellschaftsvermögen ankommt[379], muss wesentlicher Maßstab für die rechtliche Zulässigkeit von Erstattungsleistungen das Unternehmensinteresse sein. Anknüpfend an die bisherigen Untersuchungsergebnisse lässt sich folgende Grundregel aufstellen: Die in der ARAG/Garmenbeck-Entscheidung genannten Gründe, nach denen das Unternehmen auf die Geltendmachung eines Regressanspruchs ausnahmsweise verzichten kann[380], müssen auch für die umgekehrte Fallkonstellation gelten, in der das Unternehmen ausnahmsweise trotz einer Pflichtverletzung des Organmitglieds dessen persönliche Geldbuße übernehmen möchte. Konkret bedeutet dies, dass insbesondere dann, wenn das betroffene Organmitglied weiterhin für das Unternehmen arbeiten soll und Grund zur Annahme besteht, das die weitere Zusammenarbeit für das Unternehmen von Vorteil ist, ausnahmsweise eine freiwillige Erstattung zulässig sein kann. Daneben kann auch die öffentliche Wahrnehmung, der Verlust wichtiger Kunden oder die befürchtete Abwanderung von Know-how im Einzelfall für eine freiwillige Erstattung sprechen[381]. Erst wenn die Entscheidung unter keinem Gesichtspunkt mehr mit den Grundsätzen einer ordnungsgemäßen Wirtschaft vereinbar ist, liegt eine Verletzung der Vermögensbetreuungspflicht vor[382]. Festzuhalten ist, dass im Einzelfall plausible Gründen für eine freiwillige Erstattung sprechen können. Da die unternehmerische Ermessensentscheidung nur eingeschränkt gerichtlich überprüfbar ist, dürfte der Tatbestand der Untreue in der Praxis kaum relevant werden. Sofern plausible Gründe für die Freistellung des Organmitglieds von der persönlichen Geldbuße genannt werden können, ist diese strafrechtlich nicht zu beanstanden.

b) Erstattung entstandener Verfahrenskosten

Sofern eine Erstattung der persönlichen Geldbuße nicht zu beanstanden ist, gilt dies erst Recht für die Erstattung von Verfahrenskosten, die im Bußgeldverfahren entstanden sind. Ergänzend ist insoweit anzumerken, dass es aus Sicht des Unternehmens wichtig ist, die Verteidigungsstrategie im ordnungswidrigkeiten-

378 So auch *Marsch-Barner*, in: Krieger/Schneider, Managerhaftung, § 17 Rn. 52; *Kranz*, ZJS 2008, 471 (474).

379 BGHSt 8, 254 ff.; 14, 38 (47); 43, 297.

380 Siehe Kapitel 3, A IV 1.

381 *Ignor/Rixen*, wistra 2000, 448 (449); Kranz, ZJS 2008, 471 (474).

382 *Kranz*, ZJS 2008, 471 (474).

rechtlichen Verfahren mit den Unternehmensmitarbeitern abzustimmen. Insofern besteht ein weiterer Grund, warum es im Sinne des Unternehmensinteresses sein kann, dass ein Manager – unabhängig davon, ob im Innenverhältnis eine Pflichtverletzung vorliegt – einen geeigneten Rechtsberater wählt.

c) Erstattung von Schadensersatzzahlungen

Fraglich ist, ob dies auch für Schadensersatzansprüche gilt, die gemäß § 33 Abs. 3 S. 1 GWB von Dritten gegen einen Manager persönlich geltend gemacht werden. Relevant werden kann dies insbesondere im Zusammenhang mit Kronzeugenanträgen. Wie oben dargestellt, bleiben zivilrechtliche Ansprüche bei der Stellung eines Bonusantrags unberührt, so dass eine freiwillige Kooperation mit der Kartellbehörde für den Manager eine gewisse Gefahr der Selbstschädigung in sich birgt[383]. Das Unternehmen ist jedoch, wenn es eine Privilegierung in Hinblick auf eine sonst zu erwartende Unternehmensgeldbuße erreichen will, auf die Zusammenarbeit der Unternehmensmitarbeiter mit der Kartellbehörde angewiesen. Von daher sehen sich Unternehmen mitunter veranlasst, Unternehmensmitarbeiter von denjenigen Schadensersatzansprüchen freizustellen, deren Geltendmachung durch die Kooperation mit der Kartellbehörde ermöglicht bzw. begünstigt wird[384]. Es handelt sich dabei um die Vereinbarung einer nachträglichen Erstattung, da die Zusage über die freiwillige Erstattungsleistung erst nach der Gesetzesübertretung getroffen wird. Eine solche nachträglich getroffene Freistellungszusage ist im Zusammenhang mit Kronzeugenanträgen prinzipiell mit einer ordnungsgemäßen Geschäftsführung vereinbar, weil nach dem Gesellschaftsinteresse die Vermeidung einer empfindlichen Unternehmensgeldbuße wichtiger ist als die Nichthaftung für vergleichsweise geringe Schadensersatzansprüche, die mit hoher Wahrscheinlichkeit von den Anspruchsberechtigten ohnehin nicht geltend gemacht werden. Insofern liegt eine Freistellung der Unternehmensmitarbeiter von einer persönliche Schadensersatzhaftung im Vorfeld eines Kronzeugenantrags grundsätzlich im Interesse des Unternehmens, so dass dies rechtlich nicht zu beanstanden ist.

2. Im Voraus getroffene Freistellungsvereinbarungen

Eine freiwillige Freistellungsvereinbarung kann auch schon vor der kartellrechtswidrigen Handlung getroffen werden. So kann im Anstellungsvertrag oder in internen Richtlinien geregelt sein, dass die Gesellschaft einem Unternehmensmitarbeiter finanziell "aushilft", wenn dieser wegen einer (kartellrechts-)widrigen Handlung in Anspruch genommen wird. Für die rechtliche

---

383 Siehe Kapitel 2, H II. 3.

384 *Mertens/Cahn*, in: KK AktG, § 84 Rn. 95; *Langhein*, in: MK HGB, § 110 Rn. 23; *Kapp*, NJW 1992, 2796 (2797); *Fleischer*, WM 2005, 909 (916); *Dreher*, ZWeR 2009, 397 (418).

Zulässigkeit dieser Vereinbarungen ist maßgeblich, auf welche Vermögenseinbußen genau sich die Erstattungszusage bezieht.

a) Freistellung von Bußgeldern im Voraus

Soweit bereits im Voraus zugesagt wird, das Unternehmen werde Geldstrafen und Geldbußen erstatten, sind solche Zusagen unzulässig[385]. Grund hierfür ist, dass durch die pauschale Freistellung im Voraus der Präventionszweck des Straf- und Ordnungswidrigkeitenrechts unterlaufen würde. Zum Schutze der Rechtsordnung muss verhindert werden, dass eine natürliche Person mit einem „Freibrief", der umfassenden Schutz vor Bußgeldsanktionen gewährt, ausgestattet wird und sich nicht mehr zur Einhaltung von Gesetzen verpflichtet sieht. Entsprechende Abreden sind daher gemäß § 134 BGB, soweit in der Freistellung im Einzelfall eine Teilnahme an der vorsätzlichen Haupttat zu sehen ist, ansonsten jedenfalls gemäß § 138 BGB nichtig[386].

Rechtlich zulässig wäre eine Vereinbarung im Voraus, nach der eine Erstattung der persönlichen Geldbuße nur erfolgt, wenn keine schuldhafte Pflichtverletzung im Innenverhältnis vorliegt. Da jedoch unter diesen Voraussetzungen ein gesetzlicher Aufwendungsersatzanspruch nach §§ 670, 675 BGB besteht, wäre eine solche Vereinbarung überwiegend deklaratorischer Natur und mithin nicht erforderlich.

b) Freistellung von Verfahrenskosten im Voraus

Im Anstellungsvertrag oder in internen Richtlinien kann die Freistellung von Verfahrenskosten geregelt werden. Da hierdurch die Präventionswirkung einer staatlichen Sanktionierung nicht unterwandert werden kann, sind solche Abreden nicht schon unter diesem Aspekt nach §§ 134, 138 BGB nichtig. Bedenklich vor dem Hintergrund der kaufmännischen Pflicht zur ordnungsgemäßen Betreuung des Gesellschaftsvermögens ist vielmehr, dass durch eine pauschale Freistellungsvereinbarung im Voraus die Möglichkeit zur Prüfung der Erstattungsfähigkeit im Einzelfall entfällt. Maßgebliche Frage ist deshalb, ob eine pauschale Freistellungsvereinbarung so einschränkend ausgelegt werden kann, dass sie sich nur auf Fälle der fehlenden Pflichtwidrigkeit im Innenverhältnis bezieht.

---

385 *Bastuck*, Enthaftung, S. 136; *Hefermehl/Spindler*, in: MK AktG, § 84 Rn. 74; *Langhein*, in: MK HGB, § 110 Rn. 23; *Kapp*, NJW 1992, 2796 (2797); *Fleischer*, WM 2005, 909 (916); *Kapp/Gärtner*, CCZ 2009, 168 (173).

386 *Mertens/Cahn*, in: KK AktG, § 84 Rn. 95; *Langhein*, in: MK HGB, § 110 Rn. 23; *Kapp*, NJW 1992, 2796 (2797); *Fleischer*, WM 2005, 909 (916). Nach *Kapp/Gärtner*, CCZ 2009, 168 (173) soll hingegen die vorherige Erstattungsvorsage für fahrlässig begangene Kartellverstöße nicht sittenwidrig sein. Dem ist entgegenzuhalten, dass dies ein nicht hinnehmbarer Wegfall der Aufsichtspflicht gerade für das Management auf höchster Unternehmensebene bedeuten könnte und aus Billigkeitsgesichtspunkten kein Grund für eine solches Vorgehen – das letztlich zu Lasten des Unternehmens geht – besteht.

Wie dargelegt, hätte sie dann wegen des gesetzlichen Erstattungsanspruchs bloß deklaratorische Bedeutung. Ist eine einschränkende Auslegung nicht möglich, ist eine entsprechende Zusage nach §§ 134, 138 BGB nichtig[387]. Im Ergebnis ist für die im Voraus getroffene Freistellungsvereinbarung, sofern sie rechtlich zulässig sein soll, kein sinnvoller Anwendungsbereich erkennbar.

III. Zusammenfassung

Ein Manager kann nach §§ 670, 675 BGB von dem Unternehmen, für das er gearbeitet hat, Ersatz des Betrags verlangen, den er zur Begleichung seiner persönlichen Geldbuße aufgewandt hat, wenn er keine schuldhafte Pflichtverletzung begangen hat. Dies ist ausnahmsweise der Fall, wenn die Rechtslage bei der Tatbegehung unklar war, die Feststellung oder die rechtliche Würdigung der Kartellbehörde im Bußgeldverfahren objektiv nicht zutreffend war oder wenn ein im Ausland durchgeführtes Kartellverfahren nach inländischen Maßstäben massiv gegen hier geltende Verfahrensgrundsätze verstößt. Es handelt sich also um die Fälle, in denen kein Regressanspruch des Unternehmens in Bezug auf die Unternehmensgeldbuße besteht. Nur dann, wenn mangels Pflichtverletzung eine Innenhaftung des Managers ausscheidet, besteht ein gesetzlicher Aufwendungsersatzanspruch im Hinblick auf das persönliche Bußgeld. In diesem Fall kann auch Ersatz für die entstandenen Verfahrenskosten verlangt werden. Dies gilt vor allem für Rechtsanwaltskosten, die über den in der Gebührenordnung vorgesehenen Beträgen liegen. Nach Maßgabe des § 669 BGB kann der Manager einen Vorschuss in Höhe der zu erwartenden Verfahrenskosten verlangen.

Wenn ein gesetzlicher Erstattungsanspruch ausscheidet, weil eine Pflichtverletzung im Innenverhältnis vorliegt, darf das Unternehmen gleichwohl grundsätzlich freiwillig einem Manager den Betrag erstatten, den dieser aufwenden musste, um die persönliche Geldbuße zu begleichen. Darin ist zwar keine Vollstreckungsvereitelung zu sehen, verwirklicht sein kann jedoch der Tatbestand der Untreue gemäß § 266 StGB. Dies hängt davon ab, ob ein Verstoß gegen die Vermögensbetreuungspflicht vorliegt, mithin von der Frage, ob eine Erstattung im Sinne des Unternehmenswohls liegt. Dies kann bei geringfügigen Pflichtverletzungen und dementsprechend geringen Bußgeldern der Fall sein. Daneben kann sich das Unternehmensinteresse daraus ergeben, dass eine Fortsetzung der Tätigkeit des betroffenen Managers im Unternehmen sinnvoll ist, etwa weil ansonsten der Verlust wichtiger Kunden oder die Abwanderung von Know-how droht oder keine geeignete Ersatzperson verfügbar ist. Da dem Unternehmen ein gewisser Ermessensspielraum zuzubilligen ist, wird die Erstattungspraxis durch den Tatbestand der Untreue praktisch nicht begrenzt. Des Weiteren kann es im

[387] *Marsch-Barner*, in: Krieger/Schneider, Managerhaftung, § 17 Rn. 29; *Rehbinder*, ZHR 148 (1984), 555 (572); *Fleischer*, WM 2005, 909 (916).

Sinne des Unternehmenswohls sinnvoll sein, wenn im Vorfeld eines Kronzeugenantrags mit Unternehmensmitarbeitern eine Freistellung von etwaigen persönlichen Schadensersatzansprüchen vereinbart wird. Kaum praktische Relevanz haben hingegen Erstattungszusagen, die bereits vor der Gesetzesverletzung vom Unternehmen gemacht werden. Sofern nämlich im Anstellungsvertrag oder in internen Richtlinien pauschal, d.h. auch bei einer Pflichtverletzung des Betroffenen, die Übernahme eines persönlichen Bußgelds zugesichert wird, verstößt eine solche Vereinbarung gegen § 134 bzw. § 138 BGB. Rechtlich erlaubt sind im Voraus getroffene Erstattungszusagen, die nur bei fehlender Pflichtwidrigkeit im Innenverhältnis gelten. Da insofern aber auch ein gesetzlicher Erstattungsanspruch besteht, haben entsprechende Abreden bloß deklaratorischen Charakter.

D. Versicherungsschutz durch D&O-Versicherungen bei Kartellrechtsverstößen

Sogenannte D&O-Versicherungen für Manager haben in den letzten Jahren in Deutschland wegen der stark gestiegenen organschaftlichen Haftungsrisiken eine starke Verbreitung gefunden. Bei Großunternehmen, insbesondere bei börsennotierten Aktiengesellschaften, gelten sie mittlerweile als Standard.

I. D&O-Versicherung – Begriff, Vertragsabschluss und AVB-AVG Musterbedingungen

Die gebräuchliche Abkürzung D&O-Versicherung steht für „Directors‘ and Officers‘ (Liability Insurance)“ und kann auf Deutsch als „Vermögensschadens-Haftpflichtversicherung für Organmitglieder juristischer Personen“ bezeichnet werden. Ihren Ursprung hat diese Art des Versicherungsschutzes in den USA: Nach dem Zusammenbruch der New Yorker Börse im Jahr 1929 verschärfte der US-amerikanische Gesetzgeber die Organhaftung erheblich, was zu einem verstärkten Bedürfnis nach einem Absicherungsmechanismus führte[388]. In Deutschland fand die D&O-Versicherung erst nach dem Wegfall des Genehmigungserfordernisses durch das Bundesaufsichtsamt für das Versicherungswesen im Zuge einer Rechtsangleichung innerhalb der EU zum 01.07.1994 Verbreitung. Mittlerweile wird davon ausgegangen, dass sich die D&O-Versicherung bei allen

[388] Ausführlich zum historischen Hintergrund der D&O Versicherung siehe *Thomas*, Haftungsfreistellung, S. 96 ff.

börsennotierten Aktiengesellschaften nahezu flächendeckend etabliert hat[389]. Die D&O-Versicherungen kann mittlerweile als ein „konstitutives Element zur Sicherung unternehmerischer Handlungsfreiheit“[390] bezeichnet werden.

Abgeschlossen wird die D&O-Versicherung nicht vom Geschäftsleiter. Versicherungsnehmerin ist vielmehr die Gesellschaft selber, die zugunsten ihrer Organmitglieder und ggf. ihrer leitenden Angestellten die Versicherung abschließt. Es handelt sich um eine Versicherung für fremde Rechte gemäß §§ 43 ff. VVG[391]. Der Versicherungsabschluss durch Manager für sich als Singularhaftpflichtversicherung ist theoretisch möglich, hat aber kaum praktische Bedeutung[392].

Bislang gibt es in Deutschland keine standardisierten Allgemeinen Versicherungsbedingungen, so dass insbesondere der Deckungsschutz nicht pauschal beschrieben werden kann. Wohl aber hat der Gesamtverband der Deutschen Versicherungswirtschaft (GDV) Musterbedingungen unter der Bezeichnung „Allgemeinen Versicherungsbedingungen für die Vermögensschaden-Haftpflichtversicherung von Aufsichtsräten, Vorständen und Geschäftsführern (AVB-AVG)“ herausgegeben[393]. Nachfolgend wird auf diese Musterbedingungen Bezug genommen, soweit es um konkrete Vertragsbedingungen geht.

II. Versicherungsschutz durch D&O-Versicherungen bei Kartellrechtsverstößen

Der D&O-Versicherungsschutz bei Kartellverstößen hängt davon ab, wie der beim Manager eingetretene Schaden zu kategorisieren ist, wobei drei verschiedene Schadenskategorien denkbar sind: Erstens kann sich eine Vermögenseinbuße aus dem gegen den Manager persönlich ergangenen Bußgeldbescheid ergeben, zweitens aus dem Schadensersatzanspruch der Gesellschaft gegen den Manager im Innenverhältnis und drittens aus Schadensersatzansprüchen Dritter gegen den Manager im Außenverhältnis.

---

389 Vgl. *Thomas*, Haftungsfreistellung, S. 100; *Mertens*, AG 2000, 447 (452); *Dreher*, AG 2008, 429.

390 *Dreher*, ZHR 165 (2001), 293 (310), der unter Zustimmung auch zitiert wird vom OLG München VersR 2005, 540 (542).

391 *Thomas*, Haftungsfreistellung, S. 101; *Olbrich*, D&O-Versicherung, S. 53; *Sieg*, in: Krieger/Schneider, Managerhaftung, § 15 Rn. 24.

392 Vgl. *Thomas*, Haftungsfreistellung, S. 515, der als Grund für die fehlende Verbreitung den erheblichen Aufwand bei der Kalkulation der Versicherungsbedingungen angibt.

393 Allgemeine Versicherungsbedingungen für die Vermögensschaden-Haftpflichtversicherung von Aufsichtsräten, Vorständen und Geschäftsführern (AVB-AVG), Musterbedingungen des GDV (Stand: März 2010), abrufbar unter: http://www.gdv.de

1. Versicherungsschutz in Hinblick auf das persönliche Bußgeld

Im ersten Fall, in dem der beim Manager eingetretene Schaden aus einem gegen ihn persönlich ergangenen Bußgeldbescheid resultiert, ist ein vertraglicher Anspruch gegen die Versicherung immer ausgeschlossen. Denn standardmäßig wird in D&O-Versicherungen der Versicherungsschutz bei Bußgeldern im Rahmen der Definition des Vermögensschadens oder durch Ausschlussklauseln ausgeschlossen[394]. Auch die Musterbindungen des GDV sehen in Ziffer 5.11 einen Ausschluss vom Versicherungsschutz vor. Die Erforderlichkeit dieser Regelung ergibt sich daraus, dass Geldbußen und -strafen nicht zu den versicherbaren Vermögensschäden zählen. Hier greift der bereits oben thematisierte Gedanke, dass eine im Voraus getroffene Erstattungszusage den Sanktionszweck des Straf- und Ordnungswidrigkeitenrechts unterlaufen würde und daher nach § 134 bzw. nach § 138 BGB nichtig wäre[395]. Wer weiß, dass er auch bei gesetzeswidrigem Verhalten nicht von staatlicher Sanktionierung getroffen werden kann, verliert den Anreiz sich gesetzestreu zu verhalten. Da der Präventionszweck der kartellrechtlichen Ordnungswidrigkeitentatbestände nicht beeinträchtigt werden darf, kann der mit einem persönlichen Bußgeldbescheid belastete Manager diesbezüglich sich nicht auf das Vorliegen eines Versicherungsfalls berufen.

2. Versicherungsschutz bei Schadensersatzansprüchen der eigenen Gesellschaft

Bei Schadensersatzansprüchen der eigenen Gesellschaft wird nach Ansicht von *Wilsing* die Versicherbarkeit für ausgeschlossen gehalten, weil dieser Anspruch aus einer Geldbuße resultiert (nämlich der Unternehmensgeldbuße) und die entsprechende Ausschlussklauseln auch für den daraus resultierenden Regressanspruch gälten (vgl. die oben erwähnte Ziffer 5.11 AVB-AVG)[396]. Der Schutzzweck dieser Klauseln lege eine umfassende Anwendung nahe, so dass jegliche Haftpflichtansprüche, die aus Bußgeldern resultieren, ausgeschlossen sein müssten[397]. Dagegen spricht, dass bei dieser Auslegung die Gefahr besteht, dass die Ausschlussklausel konturenlos ausufert. So stellt sich aus dogmatischer Sicht die Frage, ob dies auch bei längeren Anspruchsketten, die ihren Ursprung in einem Bußgeld haben, gelten soll bzw. wo hier die Grenze der Erstattungsfähigkeit verläuft. Vor allem aber spricht gegen eine so weitgehende Auslegung der Ausschlussklausel, dass die persönliche Geldbuße – wie oben dargestellt – nicht

394 *Olbrich*, D&O-Versicherung, S. 187; *Wilsing*, in: Krieger/Schneider, Managerhaftung, § 27 Rn. 54.

395 *Olbrich*, D&O-Versicherung, S. 134; *Wilsing*, in: Krieger/Schneider, Managerhaftung, § 27 Rn. 54; siehe auch oben Kapitel 3, C II. 2. a).

396 *Wilsing*, in: Krieger/Schneider, Managerhaftung, § 27 Rn. 55.

397 *Wilsing*, in: Krieger/Schneider, Managerhaftung, § 27 Rn. 55.

vom Versicherungsschutz erfasst wird, mithin der Präventionszweck der persönlichen Geldbuße erhalten bleibt. Wenn der Innenregress vom Versicherungsschutz erfasst wird, führt dies bei einer Verhängung einer persönlichen Geldbuße gerade nicht automatisch zu einer vollständigen Enthaftung der natürlichen Person, die unter Berücksichtigung von § 134 bzw. § 138 BGB nicht hinnehmbar wäre. Dies gilt vor allem auch deshalb, weil bei Vorliegen eines Schadensersatzanspruchs im Innenverhältnis wegen der hierfür erforderlichen Pflichtverletzung die Voraussetzungen für die Verhängung einer persönlichen Geldbuße meistens gegeben sind. Daher sprechen gute Gründe dafür, dass der aus einem Kartellrechtsverstoß resultierende Regressanspruch im Innenverhältnis nicht schon deshalb vom Versicherungsschutz ausgeschlossen ist, weil er aus der Unternehmensgeldbuße resultiert.

Abgesehen von dieser Problematik scheidet der Versicherungsschutz jedoch oft aus, weil kein Versicherungsfall i.S.d. der Versicherungsbedingungen vorliegt. Nach Ziffer 1.1 der GDV-Musterbindungen liegt ein Versicherungsfall nur vor, wenn der Versicherte von einem Dritten, also nicht von der Versicherungsnehmerin oder einer Tochtergesellschaft oder einer anderen versicherten Person, in Anspruch genommen wird. Die Innenhaftung wurde in den GDV-Musterbedingungen konsequent vom Versicherungsschutz ausgenommen, da sich andernfalls für diesen Bereich eine erhöhte Manipulations- und Kollusionsgefahr ergeben würde[398]. Bei Kartellrechtsverstößen spielt die Kollusionsgefahr zwar keine Rolle, denn ohne ein tatsächlich verhängtes Unternehmensbußgeld kann es nicht zur Regressforderung im Innenverhältnis kommen. Daran, dass die Innenhaftung meistens pauschal vom Versicherungsschutz ausgenommen wird, ändert dies allerdings nicht.

Selbst wenn die Versicherungsbedingungen entgegen der GDV-Musterbindungen prinzipiell eine Deckung bei einer Innenhaftung zusagen, was aufgrund des hohen Wettbewerbsdruck im Verhältnis der Versicherer untereinander der Fall sein kann[399], ist der Versicherungsschutz oft aus anderen Gründen nicht gegeben. Denn die Innenhaftung resultiert aus einer Pflichtverletzung des Managers und eben jene Pflichtverletzung dürfte meist einem Freistellungsanspruch gegen die Versicherung entgegenstehen. Nach Ziffer 5.1 AVB-AVG beispielsweise sind ausgeschlossen vom Versicherungsschutz Haftpflichtansprüche „wegen vorsätzlicher Schadensverursachung oder durch wissentliches Abweichen von Gesetz, Vorschrift, Beschluss, Vollmacht oder Weisung oder durch sonstige wissentliche Pflichtverletzung“. Damit bleibt bei kartellrechtswidrigem Verhalten ein schmaler Anwendungsbereich in den Fällen, in denen der versicherte Geschäftsleiter bloß fahrlässig den Schaden verursacht hat, also keine wissentliche Pflichtverletzung begeht. Zu bedenken ist dabei, dass nach

---

[398] *Olbrich*, D&O-Versicherung, S. 140; *Thomas*, Haftungsfreistellung, S. 356 f.
[399] Vgl. *Olbrich*, D&O-Versicherung, S. 140 f.

dem Grundsatz der Parallelwertung in der Laiensphäre keine hohen Anforderungen an den Vorsatz bestehen und entsprechend häufig im Bußgeldbescheid vorsätzliches Handeln festgestellt wird. Zwar muss die Versicherung das Vorliegen eines Ausschlusstatbestands nachweisen[400]. Dies dürfte ihr beim Vorliegen eines gegen das Unternehmen ergangenen Bußgeldbescheids kaum schwer fallen, wenn darin auf das vorsätzliche ordnungswidrige Verhalten des Managers als natürliche Person Bezug genommen wird, da dem Bußgeldbescheid erhebliche faktische Beweiswirkung zukommt. Hinzu kommt, dass gerade dann, wenn lediglich ein fahrlässiger Gesetzesverstoß vorliegt, die Gesellschaft eher aus wichtigen Gründen des Unternehmenswohls davon absieht, Schadensersatzansprüche im Innenverhältnis geltend zu machen. Damit ist folgendes festzuhalten: Wenn bei vorsätzlichen Kartellrechtsverstößen ein Schadensersatzanspruch im Innenverhältnis gegen den Manager besteht, ist der Versicherungsschutz meist wegen Vorliegens einer wissentlichen Pflichtverletzung ausgeschlossen. Umgekehrt kann theoretisch bei fahrlässigen Kartellrechtsverstößen Versicherungsschutz vorliegen, jedoch wird dann meist kein Schadensersatzanspruch im Innenverhältnis geltend gemacht. Im Ergebnis besteht damit praktisch kein Anwendungsbereich der D&O-Versicherung bei einer Schadensersatzhaftung im Innenverhältnis.

3. Versicherungsschutz bei Schadensersatzansprüchen Dritter

Im dritten Fall, also bei der Außenhaftung des Unternehmensmitarbeiters gegenüber Dritten, wurde regelmäßig ein kartellrechtswidriges Verhalten des Betroffenen nicht nur durch die Kartellbehörde, sondern auch durch ein Zivilgericht im Rahmen der *Follow-on-Klage* festgestellt. Da der Schadensersatzanspruch nach § 33 Abs. 3 GWB ein Verschulden voraussetzt, ist regelmäßig der Versicherungsschutz nicht gegeben. Soweit nämlich eine vorsätzliche Schadensverursachung festgestellt wird, dürfte der Versicherung der Nachweis des Vorliegens eines Ausschlussgrundes unter Verweis auf den Bußgeldbescheid bzw. das zivilgerichtliche Urteil gelingen (vgl. Ziffer 5.1 AVB-AVG). Wenn also die Voraussetzungen für einen Schadensersatzanspruch nach § 33 Abs. 3 GWB erfüllt sind, ist der Versicherungsschutz praktisch immer ausgeschlossen, so dass auch hier kaum ein praktischer Anwendungsbereich zu erkennen ist.

III. Zusammenfassung

Die von der Gesellschaft zugunsten des Geschäftsleiters abgeschlossene D&O-Versicherung bietet nur einen äußerst eingeschränkten Versicherungsschutz bei Kartellrechtsverstößen. Dies liegt daran, dass die Erstattung der persönlichen Geldbuße nach den Versicherungsbedingungen ausgeschlossen werden muss, da

---

[400] *Olbrich*, D&O-Versicherung, S. 180.

eine im Voraus getroffene Erstattungszusage den Sanktionszweck des Straf- und Ordnungswidrigkeitenrecht unterlaufen würde und daher nach § 134 bzw. nach § 138 BGB nichtig wäre. Ebenfalls keinen Versicherungsschutz bieten die meisten D&O-Versicherungen bei Schadensersatzansprüchen des eigenen Unternehmens gegen den Manager, da regelmäßig nach den Versicherungsbedingungen nur Ersatzansprüche Dritter vom Versicherungsschutz erfasst werden. Zudem ist der Versicherungsschutz bei einer vorsätzlichen Schadensverursachung ausgeschlossen, so dass auch bei einer persönlichen Schadensersatzhaftung gegenüber Dritten die D&O-Versicherung oft nicht zu Versicherungsleistungen verpflichtet ist.

4. Kapitel: Strafrechtliche Verfolgung von Kartellrechtsverstößen und rechtspolitischer Ausblick

Die bisherigen Untersuchungen haben gezeigt, dass bei Kartellrechtsverstößen sowohl die persönliche Bußgeldverantwortlichkeit als auch die zivilrechtliche Schadensersatzhaftung den Täter empfindlich treffen können. Noch schwerwiegendere Rechtsfolgen drohen aus dem Gebiet des Strafrechts, da sich dieses nicht auf eine rein wirtschaftliche Sanktionierung des Täters beschränkt. Die Verurteilung zu Freiheitstrafen gilt als das "schärfste Schwert", das dem Richter zur Verteidigung der Rechtsordnung zur Verfügung steht. Die Beschränkung der persönlichen Freiheit, vor allem aber auch die soziale Stigmatisierung einer strafrechtlichen Verurteilung, trifft die Betroffenen umso härter, desto herausragender ihre gesellschaftliche Stellung ist. Während lange Zeit Verstöße gegen wirtschaftsrechtliche Ordnungsvorschriften als bagatellhafte kaufmännische Fehltritte galten, nimmt mittlerweile die strafrechtliche Verfolgung von *„white collar crime"* in allen modernen Rechtsordnungen eine immer wichtiger werdende Rolle ein.

Die im Rahmen dieser Entwicklung geführten Kriminalisierungsdebatten werden stets von der Kernfrage geleitet, wie der jeweilige Unrechts- und Schuldgehalt der konkreten Normübertretungen zu bewerten ist. Die Überprüfung der Verwerflichkeit von Gesetzesverletzungen muss dabei stets aufs Neue erfolgen, da durch den Wandel gesellschaftlicher Wertmaßstäbe eine dauerhafte, abschließende Beurteilung dieser Frage nicht möglich ist. Dies gilt gerade auch für Kartellrechtsverstöße, deren Strafbedürftigkeit und Strafwürdigkeit schon vor Schaffung des GWB Gegenstand kontroverser Diskussionen war. Auch wenn die Sozialschädlichkeit wettbewerbsbeschränkender Verhaltensweisen mittlerweile nicht mehr ernsthaft bestritten werden kann, ist die Rechtswissenschaft weit davon entfernt, eine präzise Einordnung von Kartellrechtsverstößen im staatlichen Sanktionssystem liefern zu können. Dies ist zum einem auf die mannigfaltigen Erscheinungsformen wettbewerbsbeschränkender Verhaltensweisen, zum anderen aber auch auf das diffizile deutsche Sanktionssystem zurückzuführen, das zwischen dem echten Kriminalstrafrecht einerseits und dem Ordnungswidrigkeitenrecht als Strafrecht im weiteren Sinne differenziert,. Vor diesem Hintergrund stellt sich die Frage, welche Bedeutung die Strafverfolgung bei Kartellrechtsverstößen nach geltendem Recht einnimmt und wie dies aus rechtspolitischer Sicht zu bewerten ist.

A. Strafrechtliche Verfolgung von Kartellrechtsverstößen nach geltendem Recht

I. Strafbarkeit von Kartellrechtsverstößen nach deutschem Recht

1. Betrugsstrafbarkeit von Submissionsabsprachen gem. § 263 StGB

Als Submissionsabsprachen bezeichnet man Angebotsabsprachen zwischen den Teilnehmern einer Ausschreibung, die der gezielten Steuerung des Zuschlags dienen. Die Teilnehmer des Kartells einigen sich hier auf einen sog. herausgestellten Bieter, der den Zuschlag zu einem überhöhten Preis dadurch bekommen soll, dass die übrigen Kartellbeteiligten unattraktive Scheinangebote abgeben oder sich am Vergabeverfahren nicht beteiligen. Typischerweise besteht dabei das allgemeine Verständnis zwischen den Kartellmitgliedern, dass die übrigen Kartellbeteiligten im Gegenzug dafür bei anderen Ausschreibungen den Zuschlag erhalten sollen.

a) Eingehungsbetrug zu Lasten der Vergabestellen

Zunächst kommt eine Strafbarkeit wegen Betruges zu Lasten der ausschreibenden Vergabestellen dadurch in Betracht, dass der herausgestellte Bieter auf sein Angebot hin den Zuschlag erhalten hat. Die tatbestandlichen Voraussetzungen des Betruges scheinen zunächst unproblematisch vorzuliegen: Eine Täuschungshandlung ist nach ständiger Rechtsprechung[401] und Literatur[402] darin zu sehen, dass zusammen mit dem Angebot konkludent die Erklärung abgegeben wird, dass die angebotenen Preise Wettbewerbspreise seien, obwohl wegen der Kartellvereinbarung tatsächlich der Wettbewerb ausgeschaltet wurde. Ein entsprechender Irrtum liegt vor, wenn der Auftraggeber davon ausgeht, dass die Regeln des Vergabeverfahrens eingehalten wurden[403], wobei ein „sachgedankliches Mitbewusstsein" ausreichend ist. Eine Vermögensverfügung ist bereits in der Annahme des Angebots zu sehen, da durch den Vertragsschluss die Verpflichtung zur Zahlung des Angebotspreises eingegangen wird[404]. Ob auch das Tatbestandsmerkmal „Vermögensschaden" erfüllt ist, ist nicht so eindeutig zu

---

401 BGHSt 16, 367 (371); OLG Hamm NJW 1958, 1151 (1152); OLG Frankfurt NJW 1990, 1057 (1057); bejahend auch für die freihändige Vergabe BGHSt 47, 83 (86 f.).

402 *Federmann*, Kriminalstrafen, S. 116; *Schuler*, Submissionsabsprachen, S. 96; *Klusmann*, in: *Wiedemann*, Kartellrecht, § 56 Rn. 25; *Baumann/Arzt*, ZHR 134 (1970), S. 24 (35 f.); *Lange*, ZWeR 2003, 352 (355).

403 BGHSt 16, 363 (371); 47, 83 (88); OLG Frankfurt NJW 1990, 1057 (1057); *Federmann*, Kriminalstrafen, S. 117; *Schuler*, Submissionsabsprachen, S. 97; *Klusmann*, in: Wiedemann, Kartellrecht, § 56 Rn. 25; *Lange*, ZWeR 2003, 352 (355).

404 *Federmann*, Kriminalstrafen, S. 117; *Schuler*, Submissionsabsprachen, S. 97 f.; *Klusmann*, in: Wiedemann, Kartellrecht, § 56 Rn. 25.

beantworten und war lange Zeit umstritten. Der BGH endschied zunächst im Jahr 1961, in Abkehr von der Rechtsprechung des Reichsgerichts[405], dass die Verhinderung der Abgabe höherer Angebote bei Ausschreibungen an sich noch keinen Vermögenschaden begründe und folglich keine Betrugsstrafbarkeit gem. § 263 StGB vorliege[406]. Vielmehr sei der Nachweis erforderlich, dass die aufgrund des manipulierten Angebots erbrachte Leistung weniger wert sei als die Gegenleistung des Auftraggebers[407]. Da dieser Nachweis in der Praxis kaum geführt werden konnte, schied eine Ahndung des Betruges zu Lasten der Vergabestellen praktisch aus.

Eine Änderung der Rechtsprechung des BGH erfolgte Anfang der neunziger Jahre in den sog. „Rheinausbau-Entscheidungen“[408]. Den Entscheidungen lag folgender Sachverhalt zugrunde: Unternehmen hatten sich zu einem Submissionskartell zusammengeschlossen und einen Anbieter gestellt, der den Zuschlag bei der Vergabe eines Bauvorhabens der öffentlichen Hand erhielt. Im Prozess stellte ein Sachverständiger fest, dass zwischen den erbrachten Bauleistungen und der dafür vom öffentlichen Auftraggeber gezahlten Betrag kein Missverhältnis bestand. In Abkehr von der bisherigen Rechtsprechung sah der BGH nun einen Vermögensschaden darin, dass der mit dem Anbieter vereinbarte Preis „höher als der erzielbare Wettbewerbspreis“[409] gewesen sei. An die Stelle des klassischen Äquivalenzverhältnisses von Leistung und Gegenleistung wurde also der hypothetisch erzielbare Wettbewerbspreis gesetzt. Maßgeblich ist daher nach geltender Rechtsprechung der günstigste Preis bei einer hypothetischen Wettbewerbssituation im konkreten Submissionsverfahren. Der Wert der ausgeschriebenen Leistung ist nach dem Preis zu bestimmen, der bei einem ordnungsgemäß durchgeführten Submissionsverfahren erzielt worden wäre[410]. Zur Ermittlung des Vermögensschadens nennt der BGH verschiedene Indizien, auf die sich tatrichterliche Beweiswürdigung im Einzelfall stützen soll: Die Tatsache der Bildung eines Submissionskartells, die Bekanntgabe eines Unternehmens, sich an einer Ausschreibung beteiligen zu wollen oder die Ausgleichs- und Schmiergeldzahlungen, die als Ausschlag zum zuvor selbstständig kalkulierten Nullpreises aufgerechnet werden[411]. Der BGH führt auch aus, dass, wenn der Richter zu der Überzeugung gelange, ein Schaden liege vor, er dessen Höhe unter Berücksichtigung von Zweifelssätzen schätzen dürfe, wenn eine genaue

---

405 RG 63, 186; ebenso auch noch OLG Hamm NJW 1958, 1151 (1152).

406 BGHSt 16, 367 (372 f.).

407 BGHSt 16, 367 (373).

408 BGH WuW/E BGH 2849 – *„Arbeitsgemeinschaft Rheinausbau“*; BGH WuW/E BGH 2945 – *„Arbeitsgemeinschaft Rheinausbau II“*.

409 BGH WuW/E BGH 2849 Leitsatz 2 – *„Arbeitsgemeinschaft Rheinausbau“*.

410 *Kosche*, Ausschreibungen, S. 77.

411 BGH WuW/E BGH 2849 (2853) – *„Arbeitsgemeinschaft Rheinausbau“;* vgl. hierzu *Federmann*, Kriminalstrafen, S. 120 und *Schuler*, Submissionsabsprachen, S. 106.

Ermittlung nicht möglich sei[412]. Die Kritik in der Literatur an dieser Indizienlösung zielt vor allem darauf ab, dass der hypothetische Wettbewerbspreis auch anhand der vom BGH genannten Kriterien nicht zweifelsfrei feststellbar sei und folglich nicht nachweisbarbar sei, dass dieser niedriger als der tatsächliche Zuschlagspreis gewesen wäre[413]. Neben den tatsächlichen Schwierigkeiten bei der Feststellung des hypothetischen Wettbewerbspreises sprechen aber auch dogmatische Bedenken dagegen, eine abstrakte Chance auf ein günstigeres Angebot zur Feststellung des Vermögensschadens heranzuziehen[414].

Eine leichte Modifizierung erfuhr die Rechtsprechung zur Schadensfeststellung durch die BGH-Entscheidung im Fall „Flughafen München"[415]. In diesem Fall hatte der Angeklagte andere Bauunternehmen durch Zahlungen in Millionenhöhe dazu gebracht, überhöhte Schutzangebote bei der freihändigen Vergabe von Aufträgen der Flughafen München GmbH abzugeben. Das im Vergleich günstigere Angebot des Angeklagten erhielt den Zuschlag. Nach der Auftragsausführung stellte der Angeklagte die Abstandszahlungen, die er an die anderen Bauunternehmer geleistet hatte, dem Auftraggeber als ein Teil der Herstellungskosten in Rechnung. Der BGH bejahte die Betrugsstrafbarkeit und stellte bei dem hypothetischen Wettbewerbspreis auf den erzielten Preis abzüglich der absprachebedingten Preisaufschläge ab. Schmiergeld- und Ausgleichzahlungen seien als „sachfremde Rechnungsposten" ein nahezu zwingendes Beweisanzeichen für einen niedrigeren hypothetischen Wettbewerbspreis[416]. Oder anders formuliert: Da bei einem redlichen Angebot unter Wettbewerbsbedingungen der Auftragnehmer keine Schmiergeld- und Ausgleichszahlungen leisten muss, ist sein Angebot entsprechend günstiger. Damit wird in der Praxis der Nachweis eines Vermögensschadens erheblich erleichtert, wenn solche sachfremden Rechnungsposten dem Auftraggeber in Rechnung gestellt wurden. Gegen diese vereinfachte Ermittlung des Vermögensschadens wurde in der Literatur vorgebracht, dass die Existenz von Schmiergeldzahlungen kein ausreichendes Indiz sei, da der Rückschluss auf günstigere Angebote anderer Wettbewerber nicht zwingend sei[417].

---

412 BGH WuW/E BGH 2849 (2853) – *„Arbeitsgemeinschaft Rheinausbau"*.

413 *Joecks*, wistra 1992, 247 (251); vgl. auch *Schuler*, Submissionsabsprachen, S. 106; *Kosche*, Ausschreibungen, S. 86 ff.; *Klusmann*, in: Wiedemann, Kartellrecht, § 56 Rn. 30.

414 *Lange*, ZWeR 2003, 352 (362).

415 BGHSt 47, 83.

416 BGHSt 47, 83 (88).

417 *Lange*, ZWeR 2003, 352 (362 f.), der auf variable Größen bei der Preisbildung hinweist, wie die konjunkturelle Situation, die Auftragslage, die zu erwartende Kostensteigerung im Zeitpunkt der Angebotserstellung, die Kalkulationserfahrung des Bietenden sowie die Wettbewerbssituation auf dem betroffenen Markt.

Da die übrigen Strafbarkeitsvoraussetzungen des Betruges grundsätzlich unproblematisch vorliegen[418], kann als Zwischenergebnis festgehalten werden, dass nach neuerer BGH-Rechtsprechung die Abgabe eines unter Submissionsabsprachen zustande gekommenen Angebots als Eingehungsbetrug zu Lasten der Vergabestellen geahndet werden kann, sofern unter Zugrundelegung des hypothetischen Wettbewerbspreises ein Vermögensschaden vorliegt. Die übrigen Teilnehmer des Submissionskartells, die aufgrund entsprechender Vereinbarung Schutzangebote abgeben oder nicht am Vergabeverfahren teilnehmen, können wegen Mittäterschaft oder Teilnahme an diesem Betrug bestraft werden. Oft wird der von ihnen erzielte finanzielle Vorteil ein hohes Interesse am Taterfolg begründen, was dann für die Annahme einer Mittäterschaft spricht.

b) Erfüllungsbetrug zu Lasten der Vergabestellen

Des Weiteren hat der BGH im Fall „Flughafen München" das Vorliegen eines Erfüllungsbetrug durch das Abrechnen des Zuschlagspreises unter dem Gesichtspunkt in Betracht gezogen, dass der Ausschreibende täuschungsbedingt mögliche Schadensersatzansprüche nicht geltend macht und mithin mehr leistet, als er unter Berücksichtigung der schuldrechtlichen Verpflichtungen müsste[419]. Eine Täuschung liegt vor, da der Auftraggeber nicht über das Bestehen von Schadensersatzansprüchen[420] gegen den Teilnehmer des Submissionskartells informiert wird. Die Vermögensverfügung ist darin zu sehen, dass der Ausschreibende (zumindest zeitweise) eine ihm zustehende Schadensersatzforderung nicht geltend macht[421]. Dadurch entsteht ihm ein Vermögensschaden, genauer gesagt eine schadensgleiche Vermögensgefährdung, da durch die Nichtgeltendmachung des Ersatzanspruchs bei Vertragserfüllung die Gefahr entsteht, dass die Forderung wegen Insolvenz, wegen Verlust von Beweismitteln oder wegen Verjährung zu einem späteren Zeitpunkt nicht mehr geltend gemacht werden kann[422]. Jedoch hat der BGH in weiteren Entscheidungen zum Erfül-

---

418 Namentlich handelt es sich um folgende Voraussetzungen: Stoffgleichheit des erstrebten Vermögensvorteils, Rechtswidrigkeit der erstrebten Bereicherung, Bereicherungsabsicht, Rechtswidrigkeit und Schuld, vgl. hierzu *Federmann*, Kriminalstrafen, S. 121.

419 Ohne abschließende Klärung auf ein mögliches Vorliegen hinweisend: BGH NJW 1992, 921 (923). In der amtlichen Entscheidungssammlung (= BGHSt 47, 83) sind die Ausführungen des BGH hierzu nicht abgedruckt.

420 In Betracht kommen Ansprüche aus vertraglichen Schadensersatzklauseln, c.i.c., § 823 Abs. 2 BGB, § 826 BGB, § 33 Abs. 3 GWB und § 812 ff. BGB bei Anfechtung des Vertrags wegen arglistiger Täuschung.

421 *Federmann*, Kriminalstrafen, S. 123; *Schuler*, Submissionsabsprachen, S. 135. Die Nichtgeltendmachung von Erstattungs- und Rückforderungsansprüchen ist nach der BGH-Rechtsprechung ein typischer Fall der Verfügung durch Unterlassen, vgl. etwa BGH wistra 1984, 225 f.

422 *Federmann*, Kriminalstrafen, S. 123 f.; *Schuler*, Submissionsabsprachen, S. 135. Zum Vermögensschaden durch die konkrete Gefährdung einer Vermögensposition vgl. BGHSt 33, 244 (246); 47, 160 (167); BGH NStZ-RR 2007, 236 (237).

lungsbetrug klargestellt, dass es an der erforderlichen Stoffgleichheit zwischen dem (angestrebten) Vermögensvorteil und dem Schaden fehle: die Nichtgeltendmachung der Ersatzforderungen sei nur mittelbare Folge der auf die Erlangung des Auftrags ausgerichteten Tat[423]. Etwas anderes kann, wie der BGH angedeutet hat, bei „Strafvereinbarungen" zwischen Auftraggeber und Auftragnehmern gelten[424]. Oft fordert nämlich der Ausschreibende in vorformulierten Bietererklärungen die Zahlung einer Vertragsstrafe oder eines pauschalierten Schadensersatzanspruchs für den Fall, dass gesetzeswidrige Submissionsabsprachen vom Bieter vorgenommen wurden. Bei diesen Vereinbarungen entfällt das Problem des Nachweises des Eintritts und der Höhe des konkreten Schadens, da ein originärer Anspruch des Begünstigten entsteht. Öffentliche Auftraggeber können durch die Verwendung solcher Bieterklauseln die Möglichkeit eröffnen, Submissionsabsprachen auch unter dem Gesichtspunkt des Erfüllungsbetrugs zu ahnden. Wenn der Ausschreibende also infolge einer fortwirkenden Täuschung eine fällige Vertragsstrafe nicht geltend macht, ist darin ein Erfüllungsbetrug zu sehen.

c) Betrug gegenüber der Vergabestelle zu Lasten von Mitwettbewerbern

Schließlich stellt sich die Frage, ob der herausgestellte Bieter bei Submissionsabsprachen einen Betrug zu Lasten derjenigen redlichen Mitwettbewerber begeht, die am Vergabeverfahren erfolglos teilgenommen haben. Hierzu hatte der BGH 1997 einen Fall zu entscheiden, in dem ein redlicher Wettbewerber beim Eröffnungstermin das günstigste Angebot abgegeben hatte, dieses jedoch nicht den Zuschlag erhielt, weil durch eine nachträgliche Manipulation eines Mitarbeiters der Vergabestelle das Angebot des „Kartells" herabsetzt und dem herausgestellten Bieter der Zuschlag erteilt wurde[425]. Kernproblem des Falles ist die Frage, ob beim redlichen Mitwettbewerber ein Vermögensschaden entstanden ist, da insoweit nur der Verlust einer vermögenswerten Anwartschaft in Betracht kommt. Eine Anwartschaft zählt dann zum Vermögen, wenn sie soweit konkretisiert ist, dass sie mit hoher Wahrscheinlichkeit zu einer Vermögensvermehrung führen wird, weil ihr dann nach der Verkehrsauffassung selbst ein wirtschaftlicher Wert zukommt[426]. Der BGH entschied, dass zum Zeitpunkt des Eröffnungstermins eine „sichere Anwartschaft auf den Zuschlag und dadurch

---

[423] BGH wistra 2000, 61 (62); BGH wistra 2001, 103 (104).

[424] BGH NJW 1992, 921 (923). AGB-rechtlich zulässig sind nach der Rechtsprechung Klauseln, die eine betragsmäßige Pauschalierung des zivilrechtlich dem Grunde nach geschuldeten Schadensersatzes enthalten, vgl. BGH WuW/E 3049 (3051 f.) – *„3 v.H. der Auftragssumme"*; OLG Bremen WuW/E OLG 4225 ff. – *„ZVB Hochbau"*. Aus dem Schrifttum hierzu: *Klusmann*, in: Wiedemann, Kartellrecht, § 56 Rn. 38.

[425] BGH wistra 1997, 144.

[426] BGHSt 17, 147 (148); 31, 323; 34, 379 (390 f.); BGH NStZ 1997, 542 (543); *Fischer*, StGB, § 263 Rn. 56; *Kindhäuser*, StGB, § 263 Rn. 127; Lackner/*Kühl*, StGB, § 263 Rn. 34.

eine begründete Gewinnerwartung[427]" des Mitwettbewerbers vorlag. Das Zunichtemachen dieser vermögenswerten Anwartschaft durch einen kollusiv handelnden Verwaltungsbeamten stellt damit einen Dreiecksbetrug zu Lasten des aussichtsreichsten redlichen Mitwettbewerbers da[428].

Unklar ist, ob sich diese Argumentation des BGH auch auf Fälle übertragen lässt, in denen ohne Mitwirkung eines vorsätzlich rechtswidrig handelnden Verwaltungsbeamten lediglich ein Angebot eines „Submissionskartells" abgegeben wird, dass den Zuschlag erhält. Zum Teil wird hier ein Vermögensschaden mit der Begründung abgelehnt, dass der hypothetische Zuschlag an einen Mitbewerber so ungewiss erscheine, dass nicht von einem Verlust einer vermögenswerten Anwartschaft ausgegangen werden könne[429]. Dies gelte vor allem, weil die Vergabestelle das Verfahren unter bestimmten Voraussetzungen aufheben könne, etwa weil kein angemessenes Angebot vorliegt[430]. Andere bejahen einen Vermögensschaden hingegen mit dem Hinweis darauf, dass der BGH im Ausgangsfall von einer obligatorischen Disqualifikation abgesprochener Angebote ausgeht, so dass diese eigentlich nicht berücksichtigt werden können und folglich eine begründete Gewinnaussicht anderer Wettbewerber bestehe[431]. Richtigerweise wird man eine pauschale Beurteilung der Frage nach der Werthaltigkeit der vermögenswerten Anwartschaft von Mitwettbewerber nicht vornehmen können. Vielmehr hängt es von den Umständen des Einzelfalls ab, ob bei Hinwegdenken des abgesprochenen Angebots das Angebot eines redlichen Wettbewerbers eine begründete Annahmeaussicht hat. Maßgeblich ist hierfür die Zuschlagsfähigkeit des redlichen Angebots im konkreten Vergabeverfahren unter Berücksichtigung aller relevanten Zuschlagskriterien. Als Ergebnis ist festzuhalten, dass unter Umständen auch das Einreichen eines abgesprochenen Angebots einen Betrug zu Lasten der redlichen Mitbewerber darstellt.

2. Betrugsstrafbarkeit von sonstigen „Hardcore-Kartellen"

Soweit ersichtlich, wurden bislang sonstige „Hardcore-Kartelle", bei denen es sich nicht um Submissionsabsprachen handelt, von der Rechtsprechung nicht unter den Betrugsstraftatbestand subsumiert. Dabei wurde schon im älteren Schrifttum von *Baumann/Arzt* der Versuch unternommen, auch beispielsweise in Fällen des Missbrauchs einer marktbeherrschenden Stellung eine Strafbarkeit wegen Betrugs zu Lasten der Marktgegenseite zu begründen[432]. Auch im neue-

---

427 BGH wistra 1997, 144 (145).

428 BGH wistra 1997, 144 mit Verweis auf BGHSt 17, 147 ff; 34, 379 (390). Aus dem Schrifttum: *Klusmann*, in: Wiedemann, Kartellrecht, § 56 Rn. 39.

429 *Schuler*, Submissionsabsprachen, S. 143.

430 *Schuler*, Submissionsabsprachen, S. 142 mit Hinweis auf § 26 Nr. 1 c) VOB/A.

431 *Klusmann*, in: Wiedemann, Kartellrecht, § 56 Rn. 39.

432 *Baumann/Arzt*, ZHR 134 (1970), 24 (39 f.), wonach § 263 StGB nicht nur die Täuschung über das Bestehen einer marktbeherrschenden Stellung erfassen soll, sondern auch an-

ren Schrifttum wird die Frage nach der Betrugsstrafbarkeit anlässlich der Entscheidung des BGH im Fall „Flughafen München"[433] neu diskutiert und vereinzelt als „Startschuss für eine Kriminalisierung des Kartellrechts"[434] gedeutet. Daraus, dass der BGH den Betrug erstmals im Fall der freihändigen Vergabe bejaht hat, wird vereinzelt gefolgert, dass die Argumentation des BGH auf andere Wettbewerbsverstöße, denen eine wettbewerbsbeschränkende Absprache zugrunde liegt, übertragen werden könne, da auch hier konkludente Täuschung vorliege[435]. Bislang wurde jedoch diese Auffassung von der Rechtsprechung nicht übernommen und in der Literatur zu Recht als Überinterpretation abgelehnt[436]. Grund hierfür ist, dass bei Submissionsabsprachen die Besonderheit darin besteht, dass der Ausschreibende einen Wettbewerb unter strengen formalen Regeln schafft und dadurch eine objektiv erkennbare Erwartung dahingehend entsteht, dass der angebotene Preis ein Wettbewerbspreis sei[437]. Ein im allgemeinen Wettbewerb abgegebenes Angebot beinhaltet hingegen nicht die konkludente Erklärung, sämtliche kartellrechtlichen Vorschriften nicht verletzt zu haben[438]. Abgesehen davon wäre der Nachweis eines Vermögensschaden auf Grundlage der vom BGH entwickelten Konzeption des hypothetischen Marktpreises bei sonstigen „Hardcore-Kartellen" nur schwer möglich. Sonstige „Hardcore-Kartelle", die keine Submissionsabsprachen sind, fallen damit auch nach der Entscheidung „Flughafen München" nicht unter den Betrugsstrafbestand.

3. Strafbarkeit wettbewerbsbeschränkender Absprachen gem. § 298 StGB

Die durch die „Rheinausbau-Entscheidungen" des BGH Anfang der Neunziger Jahre neu eröffnete Möglichkeit, Submissionsabsprachen als Betrug zu ahnden, wurde vom Gesetzgeber wegen der Schwierigkeiten beim Nachweis des Vermögensschadens als wenig effektiv eingeschätzt. Um die vor allem in der Bauwirtschaft seit Jahrzehnten auftretenden Preisabsprachen bei Ausschreibungen effektiver ahnden zu können, schuf der Gesetzgeber im Jahr 1997 mit § 298

---

wendbar sein soll beim Missbrauch einer solchen Position sowie bei der Täuschung über die Anmeldepflicht bei Zusammenschlüssen.

433 Siehe die bereits oben dargestellte Entscheidung BGHSt 47, 83.

434 *Lampert/Götting*, WuW 2002, 1069 (1070).

435 *Lampert/Götting*, WuW 2002, 1069 (1070).

436 *Federmann*, Kriminalstrafen, S. 125; kritisch auch *Lange*, ZWeR 2003, 352 (365 f.).

437 *Federmann*, Kriminalstrafen, S. 126. Dass auf Seiten der Vergabestelle eine besonders schutzbedürftige Erwartungshaltung hinsichtlich des Vorliegens von Wettbewerbspreise existiert, zeigt sich auch daran, dass das kartellrechtliche Konzernprivileg im Vergabeverfahren nicht gilt und sogar eine widerlegbare Vermutung dafür besteht, dass bei der Teilnahme konzernverbundener Unternehmen an demselben Vergabeverfahren der Geheimwettbewerb nicht gewahrt wurde, vgl. OLG Düsseldorf, NZBau 2011, 371 (373).

438 *Federmann*, Kriminalstrafen, S. 127; *Lange*, ZWeR 2003, 352 (366).

StGB einen neuen Straftatbestand, nach dem wettbewerbsbeschränkende Absprachen bei Ausschreibung mit Geldstrafe oder Freiheitsstrafe bis zu fünf Jahren geahndet werden können[439]. Der wesentliche Unterschied zum Betrug i.S.v. § 263 StGB besteht darin, dass der Eintritt eines Vermögensschadens keine Tatbestandsvoraussetzung ist. Vollendet ist die Tathandlung bereits mit Abgabe des Angebots. Als abstraktes Gefährdungsdelikt ist § 298 StGB also im Vorfeld der Betrugsstrafbarkeit angesiedelt. Weiterer Unterschied beider Straftatbestände ist, dass § 298 StGB in erster Linie den freien Wettbewerb als Rechtsgut schützen soll und bloß mittelbar die Vermögensinteressen der Mitwettbewerber schützt[440]. Wegen der Verschiedenheit der Rechtsgüter stehen § 298 StGB und § 263 StGB zueinander in Tateinheit[441].

Der Tatbestand bedroht bereits die Abgabe eines auf einer wettbewerbsbeschränkenden Absprache beruhenden Angebots mit Strafe. Das Angebot muss im Rahmen einer Ausschreibung abgegeben worden sein, wobei öffentliche sowie beschränkte und unbeschränkte Ausschreibungen aller Art gleichermaßen erfasst werden[442]. Nach der BGH-Rechtsprechung unterfallen auch private Ausschreibungen jedenfalls dann dem Tatbestand des § 298 StGB, wenn das Verfahren in Anlehnung an die Vorschriften der VOB/A, VOL/A oder VOF ausgestaltet wird[443]. Die Ausschreibung muss sich auf Waren oder gewerbliche Leistungen beziehen. Hinsichtlich der Tathandlung spricht der Gesetzeswortlaut von „Absprachen" – ein Ausdruck, der im Vergleich zu den in § 1 GWB genannten „Vereinbarungen", „Beschlüssen" und „abgestimmten Verhaltensweisen" relativ

---

439 § 298 StGB wurde eingeführt durch das „Gesetz zur Bekämpfung der Korruption", BGBl. I, S. 2038. Das Gesetzgebungsverfahren begann Ende 1995 mit einem Gesetzesentwurf des Bundesrats (BR-Drucks. 298/95), dem der Koalitions- und identische Regierungsentwurf folgten (KoalitionsE, BT-Drucks. 13/5584; RegE, BT-Drucks. 13/6424). Die darauf folgende Rechtsausschussempfehlung und der Beschluss des Bundestags (RA-Bericht, BT-Drucks. 13/8079; BT-Beschluss, BR-Drucks. 482/97) wurden am 04. Juli 2007 vom Bundesrat gebilligt.

440 Begr. z. RegE, BT-Drucks. 13/5584, S. 13; *Fischer*, StGB, Vor. § 298 Rn. 6; *Achenbach*, WuW 1997, 958 (959); ausführlich auch *Bender*, Submissionsabsprache, S. 35 ff.

441 So die Begr. z. RegE, BT-Drucks. 13/5584, S. 14. So auch die h.M. Schrifttum: *Fischer*, StGB, § 298 Rn. 22; *Lackner/Kühl*, StGB, § 298 Rn. 9; *Kindhäuser*, StGB, § 298 Rn. 12; *Achenbach*, WuW 1997, 958 (959); aA hingegen *Wolters*, JuS 1998, 1100 (1102), wonach § 298 einen gleichzeitig verwirklichten Betrug verdrängen soll.

442 Begr. z. RegE, BT-Drucks. 13/5584, S. 14; *Klusmann*, in: Wiedemann, Kartellrecht, § 56 Rn. 14; *Fischer*, StGB, § 298 Rn. 4; *Kindhäuser*, StGB, § 298 Rn. 3; *Lackner/Kühl*, StGB, § 298 Rn. 2; vgl. auch § 298 Abs. 2 StGB, wonach freihändige Vergaben nach vorangegangenem Teilnahmewettbewerb der Ausschreibung gleichstehen.

443 So auch die Begr. z. RegE, BT-Drucks. 13/5584, S. 14. So auch die Rechtsprechung: BGH NStZ 2003, 548 mit kritischer Anmerkung von *Greeve*, NStZ 2003, 549. Die Erstreckung des Anwendungsbereichs auf private Ausschreibungen ist jedoch auch im Schrifttum weitestgehend anerkannt, vgl. etwa *Fischer*, StGB, § 298 Rn. 6; *Lackner/Kühl*, StGB, § 298 Rn. 2; *Kindhäuser*, StGB, § 298 Rn. 3.

unpräzise ist[444]. Während Beschlüsse und Vereinbarungen unter den Wortlaut des § 298 StGB subsumiert werden können, fallen abgestimmte Verhaltensweisen nicht unter den Tatbestand. Dem Tatbestand des § 298 StGB unterfallen nach neuer Rechtsprechung nicht nur horizontale Absprachen von miteinander im Wettbewerb stehenden Anbietern, sondern auch vertikale Absprachen zwischen Wettbewerbern und dem Veranstalter[445]. Des Weiteren muss die Absprache rechtswidrig sein, also gegen § 1 GWB verstoßen[446]. Schließlich muss die Absprache darauf ausgerichtet sein, den Veranstalter der Ausschreibung zur Annahme eines bestimmten, nicht notwendigerweise eigenen Angebots zu veranlassen. Damit wird klargestellt, dass der vom Kreis der Abspracheteilnehmer vorgesehene Auftragnehmer durch die Abgabe eines niedrigen Angebots ebenso den Tatbestand verwirklichen kann wie diejenigen Schutzbieter, die vergleichsweise schlechtere Angebote abgeben[447]. Wer aufgrund tätiger Reue freiwillig verhindert, dass der Veranstalter das Angebot annimmt oder seine Leistung erbringt, wird gemäß § 298 Abs. 3 StGB nicht bestraft.

Die Bedeutung des § 298 StGB als Straftatbestand in der Praxis ist keinesfalls zu unterschätzen. Zwischen 1998 und 2007 wurden 164 Personen verurteilt, davon 21 Personen zu Freiheitsstrafen[448]. Die Erfolge bei der praktischen Durchsetzung stehen allerdings im Gegensatz zu der geringen öffentlichen Wahrnehmung. In der allgemeinen Presse wird fast gar nicht über einschlägige Strafverfahren berichtet, in der juristischen Literatur finden sich wenige Veröffentlichungen zur Durchsetzung in der Praxis, und im Ausland wird mitunter fälschlicherweise von fehlender Praxisrelevanz des deutschen Kartellstrafrechts berichtet[449].

4. Sonstige Straftatbestände

Neben den genannten Straftatbeständen können noch weitere in Betracht kommen, bei denen jedoch der unrechtstypisierende Charakter weniger im wettbewerbswidrigem Verhalten an sich liegt, sondern die vielmehr als Begleiterscheinungen von Kartellrechtsverstößen auftreten können. Angesichts ihrer geringen

---

[444] Vgl. hierzu auch die Bedenken des Bundesrats im Gesetzgebungsverfahren, BT-Drucks. 13/6424, S. 7 linke Spalte und S. 12 rechte Spalte.

[445] BGH WuW DE-R 3691. Anders noch BGH 49, 201 (205 f.) mit der Begründung, dass bei rein vertikalen Absprachen die für horizontale Absprachen typische, wirtschaftspolitisch gefährliche Tendenz zur Wiederholung fehle. Seit der 7. GWB Novelle erfasst § 1 GWB auch vertikale Absprachen (siehe BT-Drucks. 15/3640, S. 44), so dass der BGH von seiner bisherigen Auffassung abgerückt ist.

[446] BGH 49, 201 (205); *Klusmann*, in: Wiedemann, Kartellrecht, § 56 Rn. 17; *Fischer*, StGB, § 298 Rn. 10.

[447] *Klusmann*, in: Wiedemann, Kartellrecht, § 56 Rn. 20; *Fischer*, StGB, § 298 Rn. 11.

[448] Vgl. hierzu die statistischen Auswertungen bei *Achenbach*, Strafrechtlicher Schutz, S. 167 ff. und bei *Wagner-von Papp*, WuW 2009, 1236 (1243 f.).

[449] So auch bemängelt von *Wagner-von Papp*, WuW 2009, 1236 (1245 f.).

praktischen Bedeutung soll an dieser Stelle nur ein grober Überblick gegeben werden.

Nachteilsandrohungen i.S.v. § 21 Abs. 2 GWB und Zwangsmaßnahmen i.S.v. § 21 Abs. 3 GWB können unter Umständen den Straftatbestand der Nötigung gemäß § 240 StGB erfüllen[450]. Dazu muss eine Drohung mit dem Zweck der Willensbeugung vorliegen. Zudem ist zu berücksichtigen, dass § 240 Abs. 2 StGB die Verwerflichkeit der Tat fordert, wobei die Verletzung des § 21 Abs. 2 oder 3 GWB gewisse indizierende Wirkung haben kann. Ebenfalls kommt eine Strafbarkeit wegen Nötigung beim Boykottaufruf i.S.v. § 21 Abs. 1 GWB in Betracht, wobei als Tatopfer sowohl der Verrufene als auch der Adressat des Boykottaufrufs in Betracht kommt[451]. Eine Erpressung gemäß § 253 StGB scheidet hingegen aus, da dem Täter aus dem Schaden des Verrufenen kein stoffgleicher Vermögensvorteil entsteht[452]. Im Ausschreibungsverfahren kommt regelmäßig neben § 263 und § 298 StGB auch eine Strafbarkeit wegen Untreue gemäß § 266 StGB und wegen Bestechung gemäß § 334 StGB oder Vorteilsgewährung gemäß § 333 StGB in Betracht[453]. Gleiches gilt für § 299 StGB (Bestechung und Bestechlichkeit im geschäftlichen Verkehr).

II. Verfahrensrechtliche Fragen beim Zusammentreffen von Ordnungswidrigkeit und Straftat

Sofern ein Kartellrechtsverstoß i.S.d. § 81 Abs. 1 bis 3 GWB gleichzeitig eine Straftat darstellt, stellt sich die Frage, welche verfahrensrechtlichen Konsequenzen sich daraus ergeben. Ausgangspunkt für die Kollision von Straftat und Ordnungswidrigkeit ist zunächst § 21 Abs. 1 S. 1 OWiG, wonach das Strafrecht vorrangig ist und die Ordnungswidrigkeit aufgrund ihrer Subsidiarität verdrängt wird. Etwas anderes gilt zwar, wenn der Bußgeldtatbestand als spezieller anzusehen ist[454], was jedoch beim Submissionsbetrugs in Hinblick auf das durch § 263 und § 298 StGB (mit-)geschützte Rechtsgut des Vermögens nicht der Fall ist[455].

---

450 *Federmann*, Kriminalstrafen, S. 136 f.; *Klusmann*, in: Wiedemann, Kartellrecht, § 56 Rn. 42; *Dannecker/Biermann*, in: Immenga/Mestmäcker, GWB, Vor. § 81 Rn. 162.

451 *Federmann*, Kriminalstrafen, S. 137; *Baumann/Arzt*, ZHR 134 (1970), S. 24 (41). Nach *Dannecker/Biermann*, in: Immenga/Mestmäcker, GWB, Vor. § 81 Rn. 164 soll hier hingegen weder eine täterschaftliche Drohung noch eine Anwendung von Gewalt vorliegen.

452 *Federmann*, Kriminalstrafen, S. 138; *Dannecker/Biermann*, in: Immenga/Mestmäcker, GWB, Vor. § 81 Rn. 165.

453 *Klusmann*, in: Wiedemann, Kartellrecht, § 56 Rn. 42.

454 *Göhler*, OWiG, § 40 Rn. 7; *Achenbach*, in: Frankfurter Kommentar (61. Lfg. 2006), Vor. § 81 Rn. 18; *Bohnert*, in: KK OWiG, § 21 Rn. 7.

455 *Federmann*, Kriminalstrafen, S. 140; *Achenbach*, WuW 1997, 958 (959).

Wenn die Kartellbehörde Anhaltspunkte für das Vorliegen einer Straftat feststellt, hat sie gemäß § 41 Abs. 1 OWiG das Verfahren an die Staatsanwaltschaft abzugeben. Nur diese ist für die Ermittlungen bei Verdacht einer Straftat zuständig, und die Verhängung von Kriminalstrafen darf gemäß Art. 92 GG nur durch Gerichte erfolgen[456]. Im Strafverfahren beurteilt das Gericht gemäß § 82 Abs. 1 OWiG die Tat im prozessualen Sinne auch unter dem rechtlichen Gesichtspunkt einer Ordnungswidrigkeit. Die Kartellbehörde hingegen verliert ihre Zuständigkeit für die Sanktionierung des Verhaltens der natürlichen Person vollständig. Leitet die Staatsanwaltschaft mangels Anfangsverdachts kein Ermittlungsverfahren ein, so muss sie gemäß § 41 Abs. 2 OWiG das Verfahren wieder an die Kartellbehörde abgeben. Wird hingegen ein Ermittlungsverfahren durch die Staatsanwaltschaft eingeleitet und anschließend eingestellt, so kommt es für den Fortgang des Verfahrens darauf an, ob sich die Einstellung auch auf die Ordnungswidrigkeit bezieht: Da nach § 40 OWiG die Staatsanwaltschaft grundsätzlich im Strafverfahren auch für die Verfolgung der Tat unter dem rechtlichen Gesichtspunkt einer Ordnungswidrigkeit zuständig ist, kann sie (nach vorheriger Anhörung der Kartellbehörde) das Verfahren auch in Bezug auf eine Ordnungswidrigkeit einstellen[457]. Erfolgt eine Einstellung nur in Hinblick auf eine Straftat, so hat sie gemäß § 43 Abs. 1 OWiG das Verfahren zurück an die Kartellbehörde zu verweisen. Wenn nach Abschluss des staatsanwaltlichen Ermittlungsverfahrens ein hinreichender Tatverdacht besteht, klagt die Staatsanwaltschaft den Täter vor dem zuständigen Strafgericht an. Erfolgt eine Verurteilung wegen der Straftat, so darf wegen der Subsidiarität des Ordnungswidrigkeitenrechts keine Geldbuße wegen derselben Tat verhängt werden. Es kann auch vorkommen, dass erst im Rahmen eines Einspruchs gegen einen Bußgeldbescheid der Verdacht einer Straftat aufkommt. Der BGH hält in diesem Fall den Kartellsenat des OLG gemäß § 270 StPO analog für verpflichtet, dem Betroffenen einen Hinweis auf die Veränderung des rechtlichen Gesichtspunkts zu erteilen und sodann die Sache an das zuständige Strafgericht zu verweisen[458].

Wenn als Anknüpfungstat eine Straftat im Raum steht, wäre grundsätzlich auch die Staatsanwaltschaft für die Ermittlung wegen der Verhängung der Verbandssanktion zuständig[459]. Problematisch hierbei war in der Vergangenheit, dass die Staatsanwaltschaften personell und fachlich mit der Verhängung von Ver-

---

456 Vgl. auch BVerfGE 22, 49 (73 ff.), wonach Kriminalstrafen nur durch Richter verhängt werden dürfen und nicht in einem Verwaltungsverfahren ausgesprochen werden dürfen.

457 *Lampe*, in: KK OWiG, § 40 Rn. 19; *Göhler*, OWiG, § 40 Rn. 6; *Achenbach*, in: Frankfurter Kommentar (61. Lfg. 2006), Vor. § 81 Rn. 19.

458 BGH WuW/E BGH 2865 (2867) – *„Verweisungspflicht"*. Der BGH hat damit die Rechtsprechung des KG WuW/E OLG 4983 – *„Übergang zum Strafverfahren"*, das ein Verfahrenshindernis und eine Abgabe an die Staatsanwaltschaft für erforderliche hielt, verworfen. Insbesondere unter dem Aspekt der Verfahrensökonomie hat sich für eine strafrechtliche Verurteilung durch den Kartellsenat ausgesprochen: *Göhler*, wistra 1994, 17.

459 *Federmann*, Kriminalstrafen, S. 143.

bandsanktionen bei Kartellrechtsverstößen überfordert waren. Um die effektive Sanktionierung von Unternehmen trotz der strafrechtlichen Verfolgung natürlicher Personen aufrechtzuerhalten, schuf der Gesetzgeber mit § 82 GWB eine Kompetenzvorschrift für die Bußgeldverhängung gegen Unternehmen. Bußgelder gegen juristische Personen oder Personenvereinigungen werden danach prinzipiell von der Kartellbehörde verhängt, da sie die erforderliche Kompetenz und Erfahrung im Umgang mit Verbandssanktionen nach § 30 OWiG hat. Die Belangung von natürlicher und juristischer Person erfolgt dann in einem „gespaltenen Verfahren“[460], d.h., die Strafjustiz betreibt ein Strafverfahren gegen die natürliche Person und die Kartellbehörde betreibt ein Bußgeldverfahren gegen das Unternehmen. Zur Harmonierung beider Verfahren ordnet Nr. 242 RiStBV speziell für den Submissionsbetrug eine Zusammenarbeit von Kartellbehörde und Staatsanwaltschaft an. Dadurch sollen unnötige Doppelarbeiten sowie sich widersprechende Entscheidungen vermieden werden[461].

III. Zusammenfassung

Submissionsabsprachen können als Eingehungsbetrug gemäß § 263 StGB zu Lasten der Vergabestelle strafrechtlich verfolgt werden. In der Verfolgungspraxis liegt die Schwierigkeit meist darin, einen Vermögensschaden eindeutig anhand des hypothetischen Marktpreises festzustellen. Der Gesetzgeber hat deshalb mit § 298 StGB einen neuen Straftatbestand geschaffen, der bereits die Abgabe eines Angebots, das auf einer wettbewerbswidrigen Absprache beruht, unter Strafe stellt. Dieser im Vorfeld des Betrugs angesiedelte Straftatbestand findet in der Praxis vergleichsweise häufig Anwendung. Andere „Hardcore-Kartelle“ als Submissionsabsprachen können nach geltender Rechtslage nicht strafrechtlich verfolgt werden.

Wenn die Kartellbehörde Anhaltspunkte für das Vorliegen einer Straftat feststellt, gibt sie das Verfahren gemäß § 41 Abs. 1 OWiG an die Staatsanwaltschaft ab. Nach § 21 Abs. 1 S. 1 OWiG ist im Fall des Submissionsbetruges der Ordnungswidrigkeitentatbestand des § 81 Abs. 1 Nr. 1 i.V.m. § 1 GWB subsidiär gegenüber den Straftatbeständen § 263 und § 298 StGB. Bei einer strafrechtlichen Verurteilung ist ein Bußgeld wegen derselben Tat ausgeschlossen. Die Verhängung eines Bußgelds gegen Unternehmen bleibt jedoch gemäß § 82

---

[460] *Achenbach*, wistra 1998, 168 (170); hierzu auch *Klusmann*, in: Wiedemann, Kartellrecht, § 56 Rn. 9.

[461] So auch die Beschlussempfehlung des Rechtsausschusses, BT-Drucks. 13/8079, S. 17. Kritisch zum „gespaltenen Verfahren“: *Achenbach*, wistra 1998, 168 (171). Tatsächlich sorgt die Spaltung des Verfahrens in der Praxis mitunter für erhebliche Probleme, etwa wenn die Staatsanwaltschaft Verteidigern umfassende Akteneinsicht gewährt, das Bundeskartellamt hingegen mit der Einsichtnahme in die Unterlagen (v.a. in etwaige Bonusanträge) nicht einverstanden ist.

GWB im Zuständigkeitsbereich der Kartellbehörde, so dass es zu einer Aufspaltung in ein gegen die natürliche Person gerichtetes Strafverfahren und in ein gegen das Unternehmen gerichtetes Bußgeldverfahren kommen kann.

B. Rechtspolitische Forderung nach einer Kriminalisierung des Kartellrechts

Als sich der Gesetzgeber bei der Einführung des GWB im Jahr 1958 dazu entschied, auch die schwerwiegendsten Kartellrechtsverstöße lediglich als Ordnungswidrigkeit ahndbar zu machen, stieß dies auf heftige Kritik. Schon bald wurde die Entscheidung gegen ein Kartellstrafrecht als „Geburtsfehler des GWB“[462] bezeichnet und seitdem immer wieder vor allem von Strafrechtlern kritisiert[463]. In letzter Zeit wurden die Stimmen im Schrifttum, die sich für eine solche Kriminalisierung des Kartellrechts stark gemacht haben, wieder lauter[464]. Genährt wird die Forderung unter anderem von einer entsprechenden Empfehlung der OECD[465] sowie durch den rechtsvergleichenden Blick auf Rechtssysteme anderer Staaten, die teilweise schon länger ein Kartellstrafrecht besitzen[466] oder erst kürzlich entsprechende Regelungen eingeführt haben[467]. Unlängst hat auch der Präsident des Bundeskartellamts Andreas Mundt in einem Interview schärfere Strafen bei Wettbewerbsverstößen gefordert, da das Ordnungswidrigkeitenrecht bei komplexen Wirtschaftssachverhalten an seine Grenzen stoße[468]. Die Forderung nach Kriminalisierung ist jedoch auch auf deutlichen Widerstand gestoßen. So hat insb. *Dreher* davor gewarnt, dass der Gesetzgeber bei der Novellierung des GWB nicht dem „Sirenengesang einer scheinbar einfachen Ausweitung der kartellrechtlichen Sanktionsmittel“[469] erliegen dürfe.

Vor diesem Hintergrund stellt sich die Frage, ob die Einführung weiterer Kartellstraftaten neben § 298 StGB sinnvoll wäre. Dies wirft eine Vielzahl von

---

462 *Baumann/Arzt*, ZHR 134 (1970), S. 24 (30).

463 Siehe nur *Jescheck*, JZ 1959, 457 (461) und *Weber*, ZStW 92 (1980), 313 (317).

464 Für eine Kriminalisierung zuletzt *Federmann*, Kriminalstrafen, S. 433 ff.; *Säcker*, WuW 2009, 3; *Biermann*, ZWeR 2010, 1 (47); *Wagner-von Papp*, WuW 2010, 268 (281); in Bezug auf das Europäische Kartellrecht: *Wils*, EC Antitrust Law, S. 248 ff.

465 OECD, Cartel Sanctions against Individuals, DAF/COMP(2004)39.

466 Langjährige Erfahrungen mit Kartellstraftrecht haben vor allem die USA, wo seit 1890 in Sec. 1 und 2 des Sherman Act strafrechtliche Sanktionen vorgesehen sind.

467 So wurden etwa im Vereinigten Königreich durch den Enterprise Act 2002 strafrechtliche Sanktionen eingeführt. Zuletzt haben Irland und Griechenland Kartellstrafbestimmungen eingeführt, vgl. *Wagner-von Papp*, WuW 2010, 268 (269). Eine ausführliche rechtsvergleichende Untersuchung findet sich in OECD, Cartel Sanctions against Individuals, DAF/COMP(2004)39, S. 45 ff.

468 Handelsblatt Artikel vom 16.04.2012, abrufbar unter www.handelsbatt.com.

469 *Dreher*, WuW 2011, 232.

klärungsbedürftigen Aspekten auf, die von der Frage nach dem Unrechtsgehalt schwerwiegender Kartellrechtsverstöße bis hin zur Frage nach der Praktikabilität einer Kriminalisierung reichen. Bei der Diskussion um die Einführung oder Ausweitung von strafrechtlichen Sanktionen ist zu beachten, dass Strafnormen die „ultima ratio im Instrumentarium des Gesetzgebers" darstellen[470]. Wegen der grundgesetzlich verbürgte Freiheit und Würde des Bürgers und unter Berücksichtigung des Verhältnismäßigkeitsgrundsatzes darf die staatliche Kriminalstrafe nur dort zulässig sein, wo sie zur Wahrung des Rechtsfriedens unerlässlich ist. Strukturell wird die Kriminalisierungsdebatte daher von zwei verfassungsrechtlichen Determinanten bestimmt, nämlich von der Frage nach der Strafwürdigkeit und der Strafbedürftigkeit. Während im Rahmen der Strafwürdigkeit zu prüfen ist, ob die Schädlichkeit einer Rechtsgutsverletzung sowie das Unrecht der sanktionsbedrohten Handlung den Einsatz des Strafrechts als schärfstes Schwert des Staates rechtfertigen, betrifft die Strafbedürftigkeit die Frage nach der Praktikabilität, Erforderlichkeit und Effektivität des Einsatzes von Strafrecht zum Schutze eines Rechtsgutes[471].

I. Strafwürdigkeit schwerwiegender Kartellrechtsverstöße

Strafwürdig ist ein Verhalten dann, wenn es geeignet ist, die sozialen Beziehungen innerhalb der Rechtsgesellschaft erheblich zu gefährden oder zu schädigen und deshalb sozialethisch besonders zu missbilligen ist[472]. Längst nicht jeder Rechtsverstoß erreicht dieses Maß an Sozialschädlichkeit. Neben dem Strafrecht gibt es daher im deutschen Recht auch die Möglichkeit, gesetzeswidriges Verhalten als bloße Ordnungswidrigkeit zu ahnden. Die Frage nach der Strafwürdigkeit hängt somit eng mit der Frage zusammen, wann anstelle der Kriminalstrafe ein ordnungswidrigkeitenrechtliches Bußgeld als Sanktionsmittel ausreichend und angemessen ist.

1. Unterscheidung zwischen Strafrecht und Ordnungswidrigkeitenrecht und die rechtshistorische Zuordnung des Kartellrechts im Sanktionssystem

a) Grenzziehung zwischen Straftat und Ordnungswidrigkeit

Die Differenzierung zwischen echtem Kriminalunrecht und bloßem Ordnungs- oder Polizeiunrecht war schon der älteren Gesetzgebung bekannt, wenngleich der Reichstag des Norddeutschen Bundes und ihm folgend der Deutsche Reichs-

---

470 BVerfGE 39, 1 (47); *Otto*, Grundkurs Strafrecht, § 1 Rn. 49.
471 *Biermann*, ZWeR 2007, 1 (25); vgl. auch *Otto*, Grundkurs Strafrecht, § 1 Rn. 48 ff.
472 *Otto*, Grundkurs Strafrecht, § 1 Rn. 49; *Achenbach*, Strafrechtlicher Schutz, S. 44 f.

tag die Verletzung polizeirechtlicher Vorschriften im Strafgesetzbuch in einem gesonderten Abschnitt „Übertretungen" verortet hatten[473]. Da die öffentliche Hand jedoch in der schnell wachsenden Massengesellschaft immer weitere Lebensbereiche ordnen und verwalten musste, drohte die Gefahr eines Übermaßes staatlicher Strafe und damit der Verlust ihrer Ernsthaftigkeit. Dem gestiegenen Bedürfnis nach einer milderen Form der staatlichen Sanktionierung kam der Gesetzgeber nach dem zweiten Weltkrieg zunächst dadurch nach, dass den Verwaltungsbehörden auf dem Gebiet des Wirtschaftsstrafrechts die Befugnis eingeräumt wurde, einfache Zuwiderhandlungen gegen Bewirtschaftungsvorschriften durch Ordnungsstrafen zu ahnden[474]. Schließlich wurde das Ordnungswidrigkeitengesetz im Jahr 1952 als allgemeines Rahmengesetz für Ordnungswidrigkeiten auf allen Sachgebieten erlassen[475]. 1974 wurde die Übertretung als Deliktsform aufgegeben[476] und entsprechende Tatbestände überwiegend zu Ordnungswidrigkeiten umgewandelt[477].

Vor diesem geschichtlichen Hintergrund ist es Aufgabe des Gesetzgebers, bei der Schaffung neuer sanktionsbewährter Vorschriften darüber zu befinden, ob die Regelung zum Kriminalstrafrecht oder zum Ordnungswidrigkeitenrecht zählen soll. Grundsätzlich hat der Gesetzgeber die freie Wahl, ob er eine Regelung dem Kriminalstrafrecht oder dem Ordnungswidrigkeitenrecht zuordnet. Eine Überprüfung durch das BVerfG dahingehend, ob die gesetzgeberische Entscheidung die zweckmäßigste, vernünftigste oder gerechteste Lösung gewesen ist, findet nicht statt[478]. Die Frage, wo darüber hinaus die Grenzlinie zwischen Kriminalstrafrecht und Ordnungswidrigkeitenrecht verläuft, ist nicht immer leicht zu beantworten. Dies liegt nicht zuletzt daran, dass nach Auffassung des BVerfG „die in der Rechtsgemeinschaft herrschenden Anschauungen über die Bewertungen des Unrechtsgehalts einzelner Verhaltensweisen in besonderen Maße dem Wechsel unterworfen sind"[479]. Aufgabe des Gesetzgebers ist es daher nicht nur, die Abgrenzung zwischen dem Kernbereich des Straf-

---

473 § 1 Abs. 3 des Reichstrafgesetzbuch vom 15. Mai 1871: „Eine mit Haft oder mit Geldstrafe bis zu fünfzig Thalern bedrohte Handlung ist eine Uebertretung".

474 *Bohnert*, in: KK OWiG, Einl. Rn. 31; *Mitsch*, Ordnungswidrigkeiten, § 4 Rn. 3; *Schwacke*, Ordnungswidrigkeiten, S. 2.

475 *Bohnert*, in: KK OWiG, Einl. Rn. 36; *Mitsch*, Ordnungswidrigkeiten, § 4 Rn. 5; *Schwacke*, Ordnungswidrigkeiten, S. 2.

476 Seitdem kennt das Kriminalstrafrecht nur noch die Unterteilung in Vergehen und Verbrechen (§ 12 StGB).

477 *Mitsch*, Ordnungswidrigkeiten, § 4 Rn. 7; *Schwacke*, Ordnungswidrigkeiten, S. 2; *Bohnert*, in: KK OWiG, Einl. Rn. 38.

478 BVerfGE 27, 18 (30). Eine gewisse Einschränkung gilt nur für den Kernbereich des Strafrechts, der sich aus der grundgesetzlichen Wertordnung ableitet (Tötungsdelikte etc.), vgl. BVerfGE 27, 18 (29); *Mitsch*, Ordnungswidrigkeiten, § 3 Rn. 14; *Bohnert*, in: KK OWiG, Einl. Rn. 86.

479 BVerfGE 27, 18 (29 f.).

rechts und dem bloßen Ordnungswidrigkeitenrecht bei der Einführung neuer Gesetze zu ziehen, sondern auch bestehende Grenzlinien einer Überprüfung zu unterziehen, soweit dafür Anlass besteht.

Bei der Grenzziehung zwischen Kriminalstrafrecht und Ordnungswidrigkeitenrecht spielt ein vergleichender Blick auf andere sanktionierende Regelungen oft eine Rolle, da sich neue Vorschriften zu diesen in einem gewissen Verhältnis stehen müssen. Die Orientierung am positiven Recht kann jedoch nur begrenzt eine Hilfestellung sein, da für viele Bereiche keine einschlägigen gesetzlichen Regeln als Orientierungshilfe existieren. Daher besteht das Erfordernis, zwischen Straftat und Ordnungswidrigkeit abstrakt anhand von allgemeinen Kriterien zu unterscheiden. In der Rechtswissenschaft wird eine Unterscheidung zwischen Straftat und Ordnungswidrigkeit anhand der Kriterien der „Andersartigkeit“ und der „Geringfügigkeit“ vorgenommen. Die „Andersartigkeit“ beider Deliktsgruppen wird darin gesehen, dass zwischen beiden ein qualitativer Unterschied bestehe, da das Ordnungswidrigkeitenrecht als ein aliud eine eigene Deliktsgattung sui generis sei[480]. Gerade in den ersten Jahrzehnten nach Einführung des Ordnungswidrigkeitenrechts wurde die Abgrenzung anhand dieses Kriteriums geführt: Die Straftat sei eine echte Rechtsgutsverletzung, während einfacher Ungehorsam das Wesen der Ordnungswidrigkeit als „Verwaltungsunrecht“ präge[481]. Inzwischen ist jedoch anerkannt, dass auch das Ordnungswidrigkeitenrecht den Schutz von (Individual-) Rechtsgütern bezweckt, so dass das Unrecht nicht (allein) der Verwaltung gegenüber begangen wird[482]. Daher wird heute zur Abgrenzung überwiegend auf das Unterscheidungskriteriums der „Geringfügigkeit“ abgestellt[483]. Danach besteht zwischen beiden Deliktsgruppen ein Quantitätsunterschied, da die Verletzung von Ordnungswidrigkeitstatbeständen weniger schwer wiegt als der Verstoß gegen Straftatbestände[484]. Der Bereich der Ordnungswidrigkeiten erfasst danach Gesetzesübertretungen, die nach

---

480 *Mitsch*, Ordnungswidrigkeiten, § 3 Rn. 7; *Bohnert*, in: KK OWiG, Einl. Rn. 91; *Förster*, in: Rebmann/Roth/Herrmann, OWiG (7. Lfg. 1996), Vor. § 1 Rn. 5; *Schmidt*, DRZ 1948, 412.

481 *Schmidt*, DRZ 1948, 412 (415): „Wir kommen nur dann im Wirtschaftsstrafrecht zu sachgemäßen Unterscheidungen und zu rechtsstaatlicher Ordnung, wenn wir den Anwendungsbereich der Ordnungsstrafen qualitativ von der Kriminalstrafe absetzen, wenn wir aufhören, in der Ordnungswidrigkeit das Bagatelldelikt, in der Ordnungsstrafe die Bagatellstrafe zu sehen. Die qualitative Unterscheidung von Wirtschaftsstraftaten und Ordnungswidrigkeiten ist der Schlüssel zur rechtsstaatlichen Lösung des Gesamtproblems des Wirtschaftsstrafrechts überhaupt“. Zum Begriff des "Verwaltungsunrecht" siehe auch *Dannecker/Biermann*, in: Immenga/Mestmäcker, GWB, Vor. § 81 Rn. 24.

482 *Mitsch*, Ordnungswidrigkeiten, § 3 Rn. 9, der zutreffend als Beispiel für Individualrechtsschutz auf § 117 Abs. 1 OWiG (Unzulässiger Lärm) verweist.

483 Vgl. die umfassenden Literaturnachweise von: *Bohnert*, in: KK OWiG, Einl. Rn. 90; *Förster*, in: Rebmann/Roth/Herrmann, OWiG (7. Lfg. 1996), Vor. § 1 Rn. 7.

484 BVerfGE 27, 18 (33); 45, 272 (289); *Mitsch*, Ordnungswidrigkeiten, § 3 Rn. 10; *Achenbach*, Frankfurter Kommentar (61. Lfg. 2006), Vor. § 81 Rn. 15 ff..

allgemeiner gesellschaftlicher Auffassung als nicht (kriminell) strafwürdig gelten, da ein vergleichsweise geringer Unrechtsgehalt vorliegt[485]. Die Rechtsgutsbeeinträchtigung bei der Begehung von Straftaten ist intensiver oder die geschützten Rechtsgüter haben von vornherein einen höheren Wertgehalt[486]. Ordnungswidrigkeiten liegen meistens menschliche Schwächen wie Nachlässigkeit oder Unzuverlässigkeit zugrunde, wie sie bei jedem Bürger mehr oder weniger vorhanden sind, während Straftaten mitunter durch besonders verwerfliche, grobe oder rücksichtslose Gesinnung des Täters geprägt sind[487]. Erst mit der Rechtsfolge tritt ein qualitatives Element hinzu. Denn mit der Verhängung einer Kriminalstrafe ist ein ehrenrühriges, autoritatives Unwerturteil über eine Verhaltensweise des Täters, der Vorwurf einer Auflehnung gegen die Rechtsordnung und die Feststellung der Berechtigung dieses Vorwurfs verbunden[488]. Die an eine Ordnungswidrigkeit anknüpfende Geldbuße wird hingegen lediglich als nachdrückliche Pflichtenmahnung angesehen und empfunden, die keine ins Gewicht fallende Beeinträchtigung des Ansehens des Betroffenen zur Folge habe[489].

b) Rechtspolitische Entscheidung gegen ein Kartellstrafrecht im Jahr 1958

Die Entscheidung gegen kriminalstrafrechtliche Sanktionen und für die Einführung von Bußgeldtatbeständen bei der Schaffung des GWB im Jahr 1958[490] war ein Kompromiss zwischen dem *Josten-Entwurf*, der echte Kriminalstrafen vorsah, und dem *Böhm-Entwurf*, der fast vollständig auf strafähnliche Sanktionen verzichtete[491]. In Abkehr von der bis dahin möglichen kriminalstrafrechtlichen Sanktionierung nach der KartVO 1923[492] und dem bis zum Inkrafttreten des GWB angewendeten alliierten Dekartellierungsrecht[493] entschied sich der Gesetzgeber bewusst für die Zuordnung von Kartellrechtsverstößen zum Ordnungswidrigkeitenrecht. Grund hierfür war zum einem das Bedürfnis, Unternehmen mit Verbandssanktionen zu belegen, wofür nach damaliger Rechtslage Anknüpfungstatbestände aus dem Rechtsgebiet des Ordnungswidrigkeitenrechts

---

485 BVerfG 8, 197 (207).
486 *Weber*, ZStW 92 (1980), 313 (335).
487 *Mitsch*, Ordnungswidrigkeiten, § 3 Rn. 10.
488 BVerfGE 22, 49 (80); *Dannecker/Biermann*, in: Immenga/Mestmäcker, GWB, Vor. § 81 Rn. 23.
489 BVerfGE 9, 167 (171); 22, 49 (79) wonach der Geldbuße der „Ernst der staatlichen Strafe“ fehlt.
490 BGBl. I, S. 1081 ff.
491 Ausführlich hierzu *Murach-Brand*, Antitrust, S. 107 ff. und S. 197 ff.
492 Vgl. § 17 der „Verordnung gegen den Missbrauch wirtschaftlicher Marktstellungen“ vom 02.11.1923 (KartVO 1923), RGBl. I, 1067.
493 Vgl. hierzu Dannecker/*Biermann*, in: Immenga/Mestmäcker, GWB, Vor § 81 Rn. 1; *Biermann*, ZWeR 2007, 1 (7); *Mestmäcker*, WuW 2008, 6 (7 f.).

erforderlich waren[494]. Daneben ist die historische Zuordnung von Kartellrechtsverstößen zum Ordnungswidrigkeitenrecht vor allem darauf zurückzuführen, dass der damalige Gesetzgeber dem Schutz des Wettbewerbs vergleichsweise geringe Bedeutung zumaß und infolgedessen von einer geringen Unrechtsverwirklichung bei Zuwiderhandlungen gegen wettbewerbsrechtliche Regelungen ausging. So heißt es in der amtlichen Gesetzesbegründung[495]:

> *„Weder in der Öffentlichkeit, noch in den beteiligten Wirtschaftskreisen ist bisher ein lebendiges Gefühl dafür verbreitet, daß wettbewerbsbeschränkende Verträge und Geschäftspraktiken unerlaubt und ethisch verwerflich sind. (...) Unter diesen Umständen erscheint es nicht angemessen, die diesem Gesetz zugrunde liegende geänderte wirtschaftspolitische Auffassung schon jetzt durch Strafbestimmungen zu sanktionieren, deren Übertretung einen kriminellen Verstoß darstellen würde. Man wird, ohne damit die wirtschaftspolitische und rechtliche Grundauffassung des Gesetzes zu verlassen, davon auszugehen haben, daß weite Kreise der Betroffenen eine Zuwiderhandlung gegen das Gesetz nur als kaufmännisch unlauteres Verhalten und als Verstoß gegen gewisse Ordnungsprinzipien der Wettbewerbswirtschaft auffassen werden. Spätere Zeiten, denen der Gedanke des freien Wettbewerbs lebendiger und werterfüllter scheinen wird, als das heute schon der Fall ist, mögen davon abgehen und die Ordnungswidrigkeiten zu echten Straftaten verschärfen.“*

Die in der Gesetzesbegründung offen angesprochene Möglichkeit einer späteren Revision der grundlegenden Entscheidung gegen ein Kartellstrafrecht sorgte dafür, dass die Debatte um die Kriminalisierung des Kartellrechts lebhaft weiter geführt wurde. Schon bald wurde die Entscheidung gegen ein Kartellstrafrecht als „Geburtsfehler des GWB“[496] bezeichnet und seitdem immer wieder kritisiert[497]. Obwohl die erhebliche Sozialschädlichkeit von Kartellrechtsverstößen mittlerweile allgemein anerkannt ist, veranlasste dies den Gesetzgeber nicht zu einer grundlegenden Abkehr von seiner Grundentscheidung aus dem Jahr 1958. Sieht man von der Strafbarkeit von Submissionsabsprachen ab, sind Zuwider-

---

494 *Schmitt*, Strafrechtliche Maßnahmen gegen Verbände, S. 14 und 124, zitiert nach *Biermann*, ZWeR 2007, 1 (8) und *Dannecker/Biermann*, in: Immenga/Mestmäcker, GWB, Vor. § 81 Rn. 2.

495 Begr. z RegE, BT-Drucks. 2/1158 S. 28.

496 *Baumann/Arzt*, ZHR 134 (1970), S. 24 (30).

497 Aus dem älterem Schrifttum vgl. nur *Jescheck*, JZ 1959, 457 (461): „Es ist nicht einzusehen, warum Verstöße gegen das Kartellgesetz, die die Grundlagen der marktwirtschaftlichen Ordnung bedrohen, wertneutrale Handlungen sein sollen, während die verschleierte Nebentätigkeit des Arbeiters oder Handwerkers anscheinend einem sozial-ethischen Unwerturteil unterliegt und deshalb nach dem Gesetz zur Bekämpfung der Schwarzarbeit vom 30.3.1957 mit krimineller Geldstrafe bedroht werden muß.“ Kritisch auch *Weber*, ZStW 92 (1980), 313 (317).

handlungen gegen das deutsche Kartellrecht nach wie vor in § 81 Abs. 1 bis 3 GWB als Ordnungswidrigkeiten ausgestaltet.

c) Bedeutung und öffentliche Wahrnehmung schwerwiegender Kartellrechtsverstöße aus heutiger Sicht

Heutzutage spielt die Ahndung von Kartellrechtsverstößen eine viel größere Rolle als in den ersten Jahren nach Einführung des GWB. So wurde beispielsweise im Jahr 1962 insgesamt nur ein einziges Bußgeldverfahren vom Bundeskartellamt durchgeführt, welches mit der Verhängung einer Geldbuße von 400 DM endete[498]. Aus heutiger Sicht ist dieser Betrag gering, wurden doch etwa im Jahr 2003 vom Bundeskartellamt Bußgelder in Höhe von insgesamt über 700 Millionen Euro verhängt[499]. Das exponentielle Ansteigen der Anzahl der verhängten Bußgelder sowie deren Höhe ist nicht zuletzt darauf zurückzuführen, dass die Gewissheit über das Ausmaß kartellbedingter Mehrerlöse immer stärker geworden ist: Das Bundeskartellamt geht davon aus, dass ohne die Aufdeckung von Kartellen derzeit ein jährlicher Schaden von 500 bis 750 Millionen Euro für den Verbraucher entstünde[500].

Mit der gestiegenen tatsächlichen Bedeutung der Kartellbuße hat sich auch die öffentliche Wahrnehmung verändert. Verstärkt werden gravierende Kartellrechtsverstöße nicht mehr – wie es in der Gesetzesbegründung zur Urfassung des GWB heißt – bloß als „kaufmännisch unlauteres Verhalten" wahrgenommen, sondern als ernstzunehmende Gesetzesübertretungen mit erheblichen negativen Folgen für den Verbraucher. Zwar wird im öffentlichen Bewusstsein die moralische Verwerflichkeit eines Preiskartells nicht an die eines Kapitalverbrechens heranreichen[501]. Das dürfte vor allem daran liegen, dass es schwerfällt, sich mit den anonymen Verbrauchern auf der ganzen Welt, die etwa durch das „Vitamin-Kartell" oder das „Zitronensäure-Kartell" geschädigt wurde, zu identifizieren[502]. Doch der Schein der „Opferlosigkeit" trügt und die zunehmende Öffentlichkeitsarbeit des Bundeskartellamts, gerade über das Medium des Internets, sorgt für wachsende Akzeptanz weitreichender Sanktionen. Abgesehen davon ist nicht Voraussetzung für die Kriminalisierung, dass die Öffentlichkeit die moralische Verwerflichkeit von Kartellrechtsverstößen genauso hoch einstuft wie bei Kapitalverbrechen. Zum einem besteht das StGB nicht nur aus Kapitalverbrechen. Zum anderen liegen bei scheinbar opferlosen Delikten wie Kartellrechtsverstößen Ursache und Wirkung anders, d.h., erst mit der Kriminalisierung entwickelt sich der Konsens über die ethische Verwerflichkeit[503]. Inso-

---

498 *Brunner*, Täterkreis, S. 134. Im Folgejahr wurde sogar überhaupt kein Bußgeld verhängt.
499 Vgl. die Statistik in BKartA, Erfolgreiche Kartellverfolgung, S. 10.
500 BKartA, Erfolgreiche Kartellverfolgung, S. 15.
501 So auch *Wagner-von Papp*, WuW 2010, 268 (274); *Dreher*, WuW 2011, 232 (237).
502 *Wagner-von Papp*, WuW 2010, 268 (274).
503 *Wagner-von Papp*, WuW 2010, 268 (274 f.).

fern kommt es für die Frage der Kriminalisierung weniger auf das aktuelle öffentliche Bewusstsein, sondern eher auf die objektive, in Zahlen messbare Sozialschädlichkeit von Kartellierungen an. Festzuhalten ist jedenfalls, dass die unbestreitbar exponentiell gestiegene Bedeutung des Kartellrechts seit Einführung des GWB und der damit zumindest in Ansätzen erfolgte Wandel in der öffentlichen Wahrnehmung den Gesetzgeber bislang nicht zu einer grundlegenden Revision des Kartellsanktionsrechts bewogen haben.

d) Kartellordnungswidrigkeitenrecht als zunehmend verselbstständigter Fremdkörper im Gesamtsystem des Ordnungswidrigkeitenrechts

Der aufgezeigte Wandel der Bedeutung des Kartellrechts wirft die Frage auf, ob die heute noch geltende Zuordnung der schwerwiegendsten Kartellrechtsverstöße (abgesehen von Submissionsabsprachen) zum Ordnungswidrigkeitenrecht noch haltbar ist oder ob diese sich nicht zu einem „Fremdkörper im Verhältnis von Straftat und Ordnungswidrigkeit“[504] entwickelt haben. Dass Kartellrechtsverstöße nicht zum sonstigen Ordnungswidrigkeitenrecht passen, scheint angesichts der Höhe der Bußgeldandrohung ein naheliegender Schluss zu sein. Mit einem Bußgeldrahmen von bis zu einer Million Euro für natürliche Personen heben sich schwerwiegende Kartellrechtsverstöße von der Masse der Ordnungswidrigkeitentatbestände ab. Geprägt wird das Ordnungswidrigkeitenrecht vor allem durch Verstöße gegen die Straßenverkehrsordnung und Auskunfts-, Buchführungs- und Meldepflichten, die jedem Bürger im alltäglichen Leben bei Nachlässigkeit unterlaufen können[505]. Schwerwiegende Kartellrechtsverstöße passen nicht in diese Reihe der bagatellhaften Verstöße gegen Ordnungspflichten, sondern stechen schon aufgrund ihrer Bußgeldhöhe hervor. Insofern scheint die Forderung nach einer Kriminalisierung auf den ersten Blick leicht begründbar.

Begrifflich ist aber sorgsam zwischen der Eigenschaft als Fremdkörper und der bloßen Sonderstellung einer Regelungsmaterie zu unterscheiden. Während erstere eine gesetzliche Neuregelung als geboten erscheinen lässt, kann letztere mit guten Gründen gerechtfertigt sein. Dass es sich bei schweren Kartellrechtsverstößen nach der gesetzgeberischen Wertung nicht um Bagatellverstöße handelt, ergibt sich schon aus dem gesetzlichen Bußgeldrahmen. Allerdings ist die Vorstellung vom Ordnungswidrigkeitenrecht als durchgängiges Bagatelldeliktsrecht nicht haltbar. So wurde von *Karsten Schmidt* schon vor längerem eingewandt, dass das geltende Ordnungswidrigkeitenrecht neben geringfügigen Gesetzesübertretungen auch Unrechtstatbestände aus dem Wirtschaftsstrafrecht erfassen müsse, die keineswegs im Bagatellbereich liegen[506]. Die Strafrechtsdoktrin dürfe

---

[504] *Dannecker/Biermann*, in: Immenga/Mestmäcker, GWB, Vor. § 81 Rn. 22.
[505] *Dannecker/Biermann*, in: Immenga/Mestmäcker, GWB, Vor. § 81 Rn. 22.
[506] *Schmidt*, wistra 1990, 131 (138).

nicht ein einheitliches Rechtsbild „des“ Ordnungswidrigkeitenrechts am Paradigma der individuellen Bagatelldeliquenzen entwerfen[507]. Hier zeigt sich ein Dilemma des geltenden Sanktionsrechts: Die Durchbrechung des bagatellhaften Charakters des Ordnungswidrigkeitenrechts scheint schon allein wegen der erforderlichen Sanktionierung des Verhaltens juristischer Personen in Ermanglung eines deutschen Unternehmens- oder Verbandsstrafrechts[508] unumgänglich. Anderseits lässt sich ein gewisses Missverhältnis bei der gesetzgeberischen Wertung kaum leugnen, vor allem, wenn man den sozial-ethischen Unwertgehalt einiger Kriminalstraftaten als Vergleichsmaßstab heranzieht. So kann beispielsweise „Schwarzfahren“ als Erschleichen von Leistungen gemäß § 265 a StGB kriminalstrafrechtlich geahndet werden. Schließlich bekommt jede Kriminalisierungsdebatte dadurch eine weitere Dimension, dass Missverhältnisse im Sanktionensystem rechtstheoretisch auch umgekehrt durch die Entkriminalisierung bagatellartiger Kriminalstraftaten beseitigt werden können. Die Kohärenz der Rechtsordnung zwingt damit zwar nicht automatisch zu einer Strafverschärfung, gebietet aber eine kritische Überprüfung der geltenden Rechtslage. Ob schwerwiegende Kartellrechtsverstöße einen Fremdkörper im Sanktionssystem darstellen, lässt sich mithin nicht schon aufgrund offenkundiger quantitativer Unterschiede zum sonstigen Ordnungswidrigkeitenrecht sagen. Vielmehr ist eine genauere Untersuchung des Wesens wettbewerbsbeschränkender Verhaltensweisen erforderlich.

2. Bedeutung und Schutzwürdigkeit des Wettbewerbs als Rechtsgut

Das Wesen einer Rechtsverletzung hängt maßgeblich vom Ausmaß der Rechtsgutsbeeinträchtigung und dem Stellenwert des durch die jeweilige Regelung geschützten Rechtsguts ab. Wie bereits dargelegt wurde, geht von Kartellrechtverstößen eine erhebliche sozialschädliche Wirkung aus. Dies kann mittlerweile als allgemein anerkannt angesehen werden. Nicht eindeutig geklärt ist hingegen die Frage, ob der Wettbewerb als Institution so wichtig ist, dass Angriffe gegen ihn mit Kriminalstrafe bedroht werden müssen.

a) Schutzwürdigkeit gemessen am geltenden Recht

In Hinblick auf das geltende Recht, das als Vergleichsmaßstab heranzuziehen ist, scheint die Frage nach der Schutzwürdigkeit des Wettbewerbs eindeutig zu bejahen zu sein. Geht man nämlich vom positiven Recht als Orientierungshilfe aus, so kann dies im Hinblick auf § 298 StGB nur bejaht werden, da nach dessen

---

[507] *Schmidt*, wistra 1990, 131 (138).

[508] Zur Ablehnung einer kriminalstrafrechtlichen Verbandsgeldstrafe siehe *Gürtler*, in: Göhler, OWiG, Vor. § 29a Rn. 7; vgl. auch *Dannecker/Biermann*, in: Immenga/Mestmäcker, GWB, Vor. § 81 Rn. 25.

Gesetzesbegründung primär der freie Wettbewerb geschützt werden soll[509]. Die Regelung des § 298 StGB nimmt allerdings eine Sonderstellung ein, die Anlass für eine rechtspolitische Kritik gibt: Führt man sich vor Augen, dass nach geltendem Recht Submissionsabsprachen selbst dann strafbar sind, wenn sie nur einen geringen volkswirtschaftlichen Schaden verursachen, zugleich aber andere „Hardcore-Kartelle" auch bei erheblichen Schäden nur als Ordnungswidrigkeit geahndet werden können, scheint ein deutliches Missverhältnis innerhalb des Kartellsanktionsrechts zu bestehen. Die Einführung des § 298 StGB – ohne dass die Entscheidung für sich genommen falsch sein muss – erweist sich bei Gesamtbetrachtung des Kartellsanktionsrecht als „systemwidrige Teilkriminalisierung"[510]. Ihre Ursache ist darin zu sehen, dass der Gesetzgeber um jeden Preis der Korruption im Bereich der Bauwirtschaft mit aller Härte entgegentreten wollte und damit eine „Sonderregelung für die Bauwirtschaft"[511] geschaffen hat, die sich als Kriminalstrafe unverhältnismäßig im Vergleich zu den im GWB geregelten schwerwiegenden Ordnungswidrigkeiten erweist. Auch wenn die Regelung primär vor dem Hintergrund der Korruptionsbekämpfung und nicht aus kartellrechtlichen Gründen eingeführt wurde[512], lässt sich ihre faktische Sonderstellung im Kartellsanktionsrecht nicht leugnen. Allein eine gewisse Nähe zum Betrug vermag die Sonderstellung des § 298 StGB jedenfalls nicht zu rechtfertigen[513], weil diese Nähe auch bei vielen Kartellordnungswidrigkeiten existiert.

Die Schutzwürdigkeit des Wettbewerbs als Rechtsgut wird jedoch nicht nur durch das geltende Strafrecht belegt, sondern entspricht auch der Wertung im Kartellordnungswidrigkeitenrecht. Die Tatsache, dass nach geltendem Recht Geldbußen von bis zu einer Million Euro gegen natürliche Personen verhängt werden können, lässt keinen Zweifel daran, dass der Gesetzgeber weit davon entfernt ist, schwerwiegende Verstöße gegen Wettbewerbsvorschriften als Bagatellunrecht anzusehen. Da sich – wie das Bundesverfassungsgericht ausführt –

509 Begr. z. RegE, BT-Drucks. 13/5584 S. 13; vgl. auch *Fischer*, StGB, Vor § 298 Rn. 6; *Achenbach*, WuW 1997, 958 (959). Der 26. Abschnitt des StGB trägt im Übrigen den Titel „Straftaten gegen den Wettbewerb".

510 *Kerner/Rixen*, GA 1996, 355 (388); ebenfalls kritisch zum Missverhältnisses *Achenbach*, in: Frankfurter Kommentar (61. Lfg. 2006), Vor. § 81 Rn. 25; *Lüderssen*, BB 1996, 2525; *Biermann*, ZWeR 2007, 1 (20); *Wagner-von Papp*, WuW 2009, 1236 (1249).

511 So bereits die Bedenken des Rechtsausschusses zu dem Entwurf eines Gesetzes zur Bekämpfung der Wirtschaftskriminalität, BT-Drucks. 10/5058, 31: „Die vorgeschlagene Strafvorschrift würde sich tatsächlich als eine Sonderregelung für die Bauwirtschaft auswirken – eine ungute Lösung".

512 Vgl. Begr. z. RegE, BT-Drucks. 13/3353 S. 8; insoweit den Ausnahmecharakter verteidigend: *Rittner/Dreher*, Wirtschaftsrecht, § 23 Rn. 133; *Dreher*, WuW 2011, 232 (235).

513 *Klocker/Ost*, in: FS für Bechtold S. 229 (241, dort Fn. 33). Hingegen für den Sonderfall des Submissionsbetrugs auf die Betrugsnähe hinweisend: *Dreher*, WuW 2011, 232 (235).

die Strafhöhe nach dem normativ festgelegten Wert des verletzen Rechtsgut richtet[514], spricht der hohe Bußgeldrahmen ebenfalls für eine Strafwürdigkeit.

Schließlich zeigt auch der rechtsvergleichende Blick auf andere Rechtsordnungen, dass eine weltweite Tendenz zum Schutz des Rechtsguts „Wettbewerb" durch eine Kriminalisierung von Kartellverstößen existiert[515]. Der freie Wettbewerb findet damit als überindividuelles Schutzgut zunehmend Aufnahme in den Schutzkanon des modernen Wirtschaftsstrafrechts.

b) Schutzwürdigkeit bei abstrakter Beurteilung

Jedoch reicht der vergleichende Blick aufs geltende Recht, speziell auf § 298 StGB, nicht aus, um die Schutzwürdigkeit des Wettbewerbs als Strafrechtsgut zu bejahen, weil die bisherigen gesetzgeberischen Entscheidungen nicht unumstritten sind[516] und hinterfragt werden müssen. Dies zwingt zu einem Wechsel der Betrachtungsweise und dem Versuch, die Schutzwürdigkeit des Wettbewerbs nicht anhand des positiven Rechts, sondern abstrakt zu beurteilen. Maßgeblich ist hierbei die Frage, welche tatsächliche Bedeutung dem Wettbewerb in unserer Wirtschaftsordnung losgelöst von gesetzlichen Regelungen zukommt.

Wettbewerb lässt sich beschreiben als „das Streben, durch eigene Leistung, die nach Qualität oder Preis besser ist als die Leistung anderer Unternehmen, den Verbraucher zum Abschluss eines Vertrages zu veranlassen"[517]. Damit ist Konkurrenz eine Grundvoraussetzung für Fortschritt und Innovation, da sich nur attraktive Wettbewerber auf dem Markt behaupten können. Der Verbraucher profitiert von diesem Streben nach Attraktivität, weil der Wettbewerb die produzierende Wirtschaft dazu zwingt, sich den Bedürfnissen der Konsumenten zu fügen[518]. Der Schutz des Wettbewerbs als Institution ist immer auch ein Schutz des Einzelnen, da der Schutz des Wettbewerbs immer nur über den Schutz der wirtschaftlichen Betätigungsfreiheit aller Einzelnen erreicht werden kann[519]. In

---

514 BVerfGE 27, 18 (29).

515 Vgl. die Untersuchung der OECD, Cartel Sanctions against Individuals, DAF/COMP(2004)39, S. 45 ff. Speziell zu der Strafbarkeit von Kartelldelikten nach dem UK Enterprise Act 2002 siehe *Reimann/Krohs*, WuW 2003, 739.

516 Siehe nur die hier nicht näher zu thematisierende Kritik zu Einführung des § 298 StGB von *Lüderssen*, BB 1996, 2525; *ders.*, BB Beilage 1996, Nr. 11, 1.

517 So die amtliche Begründung zur Urfassung des GWB aus dem Jahr 1958, BT Drucks. 2/1158, S. 31.

518 *Von Weizäcker*, in: Kirchhof, Gemeinwohl und Wettbewerb, S. 97.

519 *Dannecker/Biermann*, in: Immenga/Mestmäcker, GWB, Vor. § 81 Rn. 19. Nicht zutreffend beschreibt daher *Lüderssen*, BB Beilage 1996, Nr. 11, 1 (7) den Wettbewerb als Zwischenrechtsgut, welches den strafrechtlichen Schutz nur genieße, wenn eine konkrete Gefährdung der persönlichen Freiheit oder des Vermögens vorläge. Dagegen ist nicht zuletzt einzuwenden, dass die Folgen wettbewerbsbeschränkender Verhaltensweise bei Absatzketten „automatisierende Wirkung" haben, die den Schutz des Endabnehmers erschweren.

den vergangenen Jahrzehnten hat sich der Gedanke des wirtschaftlichen Wettbewerbs im Gegensatz zu sozialistischen Wirtschaftssystemen bewährt und zu einer Verbesserung der Lebensbedingungen erheblich beigetragen. Wenn auch nicht im Grundgesetz verankert, so ist der wirtschaftliche Leistungswettbewerb „leitendes Grundprinzip der deutschen Wirtschaftsverfassung“[520]. Heutzutage kann man von einem „real-existierenden wirtschaftspolitischen Zustand in der Europäischen Union ausgehen, der die Wettbewerbswirtschaft als unverzichtbar erscheinen lässt“[521]. Damit ist auch unter Zugrundlegung einer abstrakten Sichtweise der Wettbewerb aufgrund seiner Bedeutung als Institution in unserem Wirtschaftssystem als besonders schutzwürdig anzusehen.

3. Handlungsunrecht schwerwiegender Kartellrechtsverstöße

Für die Strafwürdigkeit kommt es entscheidend darauf an, welche Qualität der Angriff auf das schutzwürdige Rechtsgut hat, so dass das konkrete Handlungsunrecht einzelner Kartellrechtsverstöße näher zu untersuchen ist. Hierzu ist vor allem die jeweilige Art und Weise des Vorgehens, die dazu erforderliche kriminelle Energie des Täters sowie das typischerweise aus der Rechtsverletzung resultierende Ausmaß der Schädigung als Untersuchungskriterium heranzuziehen.

a) Horizontale Wettbewerbsbeschränkungen

Unter einer horizontalen Wettbewerbsbeschränkung versteht man das Abstimmen von Maßnahmen durch Wirtschaftssubjekte der gleichen Marktstufe, durch das eine Verhinderung, eine Einschränkung oder eine Verfälschung des Wettbewerbs bezweckt wird. Typisch hierfür sind Preisabsprachen, doch auch andere Wettbewerbsparameter wie Absatzgebiete, Produktionsmengen etc. können hierbei Gegenstand der Vereinbarung sein.

Kennzeichnend für solche Wettbewerbsbeschränkungen ist zunächst das heimliche Vorgehen der Täter. Angesichts der meist offensichtlichen Rechtswidrigkeit entsprechender Absprachen, finden Treffen der Kartellbeteiligten oft nicht in den eigenen Geschäftsräumen, sondern an neutralen Orten wie etwa Hotels statt. Es wird vermieden, dass Beweismittel entstehen, die den Kartellbeteiligten später zum Verhängnis werden könnten. Beispielsweise fand im Fall „Feuerwehrdrehleiterfahrzeuge“[522] die Kommunikation der Kartellbeteiligten über Prepaid-Handys statt und in späteren E-Mails wurde eine geheime "Fussballersprache" verwendet: Treffen der Kartellbeteiligten wurden als "Training" be-

---

520 *Tiedemann*, in: FS für Müller-Dietz, S. 905 (909).

521 *Maiazza*, Opportunitätsprinzip, S. 239.

522 Fallbericht des BKartA zum Kartellverfahren gegen die Hersteller von Feuerwehrdrehleiterfahrzeugen, Aktenzeichen B 12 – 12/10, abrufbar unter: http://www.bundeskartellamt.de.

zeichnet und Rabattabsprachen als Spielergebnisse deklariert. Nicht selten werden – ähnlich wie im Milieu der Schwerkriminalität – Decknamen verwendet[523]. Des Weiteren erschweren immer mehr technische Hilfsmittel wie abhörsichere Handys oder der Einsatz spezieller Verschlüsselungssoftware für E-Mail Programme die Aufdeckung von Kartellen. Aus kriminologischer Sicht sind das heimliche Vorgehen und die gezielte Verdeckung der eigenen Verhaltensweisen in besonderem Maße zu missbilligen. Sie erschweren nicht nur die Aufdeckung und Ahndung der gesetzeswidrigen Handlung, sondern lassen nur den Schluss zu, dass sich die Täter sich über die Rechtswidrigkeit ihres Tuns bewusst sind und sich gezielt über gesetzliche Verbote hinwegsetzen. Viele dieser Kartelle operieren über einen langen Zeitraum und in einigen Branchen gab es in der Vergangenheit Wiederholungstaten[524]. Des Weiteren ist festzuhalten, dass horizontale Wettbewerbsabsprachen an dem Gesamtbetrag des durch Kartellrechtsverstöße entstehenden Schadens für die Allgemeinheit den größten Anteil haben[525]. All dies zeigt, dass die Bildung und Organisation eines horizontalen Kartells ein ganz erhebliches Maß an Handlungsunrecht aufweist, das dem Handlungsunrecht der meisten Delikte des Kriminalstrafrechts in nichts nachsteht.

Etwas anderes gilt, wenn horizontale Absprachen eine Wettbewerbsbeschränkung objektiv bewirken, eine solche aber nicht beabsichtigt wird. Auch das reine Bewirken ist zwar nach § 1 GWB verboten, weil auch insoweit der Wettbewerb vor faktischen Beschränkungen geschützt werden muss. Eine strafrechtliche Verantwortung für fahrlässiges Verhalten würde in diesem Zusammenhang jedoch zu weit gehen[526]. Gemessen am Handlungsunrecht ist nur das gezielte Vorgehen strafwürdig, so dass tatbestandlich die Absicht der Wettbewerbsbeschränkung als dolus directus 1. Grades aufzunehmen wäre. Beweisschwierigkeiten dürften in der Praxis auch bei einer solchen Einschränkung des subjektiven Tatbestand nicht zu befürchten ein, da ohne weiteres aus dem objektiven Tatbestand entsprechende Rückschlusse gezogen werden können.

---

523 Im 2011 aufgedeckten Kartell der "Schienenfreunde" gaben sich die Täter Decknamen wie "Hannibal Lecter", "das Brüderchen" oder "die Domina", vgl. Artikel der Süddeutschen Zeitung vom 30.06.2011, abrufbar unter http://www.sueddeutsche.de.

524 So etwa bei den Herstellern von Zement, das klassisches Beispiel für ein preissensibles, homogenes Massengut ist. Siehe hierzu BKartA Tätigkeitsbericht 2009/2010, BT-Drucks. 17/6640, S. 78.

525 Nach *Klusmann*, in: Wiedemann, Kartellrecht, § 55 Rn. 1 machen Verstöße gegen § 1 GWB rund 80 % der mit einer Bußgeldverhängung beendeten Verfahren aus. Zur Häufungsverteilung siehe auch *Dannecker/Biermann*, in: Immenga/Mestmäcker, GWB, Vor. § 81 Rn. 26 ff.

526 So auch *Kohlhoff*, Kartellstrafrecht, S. 168.

b) Vertikale Wettbewerbsbeschränkungen

Ein anderes Bild zeigt sich bei der Untersuchung des Handlungsunrechts bei vertikalen Wettbewerbsbeschränkungen, die seit der 7. GWB-Novelle ebenfalls unter § 1 GWB fallen. Bei Vertikalvereinbarungen werden einem Unternehmen auf einer nachgelagerten Marktstufe Beschränkungen hinsichtlich späterer Folge- oder Zweitvereinbarungen auferlegt, beispielsweise durch Preis- oder Konditionsbindungen[527].

Eine solche Bindung eines Unternehmens auf einer nachgelagerten Marktstufe zielt primär auf die Einschränkung seiner Handlungsfreiheit ab und unterscheidet sich dadurch von horizontalen Absprachen, die eher als genereller Angriff auf den Wettbewerb als Institution anzusehen sind. Bei rein vertikalen Absprachen fehlt die für horizontale Absprachen typische, wirtschaftspolitisch gefährliche Tendenz zur Wiederholung[528]. Hinzu kommt, dass die Grenze des rechtlichen Verbots für die Betroffenen hier viel schwerer erkennbar ist als bei horizontalen Absprachen. So ist eine besondere fachliche Expertise notwendig, um beispielsweise die Rechtmäßigkeit von Ausschließlichkeitsbindungen oder Gesamtbedarfsdeckungsklauseln zu beurteilen[529]. Zudem können vertikale Wettbewerbsbeschränkungen unbestreitbar auch positive Effekte haben. Preisbindungen können beispielsweise von gebundenen Unternehmen unter Umständen positiv wahrgenommen werden und rechtlich zulässig sein, da Handlungsspannen gesichert und Kalkulationen erleichtert werden, während umgekehrt für den Verbraucher positive Aspekte wie Markttransparenz entstehen[530]. Hingewiesen sei auch auf Sonderregelungen, die für die Preisbindungen bei Verlagserzeugnissen aus kultur- und bildungspolitischen Gründen gelten (§ 30 GWB, § 5 BprBindG)[531]. Vertikale Vereinbarungen zwischen Marktteilnehmern sind also in einem stärkeren Maß einer Legitimität im Einzelfall zugänglich, als das bei horizontalen Wettbewerbsbeschränkungen der Fall ist. Das Handlungsunrecht, sofern die Verhaltensweise überhaupt gesetzeswidrig ist, ist demnach grundsätzlich geringer. Daher sind vertikale Wettbewerbsbeschränkungen nicht als strafwürdig anzusehen[532].

---

527 *Dannecker/Biermann*, in: Immenga/Mestmäcker, GWB, Vor. § 81 Rn. 27.

528 Vgl. BGH 49, 201 (205 f.), wonach aus diesem Grund nur horizontale Vereinbarungen unter § 298 StGB fallen sollten. Da § 1 GWB seit der 7. GWB Novelle auch vertikale Absprachen erfasst, hat der BGH inzwischen seine Auslegung des § 298 StGB entsprechend angepasst, siehe BGH WuW DE-R 3691.

529 Siehe hierzu etwa die Ausführungen von *Bunte*, in: Langen/Bunte, Dt. Kartellrecht, § 1 Rn. 208.

530 *Kohlhoff*, Kartellstrafrecht, S. 171.

531 Ausführlich hierzu *Kling/Thomas*, Kartellrecht, § 17 Rn. 142 ff.

532 Ähnlich *Biermann*, ZWeR 2007, 1 (32); hingegen für eine Inkriminierung: *Kohlhoff*, Kartellstrafrecht, S. 169 ff.

c) Einseitige Verhaltensweisen

Zu den unerlaubten einseitigen Verhaltensweisen zählen vor allem der Missbrauch einer marktbeherrschenden Stellung (§ 19 Abs. 1 GWB), die unbillige Behinderung anderer Unternehmen (§ 20 GWB) und der Boykott (§ 21 Abs. 1 GWB). Die übrigen Regelungsinhalte der §§ 19 bis 21 GWB[533] haben eine vergleichsweise geringe praktische Bedeutung[534].

Das Handlungsunrecht einseitiger wettbewerbsbeschränkender Verhaltensweisen besteht darin, dass der Täter die Marktmacht seines Unternehmens dazu ausnutzt, andere Unternehmen unter Druck zu setzen und zu bestimmten Verhaltensweisen zu veranlassen. Insofern besteht vom Wesen her eine gewisse Nähe zur Nötigung, wenngleich der Tatbestand des § 240 StGB meist nicht erfüllt ist[535]. Die Nähe zur Nötigung mag ein Indiz dafür sein, dass im Einzelfall ein durchaus erhebliches Maß an Handlungsunrecht vorliegen kann. Andererseits ist zu bedenken, dass die Nötigung ein offener Tatbestand ist, bei dem die Rechtswidrigkeit ausnahmsweise nicht indiziert wird. Entsprechende Verhaltensweisen müssen daher immer einer gewissen Wertung unter Berücksichtigung von Mittel und Zweck unterzogen werden. Ein entsprechendes normatives Urteil ist auch bei einseitigen Kartellrechtsverstößen erforderlich. Nicht ohne Grund enthalten die Tatbestände in §§ 19 – 21 GWB deshalb zahlreiche Generalklauseln, die eine Wertung im Einzelfall ermöglichen sollen. Hieraus folgt für die Kriminalisierung, dass eine genaue tatbestandliche Umschreibung der unerlaubten Verhaltensweise unter Berücksichtigung des Bestimmtheitsgebots im Strafrecht kaum möglich ist. Deutlich wird dies etwa dadurch, dass nach geltendem Recht der in der Generalklausel des § 19 Abs. 1 GWB verwendete Begriff „Missbrauch einer marktbeherrschenden Stellung“ durch kaum weniger generalklauselartige Formulierungen im Regelbeispiel des § 19 Abs. 4 Nr. 1 GWB nur scheinbar konkretisiert wird (§ 19 Abs. 4 Nr. 1 GWB: „Ein Missbrauch liegt insbesondere vor, wenn (...) ein Unternehmen (...) die Wettbewerbsmöglichkeiten anderer Unternehmen (...) ohne sachlich gerechtfertigten Grund beeinträchtigt.“). Im Ergebnis ist daher festzuhalten, dass generelle Aussagen zum Handlungsunrecht einseitiger Verhaltensweisen nach §§ 19 – 21 GWB nicht möglich sind und wegen der damit verbundenen rechtlichen Unsicherheit eine straftatbestandliche Ausgestaltung nicht gerechtfertigt erscheint. Hinzu kommt, dass entsprechende Verhaltensweisen nicht wie horizontale Absprachen im Verbor-

---

533 Siehe hierzu die Übersicht in *Kling/Thomas*, Kartellrecht, § 18 Rn. 19.

534 Vgl. BKartA Tätigkeitsbericht 2009/2010, BT-Drucks. 17/6640, S. 164 f. Grund hierfür ist, dass angesichts der weit formulierten Tatbestände im Rahmen der Opportunitätsentscheidung auf ein Bußgeld verzichtet werden kann und bloß eine Untersagungsverfügung ergeht, vgl. *Dannecker/Biermann*, in: Immenga/Mestmäcker, GWB, § 81 Rn. 83.

535 Es fehlt oft an einer Drohung, die nicht schon aus einer faktischen einseitigen Verhaltensweise (z.B. bei einer objektiv bestehenden Bezugs- oder Liedersperre) abgeleitet werden kann; vgl. hierzu auch *Federmann*, Kriminalstrafen, S. 136.

genen erfolgen, sondern diskriminierte Wettbewerber diese unmittelbar wahrnehmen. Dadurch wird ihnen die Möglichkeit gegeben, sich direkt rechtlich gegen solche Maßnahmen zur Wehr zu setzten, etwa durch Abstellungsverfügungen[536]. Daher ist die Kriminalisierung einseitiger Verhaltensweisen zumindest zum gegenwärtigen Zeitpunkt nicht geboten[537].

d) Sonstige Kartellrechtsverstöße

Für Verstöße im Bereich der Fusionskontrolle sowie bei Zuwiderhandlungen gegen behördliche Verfügungen gilt, dass sie ihrem Handlungsunrecht nach weitaus weniger strafwürdig erscheinen als horizontale Absprachen. Sie habe eher den Charakter des „Verwaltungsungehorsams", der gegen eine kriminalstrafrechtliche Zuordnung spricht, sondern wegen der Nähe zum rechtshistorischen Begriff des Verwaltungsunrechts eher dafür, es bei der Zuordnung zum Ordnungswidrigkeitenrecht zu belassen. Anders als horizontale Absprachen können Verstöße im Bereich der Zusammenschlusskontrolle oder gegen behördliche Verfügungen auf Nachlässigkeit der betroffenen Person beruhen. Berücksichtigt man Beweisschwierigkeiten beim Nachweis des Vorsatzes, bliebe ein Hauptanwendungsbereich in Fällen der Fahrlässigkeit, für die gemessen am Handlungsunrecht die Strafwürdigkeit tendenziell zu verneinen wäre. Daher erscheint auch hier derzeit eine Neuregelung nicht nötig[538].

4. Schlussfolgerung

Zumindest für vorsätzliche horizontale Wettbewerbsbeeinträchtigungen gilt, dass entsprechende Verhaltensweisen ein Maß an Handlungsunrecht aufweisen, das dem Handlungsunrecht der meisten Kriminalstraftaten in nichts nachsteht. Bei solchen gezielten Angriffen auf den Wettbewerb als schützenswertes Strafrechtsgut verfolgen die Täter ihre Ziele mit einer erheblichen kriminellen Energie. Gemessen am sozial-ethischen Unwertgehalt sind derartige Rechtsverletzungen dem Kriminalstrafrecht weitaus näher als dem Ordnungswidrigkeitenrecht und können dementsprechend als Fremdkörper im diesem Rechtsgebiet angesehen werden.

---

536 *Biermann*, ZWeR 2007, 1 (33). Zu den Voraussetzungen und dem Inhalt der Abstellungsverfügung nach § 32 GWB siehe etwa *Bornkamm*, in: Langen/Bunten, § 32 Rn. 18.

537 So auch *Biermann*, ZWeR 2007, 1 (32); differenzierend zur Strafwürdigkeit einseitiger Verhaltensweisen und teilweise bejahend *Kohlhoff*, Kartellstrafrecht, S. 172.

538 A.A. *Kohlhoff*, Kartellstrafrecht, S. 179 sowie *Biermann*, ZWeR 2007, 1 (34), die Verstöße gegen wettbewerbsbehördliche Verfügungen für strafwürdig halten.

II. Strafbedürftigkeit schwerwiegender Kartellrechtsverstöße

Neben der Strafwürdigkeit ist die Strafbedürftigkeit Voraussetzung für die Einführung von Kriminalstraftatbeständen. Dabei kommt es darauf an, ob die Kriminalstrafe zur Erreichung des rechtspolitischen Ziels erstens brauchbar ist und zweitens zwingend gebraucht wird. Es geht also zunächst um die Frage, ob die kriminalstrafrechtliche Ahndung von wettbewerbsbeschränkenden Absprachen auf horizontaler Ebene überhaupt praktikabel ist oder ob dem Zweckmäßigkeitsgesichtspunkte entgegenstehen. Insbesondere gilt es zu vermeiden, dass mangels praktischer Anwendung Straftatbestände zu "zahnlosen Papiertigern" werden. Sofern im ersten Schritt festgestellt wird, dass Kriminalstraftatbestände zur Zielerreichung tauglich sind, ist als nächstes zu fragen, ob der Griff zum "schärfsten Schwert der Rechtsordnung" wirklich sein muss. Der Einsatz von Kriminalstrafe ist nämlich nur dann erforderlich, wenn sie unerlässliches Mittel zum Schutz der Gesellschaft vor strafwürdigen Verhaltensweisen und zur Wahrung der Rechtsordnung ist[539]. Es bedarf hingegen keines Kriminalstrafrechts ist, wenn andere, mildere Mittel ebenso gut oder besser geeignet sind, um die Rechtsordnung zu schützen. Insofern gebietet die Subsidiarität des Kriminalstrafrechts auch einen vergleichenden Blick auf Alternativen.

1. Zweckmäßigkeit und Praktikabilität der Kriminalisierung des Kartellrechts

a) Tatbestandliche Ausgestaltung unter Berücksichtigung des Bestimmtheitsgrundsatzes

Fraglich ist, wie horizontale Wettbewerbsbeschränkungen unter Berücksichtigung des Bestimmtheitsgebots als Straftatbestand formuliert werden können. Damit die Neuregelung auf möglichst breite internationale Zustimmung stößt, sollte sich die Formulierung möglichst an weitgehend anerkannten gemeinschaftsrechtlichen Definitionen orientieren[540]. Hilfreich ist dabei vor allem die Definition des Begriffs „Hardcore-Kartell“ der OECD, wonach hierunter wettbewerbsbeschränkende Vereinbarungen, abgestimmte Verhaltensweisen oder sonstiges Zusammenwirken von Wettbewerbern zählen, die zu Preisfestsetzungen, abgesprochenen Submissionen, Produktionseinschränkungen bzw. -quoten oder Marktaufteilung (Kunden, Zulieferer, Gebiete bzw. Geschäftsfelder) führen[541]. Diese Definition ähnelt der Formulierung des § 1 GWB, enthält aber im

539 *Otto*, Grundkurs Strafrecht, § 1 Rn. 50; *Achenbach*, Strafrechtlicher Schutz, S. 113.

540 So auch *Biermann*, ZWeR 2007, 1 (31).

541 OECD, Hard Core Cartels, S. 58: „a “hard core cartel” is an anticompetative agreement, anticompetative practice, or anticompetative arrangement by competitors to fix prices, make rigged bids (collusive tenders), establish output restrictions or quotas, or share or divide markets by allocating customers, suppliers, territories, or lines of commerce“.

Gegensatz hierzu konkrete Beispiele für Zuwiderhandlungen. Es erscheint sinnvoll, die wichtigsten Wettbewerbsparameter, auf die sich horizontale Vereinbarungen beziehen können, im Tatbestand beispielhaft aufzuführen. Dadurch würde die verbotene Verhaltensweise für den Rechtsanwender deutlicher werden. Auch sollte der Tatbestand des § 298 StGB als Orientierungshilfe dienen. Um Beweisschwierigkeiten bei der Frage nach negativen Auswirkungen der Absprachen auf den Wettbewerb zu vermeiden, erscheint es sinnvoll, bereits die Vornahme entsprechender Absprachen unter Strafe zu stellen, also ein abstraktes Gefährdungsdelikt wie § 298 StGB zu schaffen.

Eine Einschränkung hinsichtlich der Strafbarkeit müsste für horizontale Vereinbarungen geregelt werden, die nach den §§ 2 ff. GWB ausnahmsweise erlaubt sind (Mittelstandskartelle etc.), weil ihnen unter Abwägung aller Umstände eine positive Marktwirkung zukommen kann. Rechtstechnisch wäre es möglich, eine entsprechende Ausnahme entweder direkt im Tatbestand oder als Rechtfertigungsgrund zu regeln[542]. Eine Orientierungshilfe für den vorzugswürdigen Ausschluss bereits auf Tatbestandsebene können dabei die Formulierungen des englischen Kartellstrafrechts (Sec. 188, 189 des Enterprise Act) liefern, da deren tatbestandliche Formulierung es weitestgehend ausschließt, das „legitimes Verhalten fälscherweise als verboten gewertet wird“[543].

b) Effektivität der Strafverfolgung

Gegner der Kriminalisierung wenden ein, dass die gewünschte Generalprävention weniger von der Schwere der Strafandrohung, sondern mehr von der Ahndungswahrscheinlichkeit und der Häufigkeit und Schnelligkeit der Verfolgung abhängt[544]. Auch wenn das Verhältnis dieser Faktoren nicht eindeutig bestimmt werden kann, ist sicherlich anzuerkennen, dass eine effektive praktische Anwendung Grundprämisse jeder Strafandrohung ist. Andernfalls wird die Strafandrohung zum "zahnlosen Papiertiger".

Bedenken hinsichtlich der Praktikabilität werden vor allem dadurch getragen, dass in einigen Staaten die strafrechtliche Verfolgung von Kartellrechtsverstößen nach ihrer Einführung weitgehend leergelaufen ist[545]. Die rechtsvergleichende Analyse der Praxisrelevanz des Kartellstrafrechts in anderen Staaten zeigt ein uneinheitliches Bild: Während die Strafverfolgung in den USA durchaus als praxisrelevant bezeichnet werden kann[546], erfolgten in England, das als

---

542 Ausführlich *Kohlhoff*, Kartellstrafrecht, S. 184.

543 *Wagner-von Papp*, WuW 2010, 268 (278). Zum Tatbestand der Sec. 188, 189 siehe *Reimann/Krohs*, WuW 2003, 739 (740 f.).

544 So der Einwand von *Dreher*, WuW 2011, 232 (237).

545 *Dreher*, WuW 2011, 232 (238 ff.).

546 So auch *Dreher*, WuW 2011, 232 (238); *Wagner-von Papp*, WuW 2009, 1236 (1237 ff.): „Seit Beginn des 21. Jahrhunderts bis 2008 werden durchschnittlich etwa 40 Personen pro

Vorreiter des Kartellstrafrechts in Europa gilt, bislang kaum Verurteilungen[547]. Österreich und die Niederlande sind sogar wegen zu geringer Verurteilungszahlen von kartellrechtlichen Kriminalstrafen vorerst wieder abgerückt[548]. Zu den zuletzt eingeführten strafrechtlichen Sanktionen in Irland, Estland, Slowenien oder Griechenland gibt es, soweit ersichtlich, bislang noch keine empirischen Untersuchungen. Auch wenn die Befunde rechtsvergleichender Untersuchungen durchaus interessant sind, muss ihre Aussagekraft im vorliegenden Zusammenhang als eher gering eingestuft werden. Zunächst liegt es in der Natur schwerwiegender Kartellrechtsverstöße, dass immer nur eine relativ geringe Zahl von Verfahren geführt werden wird, weil entsprechende Taten vergleichsweise selten sind. Die Seltenheit der Tatbestandsverwirklichung an sich rechtfertigt nicht, auf die Verfolgung von strafwürdigen Verhaltensweisen zu verzichten. Maßgeblich ist daher weniger die Anzahl der geführten Verfahren, sondern eher die Aufdeckungsquote und die Quote der Verurteilungen. Abgesehen davon hat eine rechtsvergleichende Untersuchung nur deshalb eine eingeschränkte Aussagekraft, weil erhebliche rechtshistorische Unterschiede bei der Verfolgung von Kartellrechtsverstößen sowie verfahrensrechtliche Unterschiede in den einzelnen Staaten existieren, die Vergleiche kaum zulassen.

Für die Einschätzung der Effektivität einer möglichen Kriminalisierung ist vielmehr auf die Eigenarten des deutschen Rechts und die Erfahrungen bei der Kartellverfolgung hierzulande einzugehen. Für die Möglichkeit einer effektiven Strafverfolgung von Kartellrechtsverstößen in Deutschland sprechen die bisherigen Erfahrungen mit § 298 StGB in der Anwendungspraxis. Eine statistische Untersuchung zeigt, dass bei einer Strafbarkeit nach § 298 StGB nicht immer Geldstrafen, sondern mit steigender Tendenz wegen der erheblichen kriminellen Energie der Täter auch Freiheitsstrafen verhängt werden[549]. Generell kann die Durchsetzung des § 298 StGB in der Praxis angesichts von rund 20 Verurteilungen im Jahr als Erfolg bewertet werden[550]. Die Sorge, dass Strafprozesse angesichts der Verfahrensgarantien etwa im Beweisrecht zu schwerfällig seien[551] und eine gewisse Flucht in Verfahrensabsprachen und Verfahrenseinstellungen bestehe[552], wird angesichts dieser Zahlen zumindest für § 298 StGB nicht bestätigt. Eine gewisse Komplexität ist Wirtschaftsstrafverfahren immanent und auch aus

---

Jahr angeklagt, von denen ungefähr die Hälfte zu Haftstrafen verurteilt werden; die durchschnittliche Länge dieser Haftstrafen beträgt 1,75 Jahr – Tendenz steigend."

547 *Wagner-von Papp*, WuW 2009, 1236 (1240 ff.).

548 *Dreher*, WuW 2011, 232 (239).

549 *Wagner-von Papp*, WuW 2009, 1236 (1243 ff.).

550 *Wagner-von Papp*, WuW 2009, 1236 (1245); vgl. auch *Dannecker/Biermann*, in: Immenga/Mestmäcker, GWB, Vor. § 81 Rn. 30, wonach die Aufklärungsquote der erfassten Fälle bei deutlich über 90 % liegt.

551 *Klocker/Ost*, in: FS für Bechtold S. 229 (241).

552 *Achenbach*, in: Frankfurter Kommentar (61. Lfg. 2006), Vor. § 81 Rn. 27.

kartellrechtlichen Bußgeldverfahren bekannt[553]. Soweit erforderlich, muss ein Rechtsstaat fehlende Ressourcen aufstocken, um eine effektive Strafverfolgung zu gewährleisten[554]. Weiteres Argument für eine Kriminalisierung ist, dass es im Strafverfahren Ermittlungsmöglichkeiten gibt, die im Bußgeldverfahren nicht möglich sind: Beispielsweise besteht bei strafrechtlichen Ermittlungen wegen Submissionsabsprachen die Möglichkeit der Telekommunikationsüberwachung gem. § 100 a Abs. 1, 2 lit. r StPO[555]. Im Ergebnis sprechen daher gute Gründe für die Annahme, dass in Deutschland eine effektive strafrechtliche Ahndung von Kartellen grundsätzlich möglich ist.

c) Abschreckende Wirkung von kartellrechtlichen Straftatbeständen

Fraglich ist des Weiteren, wie gut kartellrechtliche Straftatbestände potentielle Täter von einer horizontalen Kartellierung abhalten können. Die strafrechtliche Sanktion erfüllt ihren Zweck nur, wenn von ihr eine abschreckende Wirkung ausgeht, die potentielle Täter zur Einhaltung der Rechtsordnung veranlasst. Das Maß an Abschreckung hängt dabei im Wesentlichen von drei Faktoren ab, nämlich der bereits diskutierten Ahndungswahrscheinlichkeit, der Art und Höhe der Strafe sowie dem öffentlichen Bewusstsein der Strafverfolgung.

Dass Kriminalstrafen ihrem Wesen nach eine höhere abschreckende Wirkungen als ordnungswidrigkeitenrechtliche Bußgelder haben, liegt auf der Hand. Die Möglichkeit zur Verhängung einer Freiheitsstrafe, die dem Ordnungswidrigkeitenrecht fremd ist[556], ist die schwerste Sanktionierungsart unseres Rechtssystem und dementsprechend gefürchtet. Doch auch die Geldstrafe hat eine andere Qualität als die Geldbuße, weil hier die Möglichkeit besteht, dass der Täter fortan als vorbestraft gilt[557]. Während Bußgeldbescheiden der „Ernst des staatlichen Strafens“[558] fehlt, kann eine strafrechtliche Verurteilung nicht leichtfertig abgetan werden und führt zu einer sozialen Stigmatisierung des Täters. Dies gilt bei Kartellrechtsverstößen ganz besonders, da hierbei die Täter mitunter gesellschaftlich angesehene Führungspositionen bekleiden und eine entsprechend große "Fallhöhe" besteht.

---

553 So zugestehend auch *Dreher*, WuW 2011, 232 (242). Auch Bundeskartellamtspräsident Andreas Mundt hat in einem Interview darauf hingewiesen, dass das Ordnungswidrigkeitenrecht bei komplexen Wirtschaftssachverhalten an seine Grenzen stößt, vgl. Handelsblatt Artikel vom 16.04.2012, abrufbar unter www.handelsbatt.com.

554 *Wagner-von Papp*, WuW 2010, 268 (279).

555 *Wagner-von Papp*, WuW 2010, 268 (276) mit dem Hinweis, dass der Katalog des § 100 a StPO entsprechend bei neuen Kartellstraftatbeständen ergänzt werden müsste.

556 Möglich ist lediglich Anordnung einer Erzwingungshaft gem. §§ 96, 97 OWiG wegen Nichtbezahlung eines Bußgeldbescheids.

557 Geldstrafen über 90 Tagessätze werden im Bundeszentralregister festgehalten (vgl. § 32 Abs. 2 Nr. 5 BZRG). Bußgeldentscheidungen hingegen werden weder dem Zentralregister (§ 3 ff. BZRG) noch dem Erziehungsregister (§ 59 BZRG) mitgeteilt.

558 BVerfGE 22, 49 (79).

Die grundsätzlich zu bejahende abschreckende Wirkung von Freiheitsstrafen wird jedoch möglicherweise durch eine Besonderheit des deutschen Strafrechts in Frage gestellt: Gemäß § 47 StGB sind grundsätzlich keine Freiheitsstrafen unter sechs Monaten zu verhängen und gemäß § 56 StGB Freiheitsstrafen von unter einem Jahr grundsätzlich zur Bewährung auszusetzen. Zum Teil wird daher bestritten, dass der gesetzlichen Androhung von Freiheitsstrafen bei Kartellrechtsverstößen wirklich eine effektive präventive Wirkung zukäme[559]. Dagegen spricht bereits, dass Freiheitsstrafen oberhalb der sechs Monatsgrenzen bei horizontalen „Hardcore-Kartellen“ mitunter tat- und schuldangemessen sein dürften, so dass die Freiheitsstrafe als Rechtsfolge durchaus relevant wäre. Zum anderen dürfte auch die Strafaussetzung zur Bewährung wegen der bereits erwähnten gesellschaftlichen "Fallhöhe" von Wirtschaftsstraftätern erhebliche Präventionswirkung haben. Hinzu kommt, dass die gewünschte generalpräventive Wirkung nicht unwesentlich bereits von der bloßen Existenz entsprechender Straftatbestände, also der abstrakten Möglichkeit einer strafrechtlichen Ahndung, abhängt.

Zudem ist von besonderer Bedeutung, dass bei der Einführung neuer Kriminalstraftatbestände deren Strafandrohung ins öffentliche Bewusstsein rückt. Dies kann abstrakt durch Informationen über die Neuregelung geschehen, aber auch konkret durch die Bekanntmachung laufender Strafverfahren und Verurteilung. Hierzu bietet sich eine stärkere Öffentlichkeitsarbeit des Bundeskartellamts bzw. der Staatsanwaltschaft an, etwa durch verstärkte Pressemitteilungen[560]. Grenzen setzt diesbezüglich die nicht unumstrittene Regelung des § 353 d StGB („Verbotene Mitteilungen über Gerichtsverhandlungen“). Sinnvoll erscheint eine gesetzliche Regelung, nach der das Bundeskartellamt eine öffentliche Bekanntgabe von Kartellrechtsverstößen vornehmen kann[561]. Mögliches Vorbild hierfür wäre die kapitalmarktrechtliche Vorschrift in § 40 b WpHG[562].

Schließlich ist noch zu beachten, dass eine übermäßige Abschreckung theoretisch negative Effekte auf den Wettbewerb haben kann, wenn Marktteilnehmer von legitimen Wettbewerbshandlungen aus Sorge vor Sanktionierungen abge-

---

559 So *Dreher*, WuW 2011, 232 (238). In den USA wird hingegen gerade gegen Wirtschaftsstraftäter mit kurzen Freiheitsstrafen als sog. "sharp shock" vorgegangen, vgl. *Biermann*, ZWeR 2007, 1 (17).

560 So auch die Forderung von *Wagner-von Papp*, WuW 2009, 1236 (1248).

561 Vgl. *Klocker/Ost*, in: FS für Bechtold S. 229 (247).

562 § 40b S. 1 WpHG: „Die Bundesanstalt kann unanfechtbare Maßnahmen, die sie wegen Verstößen gegen Verbote oder Gebote dieses Gesetzes getroffen hat, auf ihrer Internetseite öffentlich bekannt machen, soweit dies zur Beseitigung oder Verhinderung von Missständen (...) geeignet und erforderlich ist, es sei denn, diese Veröffentlichung würde die Finanzmärkte erheblich gefährden oder zu einem unverhältnismäßigen Schaden bei den Beteiligten führen.“

halten werden („*chilling effect*")[563]. Um eine solche kontraproduktive Abschreckungswirkung zu vermeiden, muss vor allem Rechtssicherheit dahingehend bestehen, welche Verhaltensweisen erlaubt sind und welche verboten. Ein hohes Maß an Rechtsklarheit ist jedoch bei der Kriminalisierung von horizontalen „Hardcore-Kartellen" möglich, da hier – anderes als bei vertikalen Vereinbarungen oder einseitigen Maßnahmen – weniger eine Wertung im Einzelfall erforderlich ist und meist nicht diffizile Rechtsfragen, sondern allenfalls der tatsächliche Nachweis der Absprache problematisch ist. Damit ist für die hier zur Diskussion stehende Kriminalisierung von horizontalen Kartellen kein „chilling effect" zu befürchten.

d) Zielkonflikte in Hinblick auf Leniency-Programme

Bereits oben wurde beschrieben, dass Kronzeugenregelungen erheblich zur Aufklärung von Kartellrechtsverstößen beitragen und seit ihrer Einführung entsprechend häufig Leniency-Anträge gestellt wurden[564]. Kritiker der Kriminalisierung wenden ein, dass der Erfolg der Kronzeugenregelung durch die strafrechtliche Verfolgung erheblich beeinträchtigt werden würde[565]. Unbestreitbar wird derjenige, der eine strafrechtliche Verfolgung befürchten muss, nicht mit der Kartellbehörde zusammenarbeiten. Naheliegende Lösung für diesen Zielkonflikt wäre es, in der Kronzeugenregelung auch die Straffreiheit zu garantieren bzw. eine Ermäßigung der Strafe zuzusichern[566]. In Österreich wurde Anfang 2011 eine strafrechtliche Kronzeugenregelung für Kartellrechtstäter eingeführt (§ 209b StPO Österreich). Politisch scheint auch hierzulande eine solche Regelung durchaus der momentanen rechtspolitischen Entwicklung zu entsprechen. So hat der Gesetzgeber – ungeachtet der teilweise gegen eine strafrechtliche Kronzeugenregelung angeführten verfassungsrechtlichen Bedenken[567] – unlängst mit § 46 b StGB eine strafrechtliche Kronzeugenregelung für bestimmte Katalogtaten eingeführt. Da § 46 b StGB nur fakultative Straffreiheit gewährt, wäre eine spezielle Regelung sinnvoll, nach der obligatorisch eine Straffreiheit[568] für bestimmte Fälle der Zusammenarbeit mit der Kartellbehörde gewährt wird. Denkbar wäre es, den Katalog des § 46 b StGB entsprechend zu erweitern und in Absätzen zwischen fakultativer und obligatorischer Straffreiheit zu unterscheiden. Sofern eine solche Regelung eingeführt und die Bekanntmachung BKartA Nr. 9/2006 Abschnitt F Rn. 24 entsprechend geändert würde, würden

---

563 *Wagner-von Papp*, WuW 2010, 268 (277); ähnlich *Dreher*, WuW 2011, 232 (241), der in der „Überformung des Kartellrecht" negative Auswirkung für die behördliche Kartellrechtsdurchsetzung befürchtet.

564 Siehe Kapitel 2, H II. 3.

565 So *Dreher*, WuW 2011, 232 (242); *Klocker/Ost*, in: FS für Bechtold S. 229 (242).

566 So der Vorschlag von *Wagner-von Papp*, WuW 2010, 268 (275 f.).

567 Vgl. *Lackner/Kühl*, StGB, § 46b Rn. 1.

568 Eine Strafmilderung dürfte hingegen nicht genügend Anreize geben.

Leniency-Programme durch die Kriminalisierung nicht beeinträchtigt, sondern sogar im Gegenteil gestärkt werden: Wer befürchten muss, wegen eines Kartellrechtsverstoß strafrechtlich verfolgt zu werden, wird erst Recht Anreize zur Zusammenarbeit mit der Kartellbehörde bei entsprechender Straffreiheit haben.

e) Verfahrensrechtliche Konsequenzen in Hinblick auf die Zuständigkeit der Verbandsanktionierung

Bei der Frage nach der Praktikabilität und der Effektivität der Kriminalisierung des Kartellrechts spielen auch die verfahrensrechtlichen Auswirkungen eine Rolle. Die Aufspaltung der Verfahren in ein strafrechtliches Verfahren gegen die natürliche Person und ein ordnungswidrigkeitenrechtliches Verfahren gegen das Unternehmen, wie es bereits jetzt gemäß § 82 GWB möglich ist, würde, sofern man es bei dieser Verfahrensregelung lässt, deutlich häufiger vorkommen. Fraglich ist, ob die Kriminalisierung von Kartellrechtsverstößen nicht auch zu einer Überarbeitung dieser Regelung führen muss. Auszugehen ist dabei von drei Prämissen: Erstens muss weiterhin eine effektive Unternehmenssanktionierung gewährleistet werden, zweitens sollten die Ergebnisse beider Verfahren sich nicht wiedersprechen und drittens sind beide Verfahren möglichst prozessökonomisch durchzuführen.

Ein Vorschlag, der in der Literatur gemacht wird, zielt auf eine umfangreiche Aufwertung der Stellung des Bundeskartellamts, das bei Vorliegen von Kartellstraftatbeständen vollständig die Aufgaben der Staatsanwaltschaft übernehmen soll[569]. Die Kartellbehörde wäre dann im Strafverfahren gegen die natürliche Person sowohl für die Ermittlungen, als auch für die Erhebung der Anklage zuständig. Der damit verbundene Wunsch eine Verfahrensspaltung als „halbherzige Lösung“[570] zu vermeiden, mag im Ansatzpunkt berechtigt sein. Durch eine solch umfangreiche Zuständigkeit würde das Fachwissen des Bundeskartellamts effektiv genutzt werden. Doch dazu das Ermittlungs- und Anklagemonopol der Staatsanwaltschaft aufzugeben, erscheint als zu drastische Maßnahme und kaum durchsetzbar, handelt es sich doch um bewährte Grundsätze der rechtsstaatlichen Strafverfolgung. Dem Argument, das diese Schaffung eines Sonderstrafverfahrensrechts dadurch gerechtfertigt sein soll, dass das deutsche Kartellrecht ohnehin Recht eigene Wege gehe[571], ist entgegenzuhalten, dass gerade die harmonische Eingliederung des Kartellrechts im sonstigen (Kriminal-)Strafrecht erstrebenswert erscheint.

Zu erwägen ist, ob nicht umgekehrt die Aufwertung der Rolle der Staatsanwaltschaft sinnvoll wäre. Gemeint ist damit eine Zuständigkeitsverteilung, nach der die Staatanwaltschaft beim Vorliegen einer Kriminalstraftat als Anknüpfungstat

---

569 *Biermann*, ZWeR 2007, 1 (43); zustimmend *Wagner-von Papp*, WuW 2010, 268 (279).
570 *Biermann*, ZWeR 2007, 1 (44).
571 So *Biermann*, ZWeR 2007, 1 (43 f.).

auch für die Verhängung der Unternehmensgeldbuße zuständig wäre. Vorteil dieser Zuständigkeitskomprimierung wäre auch hier die Vermeidung widersprüchlicher Entscheidungen und vor allem die Vermeidung von doppelter Arbeit. Als Nachteil ist aber eine Überlegung anzuführen, die den Gesetzgeber zur Einführung des § 82 GWB bewogen hat, nämlich der drohende Verlust der Erfahrungen, die das Bundeskartellamt mit der Festsetzung der Unternehmensgeldbuße und der Ermittlung der dafür maßgeblichen Tatsachen hat[572]. Dem könnte durch die Einrichtung von Sonderdezernaten bei der Staatsanwaltschaft, in denen kartellrechtlich erfahrene Mitarbeiter tätig wären, entgegengewirkt werden. Dieser Weg erscheint insofern sinnvoll, als das Ermittlungs- und Anklagemonopol der Staatsanwaltschaft gewahrt werden würde und gleichzeitig eine effektive Unternehmenssanktionierung gewährleistet würde. Die dafür erforderliche Ressourcenschaffung bzw. die erforderliche Versetzung von Fachkräften ist jedoch – insb. wegen des zu erwartenden Widerstands seitens des Bundeskartellamts – schwierig umzusetzen. Möglicherweise ist die verfahrensrechtliche Stellung von Staatsanwaltschaft und Bundeskartellamt zu institutionalisiert, als dass eine Aufwertung von einem zu Lasten des anderen realistisch wäre.

Sofern man diese Vorschläge ablehnt, verbleibt als weitere Lösung eine prozessökonomische Überarbeitung der geltenden Aufspaltung der Verfahren. Sinnvoll erscheint hierzu der Vorschlag, dem Bundeskartellamt im Strafverfahren eine Stellung einzuräumen, die der der Finanzbehörden im Steuerstrafrecht entspricht[573]. Die Ausgangssituation ist ähnlich: Wie das Bundeskartellamt haben auch die Finanzbehörden ein besonderes Fachwissen, das beim Vorliegen von Steuerstraftaten nicht ungenutzt bleiben soll. Daher ermitteln die Finanzbehörden gemäß § 386 Abs. 1 und 2 AO wegen des Verdachts einer Steuerstraftat selbstständig den Sachverhalt. Gemäß § 399 Abs. 1 AO nehmen sie dabei die Rechten und Pflichten war, die der Staatsanwaltschaft im Ermittlungsverfahren zustehen. Eine Abgabe an die Staatsanwaltschaft kann gemäß § 386 Abs. 4 S. 1 AO jederzeit erfolgen. Der Staatsanwaltschaft steht gemäß § 368 Abs. 4 S. 2 AO ein Evokationsrecht zu. Erhebt die Staatsanwaltschaft Anklage, ist ein Vertreter der Finanzbehörde in der Hauptverhandlung anwesend und kann gemäß § 407 Abs. 1 S. 3 AO sachdienliche Fragen an den Angeklagten, an Zeugen und an Sachverständige richten. Übertragen auf das Kartellrecht würde dies bedeuten, dass die Ermittlungen auch wegen des Verdachts von Straftaten – sofern es sich ausschließlich um Kartellrechtsstraftatbestände handelt – selbstständig vom Bundeskartellamt geführt werden würden. Insoweit müsste eine Abweichung von § 41 Abs. 1 OWiG im GWB eingeführt werden. Der fachmännisch aufbereitete Sachverhalt würde zum Zwecke der Erhebung der Anklage an die Staatsan-

---

572 Zu dieser Problematik vgl. *Achenbach*, wistra 1998, 168 (169).

573 So erwogen von *Achenbach*, wistra 2006, 2 (7); befürwortend auch *Biermann*, ZWeR 2007, 1 (43).

waltschaft übergeben. Im Strafverfahren könnte Vertretern der Kartellbehörde ein Mitwirkungsrecht eingeräumt werden. Die Verhängung der Unternehmensgeldbuße würde durch die Kartellbehörde erfolgen, die hinsichtlich der Anknüpfungstat auf die Erkenntnisse der von ihr selbst durchgeführten Ermittlungen sowie auf die Mitwirkung in der Hauptverhandlung zurückgreifen könnte. Hinsichtlich beider Verfahren sollte ein Informationsaustausch zwischen Staatsanwaltschaft und Bundeskartellamt verfahrensrechtlich gewährleistet sein.

2. Alternativen zur Einführung von Kartellstraftaten

Der Aspekt der Erforderlichkeit von Kartellstraftaten betrifft die Frage nach Alternativen zum Strafrecht als ultima ratio des Gesetzgebers. Nur dann, wenn es nicht anders geht, darf der Gesetzgeber kriminalstrafrechtliche Regelungen zur Einhaltung der Rechtsordnung einsetzen. Zu prüfen ist daher, ob die geltende Rechtslage nicht hinreichende Möglichkeiten zur Sanktionierung des Verhaltens individueller Täter bietet und ob durch die Einführung neuer gesetzgeberischer Instrumente eine effektive Bekämpfung von Wettbewerbsverstößen möglich ist.

a) Verschärfung der Unternehmensgeldbuße

Fraglich ist, ob eine Verschärfung der Unternehmensgeldbuße, d.h. eine Verhängung von höheren Geldbußen oder die Verbesserung der Aufklärungsquoten, nicht genauso gut Wettbewerbsverstöße verhindern können wie eine Kriminalisierung[574]. Grundgedanke hierbei ist, dass durch die Verschärfung der Unternehmensgeldbuße ein Ausmaß an Sanktion erreicht wird, durch das für Unternehmen die Einhaltung kartellrechtlicher Vorschriften wichtiger wird. Konsequenz wäre dann, dass Compliance-Programme und interne Kontrollen an Bedeutung gewinnen würden und die für das Unternehmen handelnden natürlichen Personen in stärkerem Maße auf die Einhaltung des Kartellrechts achten müssten. Gegen diese Argumentation sprechen zunächst pragmatische Erwägungen: Eine drastische Erhöhung der Unternehmensgeldbußen würde zu nicht erstrebenswerten Insolvenzen von Unternehmen führen und wäre sozialschädlich (Arbeitslosigkeit, Forderungsausfall etc.)[575]. Die Höhe der Unternehmensgeld-

---

[574] Vgl. *Klocker/Ost*, in: FS für Bechtold S. 229 (244), die sich für die Schaffung eines echten Unternehmens-Bußgeldverfahrens ausgesprochen haben und – insoweit höchst bedenklich – nach europäischem Vorbild gänzlich auf die ordnungswidrigkeitenrechtliche Sanktionierung von natürlichen Personen verzichten möchten. Vgl. auch *Dreher*, WuW 2011, 232 (240), der eine Erhöhung der Aufdeckungswahrscheinlichkeit anstelle der Kriminalisierung fordert.

[575] *Biermann*, ZWeR 2007, 1 (14); *Wagner-von Papp*, WuW 2010, 268 (271). Zum Übermaßverbot bei der Bußgeldzumessung siehe auch *Klusmann*, in: Wiedemann, Kartellrecht, § 57 Rn. 90. Angesichts der exzessiven Verhängung immenser Bußgelder gewinnen IPT (inability to pay) Anträge, mit denen insolvenzbedrohte Unternehmen eine Min-

buße darf daher nicht beliebig als „Stellschraube" für eine schärfere Ahndung von Wettbewerbsverstößen eingesetzt werden. Die zum Teil geforderte Erhöhung der Aufdeckungsquote[576] ist zwar wünschenswert, aber faktisch nur schwer realisierbar. Erwogen wird, künftig Kronzeugen nicht nur Straffreiheit, sondern sogar eine Belohnung zuzusichern[577]. Dies dürfte jedoch nicht nur bedenkliche Anreize liefern, sondern in Hinblick auf Art. 3 GG verfassungswidrig sein, da der gesetzwidrig Handelnde nicht durch die Erlangung unmittelbarer Vorteile durch den Staat besser gestellt werden darf, als der rechtstreue Marktteilnehmer.

Neben diesen Erwägungen spricht vor allem gegen eine reine Verschärfung der Unternehmenssanktionierung, dass hierbei ein bedeutsames Principal-Agent-Problem außer Acht gelassen würde: Unabhängig von der Art und Höhe der Unternehmenssanktionierung haben die für das Unternehmen arbeitenden natürlichen Personen fast immer auch eigene, persönliche Anreize für wettbewerbsbeschränkende Handlungen, etwa weil sie dadurch ihre Beförderungschancen oder Bonuszahlungen erhöhen können[578]. Die Unternehmensgeldbuße kann daher unabhängig von ihrer Höhe und der Aufdeckungsquote niemals dieselben Vermeidungsanreize schaffen wie eine persönliche, den Täter unmittelbar treffende Sanktion. Wer versucht, den Wettbewerb allein durch die Androhung von Unternehmenssanktionen zu schützen, berücksichtigt nicht hinreichend, dass nicht allein das unternehmerische Gewinnstreben Anlass für Gesetzesübertretungen ist. Allein die Aussicht auf wirtschaftliche Vorteile für das Unternehmen wird die meisten Unternehmensangestellten mangels eigener Beteiligung am Unternehmen nicht dazu bewegen können, offensichtliche Gesetzesverstöße wie horizontale Kartellierungen zu begehen. Vielmehr kommen weitere, dem unmittelbar handelnden Täter zugutekommende Vorteile als Motive zur Tatbegehung hinzu. Eine effektivere Durchsetzung des Kartellrechts ist nur zu erreichen, wenn diese persönlichen Motive in stärkerem Maße als bislang von der Befürchtung einer persönlichen Sanktion überlagert werden. Die Ahndung des schuldhaft handelnden Täters darf daher aus kriminologischer Sicht nicht durch die reine Verbandssanktion abgelöst werden.

b) Verschärfung der persönlichen Bußgeldverantwortlichkeit

Dies wirft die Frage auf, ob eine Verschärfung der persönlichen Bußgeldverantwortlichkeit von natürlichen Personen anstelle von Kriminalstrafen sinnvoll wäre. Dagegen spricht jedoch, dass persönliche Bußgeldbescheide oft den Bußgeldadressaten nicht effektiv treffen, weil das Unternehmen im Innenverhältnis

---

derung der Geldbuße erreichen können, zunehmend Bedeutung, vgl. ausführlich *Grave/Nyberg*, WuW 2011, 926.

576 Vgl. *Dreher*, WuW 2011, 232 (240).

577 *Spagnolo*, in: Cseres, Criminalization, 133 (136).

578 *Wagner-von Papp*, WuW 2010, 268 (272).

eine Erstattung des gezahlten Betrags vornimmt. Zwar ist – wie bereits ausgeführt[579] – eine freiwillige Erstattung einer persönlichen Geldbuße nur ausnahmsweise mit dem Gesellschaftsinteresse vereinbar, nämlich insbesondere dann, wenn nur eine leichte Pflichtverletzung im Innenverhältnis vorliegt, das Bußgeld vergleichsweise gering ist und eine weitere Zusammenarbeit mit der betroffenen Person angestrebt wird. Im Regelfall ist die freiwillige Erstattung von Geldbußen nicht zulässig und kann den Tatbestand der Untreue erfüllen. Jedoch ist anzunehmen, dass in der Praxis Erstattungen erfolgen, die über die dargelegten strafrechtlichen und gesellschaftsrechtlichen Grenzen hinausgehen. Damit ist von einer Unterwanderung der effektiven Sanktionierung des Verhaltens natürlicher Personen auszugehen mit der Folge, dass die vermeintlich wirksame abschreckende Wirkung des persönlichen Bußgeldbescheids erheblich beeinträchtigt wird.

Das Problem gilt allerdings für Geldbußen wie Geldstrafen gleichermaßen: Das Ziel einer persönlichen Pflichtenmahnung durch finanzielle Sanktionen kann potentiell immer auf zivilrechtlichem Wege konterkariert werden. Für die Freiheitsstrafe gilt dies jedoch nicht, da sie den Täter immer persönlich trifft[580]. Festzuhalten ist daher, dass die Möglichkeit zur Verhängung von Freiheitsstrafen gerade im Kartellrecht nicht nur wegen der sozialen Stigmatisierung, sondern wegen ihrer höchstpersönlichen Wirkung ein Maß an Generalprävention bieten würde, das persönliche Bußgeldbescheide nicht ansatzweise erreichen können. Von daher kann eine stärkere Fokussierung der Bußgeldverantwortung natürlicher Personen keine echte Alternative zur Kriminalstrafe sein.

c) Sanktionierung natürlicher Personen nach Europäischem Kartellrecht

Weiterhin stellt sich die Frage, ob die dargestellten strukturellen Schwächen des nationalen Kartellrechts durch eine effektive Belangung natürlicher Personen auf gemeinschaftsrechtlicher Ebene ausgeglichen werden können. Das Europäische Kartellrecht kennt nur Unternehmen als Bußgeldadressaten, mithin fehlt eine Belangung des individuellen Täters auf Europäischer Ebene völlig. Art. 101, 102 AEUV adressieren ausdrücklich Unternehmen, und eine Anwendung auf natürliche Personen, wie sie im deutschen Kartellordnungswidrigkeitenrecht nach § 9 OWiG erfolgt, ist dem Europäischen Kartellrecht fremd. Wegen dieser fehlenden Möglichkeit der Belangung natürlicher Personen auf Gemeinschaftsrechtlicher Ebene wiegen die Schwächen des deutschen Kartellrechts hinsichtlich einer effektiven Ahndung individueller Täter umso schwerer.

---

579 Siehe Kapitel 3, C. II.

580 Sollte eine andere Person anstelle des eigentlichen Täters die Freiheitsstrafe antreten, wäre dies nach § 258 II StGB (Vollstreckungsvereitelung) strafbar, vgl. *Fischer*, StGB, § 258 Rn. 31.

Es ist auch nicht zu erwarten, dass in näherer Zukunft durch die Einführung einer Belangung natürlicher Personen auf Europäischer Ebene die Schwächen des deutschen Kartellrechts ausgeglichen werden. Die Kommission hat unlängst auf Anfrage von Mitgliedern des Europäischen Parlaments erklärt, dass es trotz kritischer Literaturstimmen[581] künftig dabei bleiben werde, dass Geldbuße auf Europäischer Ebene nach Art. 101, 102 AEUV ausschließlich gegen Unternehmen verhängt werden können und eine Belangung individueller natürlicher Personen nicht beabsichtigt sei[582]. Wenn schon der Einführung von Geldbußen gegen natürliche Personen im Europäischen Kartellrecht eine klare Absage erteilt wird, ist ein gemeinschaftsrechtliches Kartellstrafrecht erst Recht in weite Ferne gerückt.

Abgesehen vom fehlenden rechtspolitischen Willen des Gemeinschaftsgesetzgebers zur Einführung einer Sanktionierung natürlicher Personen, bestehen erhebliche kompetenzrechtliche Bedenken hinsichtlich der Einführung gemeinschaftsrechtlicher Kriminalstrafen bei Kartellrechtsverstößen: Nach h.M. besteht keine Befugnis der Gemeinschaft zum Erlass unmittelbarer Straftatbestände[583]. Insbesondere scheidet Art. 103 Abs. 2 a) AEUV (ex-Art. 83 EG), der ausdrücklich nur von „Geldbußen" spricht, als Ermächtigungsgrundlage für eine entsprechende Verordnung aus[584]. Dem entspricht es, dass die nach derzeitiger Rechtslage von der Kommission verhängten Geldbußen ausdrücklich keinen strafrechtlichen Charakter haben[585], sondern mit den Geldbußen des deutschen Ordnungswidrigkeitenrechts vergleichbar sind[586]. Die gleiche kompetenzrechtliche Problematik gilt für den Erlass von Richtlinien, durch die Mitgliedsstaaten zur Aufnahme bestimmter Strafnormen in ihr Recht verpflichtet werden. Wie der EuGH

---

581 *Whelan*, Competition Law Review 4 (2007), 7 (24) bezeichnet den „lack of individual sanctions" als „failure of the current approach". Ähnlich *Wils*, EC Antitrust Law, S. 213 ff. (214): „Adding individual penalties could provide the solution to the problem of corporate sanctions being unable to bring about effective deterrence".

582 Schriftliche Anfrage der EU-Parlamentarier *Phillippe Juvin* und *Christine De Veyrac* vom 26.04.2011, E-004019/2011; Antwort hierauf von EU-Wettbewerbskommissar *Joaquín Almunia* vom 09.06.2011; beide Dokumente abrufbar unter: http://www.europarl.europa.eu.

583 *Stadler*, in: Langen/Bunte, EU Kartellrecht, Art. 83 Rn. 22; siehe auch *Schröter*, in: von der Groeben/Schwarze, EU-/EG-Vertrag, Art. 83 Rn. 28; *Jung*, in: Calliess/Ruffert, EUV/AEUV, Art. 103 Rn. 23; a.A. *Wils*, EC Antitrust Law, S. 188 ff.

584 *Stadler*, in: Langen/Bunte, EU Kartellrecht, Art. 83 Rn. 22; *Schröter*, in: von der Groeben/Schwarze, EU-/EG-Vertrag, Art. 83 Rn. 28; *Jung*, in: Calliess/Ruffert, EUV/AEUV, Art. 103 Rn. 23.

585 Ausdrücklich für Geldbußen klargestellt in Art. 23 Abs. 5 VO 1/2003: „Die nach Absätzen 1 und 2 getroffenen Entscheidungen haben keinen strafrechtlichen Charakter." Bemerkenswert ist in diesem Zusammenhang, dass im Fall *„Sociéte Stenuit v France"* A232-A die Europäische Menschenrechtskonvention zum Ergebnis kam, dass das französische Bußgeldverfahren in Kartellsachen strafrechtlichen Charakter hat.

586 *Achenbach*, in: Frankfurter Kommentar (61. Lfg. 2006), Vor. § 81 Rn. 9.

zum Umweltstrafrecht festgestellt hat, kann der Gemeinschaftsgesetzgeber Maßnahmen in Bezug auf das Strafrecht der Mitgliedsstaaten ergreifen, die „seiner Meinung nach erforderlich sind, um die volle Wirksamkeit der von ihm zum Schutz der Umwelt erlassenen Rechtnormen zu gewährleisten, wenn die Anwendung wirksamer, verhältnismäßiger und abschreckender Sanktionen durch die zuständigen nationalen Behörden eine zur Bekämpfung schwerer Beeinträchtigungen der Umwelt unerlässliche Maßnahme darstellt"[587]. Inwieweit dies für das Wettbewerbsrecht gilt, ist fraglich. Ungeachtet der Subsidiaritätsproblematik wäre jedenfalls auch hier in Art. 103 Abs. 2 a) AEUV keine Ermächtigungsgrundlage zu sehen. Das Europäische Kartellrecht wird somit auch in näherer Zukunft nicht auf eine Belangung des individuellen Täters abzielen und kann damit die strukturellen Schwächen des deutschen Kartellrechts nicht ausgleichen.

Dies ist zu kritisieren, da das Verhältnis von Sanktionsmöglichkeiten von den Kartellbehörden der Mitgliedstaaten und der Kommission zu rechtsstaatlichen Bedenken führt: Bei besonders schwerwiegenden Wettbewerbsverstößen, in denen sich ein Verstoß nach Art. 101, 102 AEUV maßgeblich auf den Wettbewerb in mehreren Mitgliedsstaaten der Europäischen Union auswirkt, nimmt die Kommission eine Belangung der betroffenen Unternehmen vor, während die beteiligten natürlichen Personen nicht belangt werden. Denn wenn die Kommission ein Verfahren einleitet, entfällt gemäß Art. 11 Abs. 6 S. 1 VO 1/2003 die Zuständigkeit der Wettbewerbsbehörden der Mitgliedsstaaten zur Anwendung des EG-Kartellrechts[588]. Soweit ersichtlich, erfolgt in der Praxis keine bußgeldrechtliche Belangung von natürlichen Personen durch das Bundeskartellamt in den Fällen, in denen die Kommission eine Verbandsgeldbuße verhängt[589]. Mit anderen Worten: Bei besonders schwerwiegenden Kartellrechtsverstößen international tätiger Großkonzerne erfolgt eine Belangung des Unternehmens durch die Kommission, während die handelnden natürlichen Personen nicht belangt werden. Insofern ist von einer faktischen Benachteiligung der Unternehmensmitarbeiter kleinerer und mittlerer Unternehmen auszugehen, bei denen sich der Schwerpunkt der Wettbewerbsbeschränkung auf Deutschland beschränkt, so dass die zuständige deutsche Kartellbehörde gegen sie persönlich ein Bußgeld

---

587 EuGH Rs. C-176/03, Slg. 2005, I-7879, Leitsatz II 1.

588 Wann ein Fall einer anderen nationalen Kartellbehörde zugeordnet werden kann und wann die Kommission ein Verfahren an sich ziehen kann, ist in der „Bekanntmachung über die Zusammenarbeit innerhalb des Netzes der Wettbewerbsbehörden", 2004/C 101/03, Amtsblatt Nr. C 101, S. 43, geregelt.

589 Dabei wäre eine zusätzliche Sanktionierung der individuellen Täter grds. möglich: Nach Abschluss des Kommissionsverfahrens lebt die Zuständigkeit der Mitgliedsstaaten wieder auf, wobei die Bindungswirkung nach Art. 16 VO 1/2003 zu beachten ist, vgl. *De Bronett*, Kartellverfahrensrecht, Art. 16 Rn. 2; *Klees*, Kartellverfahrensrecht, § 7 Rn. 176. Der Grundsatz *ne bis in ide*m steht einer persönlichen Bußgeldhaftung von natürlichen Personen nicht entgegen, da es sich um unterschiedliche Bußgeldadressaten handelt.

verhängen kann. Dies verdeutlicht, dass – wenn man von der fehlenden Realisierbarkeit persönlicher Sanktionsmöglichkeiten auf europäischer Ebene ausgeht – zumindest die nationale Sanktionspraxis grundlegend überarbeitet werden muss.

d) Verstärkung der privaten Kartellrechtsdurchsetzung

Als Alternative zum Strafrecht als ultima ratio wird von *Dreher* vorgeschlagen, die persönliche zivilrechtliche Außenhaftung stärker als bisher in den Fokus zu nehmen[590]. Auch wenn die private Kartellrechtsdurchsetzung in der Zukunft vermutlich eine größere Rolle als bislang einnehmen wird, erscheint dieser Ansatz wenig erfolgsversprechend. Zum einem verfolgt der zivilrechtliche Anspruch einen anderen Zweck als das Strafrecht, nämlich den Ersatz eines entstandenen Schadens. Die Verpflichtung zur Zahlung von Schadensersatz mag zwar als empfindliches Übel vom Betroffenen wahrgenommen werden, kann jedoch nicht mit dem Sinn und Zweck des staatlichen Strafens verglichen werden. Es droht die Gefahr, dass das Zivilrecht zu strafrechtlichen Zwecken instrumentalisiert wird. Die private Kartellrechtsdurchsetzung darf das staatliche Gewaltmonopol nicht unterwandern und zu einem „Strafersatzrecht“ werden. Hinzu kommt, dass bei den im Kartellrecht üblichen größeren Schadenssummen die mangelnde Leistungsfähigkeit der ersatzpflichtigen Person der Geltendmachung des Anspruchs entgegensteht. Vieles spricht daher dagegen, die persönliche Außenhaftung als echte Alternative zur Kriminalisierung anzusehen.

e) Einführung von gesetzlichen Tätigkeitsverboten („Director disqualification order“)

Als weitere Alternative zur Kriminalisierung hat *Dreher* die Einführung von gesetzlichen Tätigkeitsverboten oder Bestellungshindernissen vorgeschlagen[591]. Vorbild für entsprechende Regelungen bietet das englische Recht, das eine spezielle Vorschrift[592] zur Verhängung von Tätigkeitsverboten enthält. Voraussetzung für ein solches Verbot ist, dass dem betroffenen Geschäftsleiter die Eignung zur ordnungsgemäßen Amtsausübung aufgrund eines Kartellrechtsverstoßes fehlt („unfitness“). Die englische Kartellbehörde kann dann vor dem High Court die Verhängung eines Tätigkeitsverbots beantragen. Die maximale Dauer des Tätigkeitsverbots beträgt 15 Jahre. Zuwiderhandlungen gegen das Verbot können strafrechtlich geahndet werden.

Fraglich ist, ob auch im deutschen Recht ein Tätigkeitsverbot wegen persönlicher Unzuverlässigkeit oder fehlender fachlicher Eignung implementiert werden

---

[590] *Dreher*, WuW 2011, 232 (243); ausführlich zu Außenhaftung siehe Kapitel 3, B.
[591] *Dreher*, WuW 2011, 232 (244).
[592] Sec. 9 CDDA („Company Directors Disqualification Act“) 1986; vertiefend hierzu *Schmidt*, ZWeR 2010, 378 (379 ff.) und *Fleischer*, BB 2008, 1070 (1074).

könnte. Derzeit gibt es in § 7a Abs. 1 S.1 VAG eine spezialgesetzliche Regelung für Versicherungsunternehmen, wonach deren Geschäftsleiter laut Gesetz zuverlässig und fachlich geeignet sein müssen. Des Weiteren kann die Bundesanstalt für Finanzdienstleistungsaufsicht nach Maßgabe des § 36 Abs. 1 S. 1 KWG die weitere Ausübung der Tätigkeit von Geschäftsleitern in Kredit- und Finanzdienstleistungsinstituten untersagen. Eine allgemeine, branchenübergreifende gesetzliche Disqualifikation für Geschäftsleiter wegen kartellrechtswidriger Verhaltensweisen gibt es hingegen nicht und wurde bislang in der Literatur kaum thematisiert. Die Überlegung, eine entsprechende Regelung im Gesellschaftsrecht zu verankern (bspw. in § 76 Abs. 3 AktG), hat *Fleischer* zu Recht verworfen: Die aktienrechtlichen Bestellungshindernisse und Tätigkeitsverbote in § 76 Abs. 3 AktG verfolgen eine gläubiger- und keine wettbewerbsschützende Wirkung und das Gesellschaftsrecht dürfe nicht für fachfremde Ziele instrumentalisiert werden[593]. Wenn überhaupt, so ist eine kartellrechtliche Geschäftsleiterkontrolle im Kartellrecht und nicht im Gesellschaftsrecht zu regeln. Neben der Einführung einer nationalen Regelung wird in der Literatur auch die Einführung auf europäischer Ebene („European Competition Disqualification Order“) vorgeschlagen[594]. Unabhängig von der Frage der rechtlichen Verortung scheint zunächst für eine solche Regelung zu sprechen, dass sie general- und spezialpräventive Gesichtspunkte vereint. Anderseits sind bei der rechtlichen Regelung in jedem Fall die Berufsfreiheit als Grundrecht (Art. 12 GG) sowie die vergleichbare Regelung in Art. 15 und 16 der Charta der Grundrechte der Europäischen Union zu beachten[595]. Grundsätzlich scheint eine verfassungsrechtliche Rechtfertigung des Eingriffs nicht ausgeschlossen, da die Allgemeinheit vom Schutz des freien Wettbewerbs als überragend wichtiges Gemeinschaftsgut profitiert. Ob ein mehrjähriges Tätigkeitsverbot als milderes Mittel im Vergleich zu einer geringeren strafrechtlichen Verurteilung gesehen werden kann, kann jedoch durchaus bezweifelt werden. Neben diesen verfassungsrechtlichen Bedenken steht auch die Praxisrelevanz in Frage. In England gab es bislang nur einen Fall, in dem ein Tätigkeitsverbot wegen eines wettbewerbsrechtlichen Verstoßes verhängt wurde[596]. Insofern ist zu befürchten, dass eine entsprechende Regelung in der Praxis keine Anwendung findet. Da die positiven Effekte eines gesetzlichen Tätigkeitsverbots und die Möglichkeit einer effektiven praktischen Durchsetzung in der Rechtswissenschaft noch nicht ausreichend geklärt sind, kommt eine entsprechende Regelung derzeit nicht als echte Alternative zur Kriminalisierung in Betracht. Eher ist zu überlegen, ob das gesetzliche Tätigkeitsverbot eine sinnvolle Ergänzung eines umfassenderen Kartellstrafrechts sein könnte.

593 *Fleischer*, BB 2008, 1070 (1075).
594 *Schmidt*, ZWeR 2010, 378.
595 Zu letzteren siehe *Schmidt*, ZWeR 2010, 378 (393 f.), der im Ergebnis kein Hindernis sieht.
596 *Schmidt*, ZWeR 2010, 378 (385).

Festzuhalten ist, dass der Gesetzgeber die strukturellen Schwächen des geltenden kartellrechtlichen Sanktionssystems nicht allein mit der Einführung von gesetzlichen Tätigkeitsverboten beseitigen kann.

III. Zusammenfassung

Die Gründe, die den Gesetzgeber bei der Einführung des GWB im Jahr 1958 dazu bewogen haben, selbst schwerwiegendste Kartellrechtsverstöße dem Ordnungswidrigkeitenrecht zuzuordnen, mögen damals plausibel gewesen seien. Jedoch hat seitdem das Ausmaß von Kartellrechtverstößen und die Anzahl der geführten Bußgeldverfahren massiv zugenommen haben. Angesichts eines jährlichen Schadens von schätzungsweise 500 bis 750 Millionen Euro für den Verbraucher, der ohne die Aufdeckung von Kartellen heutzutage entstehen würde, ist auch die Höhe der verhängten Bußgelder in den letzten Jahrzehnten exponentiell angestiegen. Der Gesetzgeber hat dennoch – abgesehen von der Kriminalisierung von Submissionsabsprachen in § 298 StGB – bislang an der grundsätzlichen Zuordnung des Kartellrechts zum Ordnungswidrigkeitenrecht festgehalten. Die stetige Anhebung des Bußgeldrahmens hat dabei immer stärker das Kartellrecht zum Fremdkörper im Ordnungswidrigkeitenrecht werden lassen. Dabei hat der Gesetzgeber bereits bei der Einführung des § 298 StGB die grundsätzliche strafrechtliche Schutzwürdigkeit des Wettbewerbs als unverzichtbare Institution unserer Wirtschaftsordnung anerkannt. Dass Submissionsabsprachen strafrechtlich geahndet werden können, andere „Hardcore-Kartelle" jedoch nicht, offenbart die Unausgewogenheit des geltenden Kartellsanktionenrechts. Denn gemessen am Handlungsunrecht gilt für horizontale Wettbewerbsbeschränkungen, dass diese von ihrem sozial-ethischen Unwertgehalt nicht nur Submissionsabsprachen, sondern auch vielen Straftatbeständen nicht nachstehen. Bei den übrigen Kategorien von Kartellrechtsverstößen (vertikale Vereinbarungen, einseitige Maßnahmen, Verstöße gegen fusionsrechtliche Vorschriften oder gegen behördliche Verfügungen) ist hingegen das Handlungsunrecht geringer oder es lässt sich nicht in der für eine Kriminalisierung erforderlichen Art und Weise beschreiben, so dass hier das Bestimmtheitsgebot einer Kriminalisierung entgegensteht. Daher ist eine Kriminalisierung nur bei horizontalen wettbewerbsbeschränkenden Vereinbarungen in Betracht zu ziehen. Ihre straftatbestandliche Ausgestaltung erscheint auch unter Berücksichtigung des Bestimmtheitsgebots durchaus praktikabel. Die bisherigen Erfahrungen mit § 298 StGB zeigen, dass im deutschen Recht eine effektive Strafverfolgung von Kartellsündern möglich ist, insbesondere wenn der Tatbestand als abstraktes Gefährdungsdelikt formuliert wird. Daher ist davon auszugehen, dass die Verfolgung von neuen Kartellstraftaten mit einer hinreichenden Ahndungswahrscheinlichkeit erfolgen kann und deshalb die Strafandrohung erhebliche abschreckende Wirkung haben würde. Dies gilt umso mehr, da in Bereich der Wirtschaftskriminalität die Täter eine erhebliche soziale Stigmatisierung befürchten müssen. Des Weiteren müsste bei einer Kriminalisierung für Kronzeugen eine obligatorische Straffreiheit gesetzlich geregelt werden, um den bisherigen Erfolg von Leniency-Programmen nicht zu gefährden. Bei einer effektiven strafrechtlichen Verfolgung würde dann sogar im stärkeren Maß als bislang aus Furcht vor Kriminalstrafen Kronzeugenanträge gestellt werden. Bei der Einführung kartellrechtlicher Kriminalstraftatbestände sollte zugleich eine Anpassung der verfahrensrechtlichen Vorschriften, insbesondere der Zuständigkeitsverteilung von Bundeskartellamt und Staatsanwaltschaft, erfolgen. Denkbar wäre, dem Bundeskartellamt im Strafverfahren eine Stellung einzuräumen, die der der Finanzbehörden im Steuerstrafrecht entspricht. Echte Alternativen zur dargestellten Kriminalisierungsforderung sind nicht ersichtlich. Die unmittelbare Bestrafung der handelnden natürlichen Person ist unerlässlich und kann nicht von einer reinen Unternehmenssanktionierung abgelöst werden, da letztere bestimmte Handlungsanreize des individuellen Täters zur Eingehung von Kartellen unberührt lässt. Auch die Verschärfung der persönlichen Bußgeldverantwortung erscheint nicht erfolgsversprechend, da hierbei eine Unterwanderung der persönlichen Belangung aufgrund interner Ausgleichszahlungen durch Unternehmen zu befürchten ist. Die Einführung von kartellrechtlichen Kriminalstrafen im deutschen Recht erscheint auch deshalb notwendig, weil auf Europäischer Ebene eine Belangung von individuellen Tätern nicht geplant ist und kompetenzrechtlich problematisch wäre. Eine stärkere Fokussierung auf die persönliche zivilrechtliche Außenhaftung von individuellen Tätern erscheint nicht sinnvoll, vor allem weil das Zivilrecht nicht zu strafrechtlichen Zwecken instrumentalisiert werden sollte. Ebenfalls keine Alternative, jedoch eine möglich Ergänzung, wäre die Einführung von gesetzlichen Tätigkeitsverboten für „Kartellrechtsünder“.

5. Kapitel: Gesamtzusammenfassung und Schlussbetrachtung

A. Persönliche Bußgeldverantwortung

Während die EU-Kommission bei Verstößen gegen das Europäische Kartellrecht ausschließlich gegen Unternehmen Bußgelder verhängen kann, können die deutschen Kartellbehörden auch gegen natürliche Personen ohne Unternehmenseigenschaft Bußgeldbescheide verhängen. Im Zeitraum von 2001 bis 2010 verhängte das Bundeskartellamt insgesamt Bußgelder in Höhe von ca. 19 Millionen Euro gegen natürliche Personen, was etwa 1 % der Bußgeld-Gesamtsumme entspricht.

Die Haftung setzt einen Verstoß gegen einen der in § 81 Abs. 1 bis 3 GWB geregelten Ordnungswidrigkeitentatbestände voraus. Die Bandbreite haftungsbegründender Handlungen ist angesichts der Vielzahl gesetzlicher Tatbestände äußert weit und für den Rechtsanwender schwer zu überblicken. Sinnvoll wäre eine übersichtlichere Gestaltung des umfangreichen Bußgeldkatalogs durch Einführung einer weiteren Gliederungsebene sowie eine strukturelle Unterscheidung zwischen schwerwiegenden und leichteren Kartellordnungswidrigkeiten in der Gesetzessystematik. Zudem sollte der Gesetzgeber erwägen, ob durch die Streichung von Tatbeständen, denen keine nennenswerte Praxisrelevanz zukommt, der Bußgeldkatalog verschlankt werden kann.

Die bußgeldbewährten Pflichten und Verbote sind ganz überwiegend Unternehmen auferlegt. Eine persönliche Bußgeldhaftung natürlicher Personen ohne Unternehmenseigenschaft (insb. Organmitglieder) ist nur möglich, wenn deren fehlende Normadressatenschaft überbrückt wird. Diese Funktion erfüllt § 9 OWiG, wonach die Unternehmenseigenschaft als besonderes persönliches Merkmal den Vertretern und Beauftragten des Unternehmens zugerechnet werden kann. Insbesondere die vertretungsberechtigten Organe von juristischen Personen sowie die vertretungsberechtigten Gesellschafter einer rechtsfähigen Personengesellschaft werden dann so behandelt, als seien sie selbst ein Unternehmen im kartellrechtlichen Sinne. Auch die mit einer selbstständigen Leitung von Betrieben und Betriebsteilen beauftragten Personen können nach § 9 Abs. 2 OwiG Zurechnungsadressaten sein. Andere als die in § 9 Abs. 1 und 2 OwiG genannten Zurechnungsadressaten können hingegen kartellrechtliche Tatbestände mit Unternehmensbezug nicht unmittelbar verwirklichen. Bei ihnen kann jedoch eine Beteiligung an der Tat eines anderen in Betracht kommen.

Eine Beteiligungshandlung kann gemäß § 14 OwiG zu einer persönlichen Bußgeldhaftung führen, wobei der im Ordnungswidrigkeitenrecht geltende Einheitstäterbegriff zu beachten ist. Haftungsbegründend ist jeder objektive Beitrag zur Tatbestandsverwirklichung, welcher der äußeren Form nach ein Verhalten sein kann, das im Strafrecht als Anstiftung, Beihilfe oder Mittäterschaft qualifiziert werden würde. Nach § 14 Abs. 1 S. 2 OwiG reicht es aus, wenn die Unternehmenseigenschaft als besonderes persönliches Merkmal i.S.d. § 9 OwiG bei einem der Beteiligten vorliegt. Dadurch können auch natürliche Personen ohne leitende Tätigkeit im Unternehmen sowie externe Berater (Rechtsanwälte etc.) als Beteiligte belangt werden. Nach der Rechtsprechung und verbreiteter Ansicht in der Literatur ist, ebenso wie im Strafrecht, nur die vorsätzliche Beteiligung an einer vorsätzlichen Bezugstat ahndbar, weil das Vereinfachungskonzept des Einheitstäters nicht zu einer weitergehenden Ahndung der Tatbeteiligung im Ordnungswidrigkeitenrecht führen soll als im Strafrecht. Eine besondere Form der Beteiligung sind Verstöße von Vorgesetzten gegen ihre Aufsichtspflicht nach § 130 OwiG. Die Aufsichtspflicht obliegt grundsätzlich der gesamten Leitung eines Betriebs oder eines Unternehmens, kann aber durch Geschäftsverteilung einzelnen Personen zugewiesen werden. Der Aufsichtspflichtige muss Maßnahmen veranlassen, die der Einhaltung des materiellen Kartellrechts sowie der vor- und nachgelagerten Verhaltensanforderungen dienen. Die kartellrechtliche Compliance lässt sich in die drei Bereiche Instruktion, Kontrolle und repressive Sanktionierung aufteilen. In Großunternehmen können insbesondere das Fehlen von Schulungen und regelmäßige Kontrollen von nachgeordneten Mitarbeitern eine persönliche Haftung von Geschäftsleitern wegen Verletzung der Aufsichtspflicht begründen.

Während für die in § 81 Abs. 3 GWB aufgeführten Ordnungswidrigkeiten immer eine vorsätzliche Handlung erforderlich ist, kommt bei den in § 81 Abs. 1 und Abs. 2 GWB genannten Ordnungswidrigkeiten sowohl die vorsätzliche als auch die fahrlässige Begehung in Betracht. Jedoch ergibt sich zum Teil bei einzelnen Bußgeldtatbeständen aus der konkreten Tatbestandsfassung der jeweiligen Bezugsnorm eine Einschränkung der Fahrlässigkeitshaftung. Das für den Vorsatz erforderliche voluntative Element kann häufig aus dem objektiven Geschehen abgeleitet werden. Aufgrund der stark wertungsabhängigen Erfolgsbegriffe des GWB kann sich unter Umständen aus einer Gesamtwürdigung des Einzelfalls, bei der die Motive und die Interessenlage des Täters ebenso zu berücksichtigen sind wie die konkrete Art der zu beurteilenden Handlung, etwas anderes ergeben. Die Fahrlässigkeit spielt vor allem dann eine Rolle, wenn dem Täter ein vorsätzliches Handeln nicht nachgewiesen werden kann, eine Aufsichtspflichtverletzung nach § 130 OwiG im Raum steht oder ein vorsatzausschließender Tatbestandsirrtum gemäß § 11 Abs. 1 S. 1 OwiG vorliegt.

Zwei Gruppen von Irrtümern können bei der persönlichen Bußgeldverantwortung relevant werden. Zum einen gibt es den vorsatzausschließenden Tatbestandsirrtum nach § 11 Abs. 1 OwiG, der vorliegt, wenn der Täter einen Umstand nicht kennt, der zum gesetzlichen Tatbestand gehört. Wer beispielsweise aufgrund eines Zustellungsfehlers bei der Zuwiderhandlung keine Kenntnis von einer rechtskräftigen Abstellungsverfügung nach § 32 GWB hat, handelt aufgrund eines Tatbestandsirrtums ohne Vorsatz. Möglich ist hier dann aber eine Ahndung wegen fahrlässiger Tatbegehung. Daneben gibt es den Verbotsirrtum nach § 11 Abs. 2 OwiG, der vorliegt, wenn der Handelnde über das Verbotensein seines Tuns irrt, weil er das Bestehen oder die Anwendbarkeit der betreffenden Rechtsvorschriften nicht kennt. Der Täter handelt nicht vorwerfbar, also schuldlos, wenn ihm die Einsicht, Unrecht zu tun, fehlt und sein Irrtum unvermeidbar war. Die Rechtsprechung stellt sehr hohe Anforderungen an die Unvermeidbarkeit des Verbotsirrtums, da den Betroffenen umfassende Erkundigungspflichten treffen. Der praktische Anwendungsbereich des unvermeidbaren Verbotsirrtums beschränkt sich vornehmlich auf Fälle, in denen das Management auf Grundlage einer fehlerhaften Einschätzung der Rechtslage durch die Kartellbehörde oder durch spezialisierte Rechtsanwälte handelt.

Die Rechtswidrigkeit wird durch die Tatbestandsverwirklichung indiziert. Ausnahmsweise kann eine rechtfertigende Wirkung durch behördliche Genehmigung vorliegen, vor allem bei Freigabeentscheidungen in der Fusionskontrolle.

Grundsätzlich verjähren Kartellordnungswidrigkeiten gemäß § 81 Abs. 8 S. 1 GWB i.V.m. § 31 Abs. 2 Nr. 1 OwiG nach drei Jahren. Eine längere Verjährung gilt gemäß § 81 Abs. 8 S. 2 GWB für besonders schwerwiegende Ordnungswidrigkeiten. Danach verjähren die Kartellordnungswidrigkeiten nach § 81 Abs. 1, Abs. 2 Nr. 1 und Abs. 3 GWB in fünf Jahren und in den Fällen des Abs. 1 und 2 unabhängig davon, ob sie vorsätzlich oder fahrlässig begangen wurden.

Die Kartellbehörden können gemäß § 47 Abs. 1 OwiG grundsätzlich frei darüber entscheiden, ob ein Bußgeld verhängt werden oder eine Einstellung erfolgen soll. Bei der Verhängung von Geldbußen gegen natürliche Personen als persönlich Betroffene kann das Ermessen im Einzelfall durch die Selbstbindung der Verwaltung auf Null reduziert sein. Nach der Verfolgungspraxis der Kartellbehörde werden nämlich ganz überwiegend nur Manager auf der höchsten bzw. auf der mittleren Stufe der Unternehmenshierarchie verfolgt. Einfache Angestellte dürfen nur belangt werden, wenn ein sachlicher Grund für das Abweichen von dieser Verwaltungspraxis besteht. Daran fehlt es vor allem, wenn einfache Unternehmensangestellte im Rahmen von Beteiligungshandlungen nur Anweisungen von Vorgesetzten umsetzen und weitgehend unselbstständig handeln. Das Bußgeld gegen eine natürliche Personen kann bei schwerwiegenden Ordnungswidrigkeiten maximal eine Million Euro betragen (§ 81 Abs. 4 S. 1 GWB), in allen anderen Fällen maximal 100.000 Euro (§ 81 Abs. 4 S. 5 GWB). Bei der konkreten Bemessung der Bußgeldhöhe ist die Schwere der Zuwiderhandlung sowie deren Dauer (§ 81 Abs. 4 S. 4 GWB) ebenso zu berücksichtigen wie die wirtschaftlichen Verhältnisse des Täters

(§ 17 Abs. 3 S. 2 OwiG). Eine Reduzierung bis hin zu einem Erlass der Geldbuße kann dem Betroffenen zugutekommen, wenn er nach Maßgabe der „Kronzeugenregelung“ (Bekanntmachung Nr. 9/2006) mit der Kartellbehörde kooperiert. Ein von einer vertretungsberechtigten Person für ein Unternehmen gestellter Antrag wird auch als Antrag für die in dem Unternehmen gegenwärtig oder früher beschäftigten und am Kartell beteiligten natürlichen Personen gewertet, soweit sich aus dem Antrag oder aus dem Verhalten des Unternehmens nicht etwas anderes ergibt. Zivilrechtliche oder strafrechtliche Folgen bleiben jedoch auch bei Anwendung der Bonusregelung unberührt.

B. Zivilrechtliche Haftung

Manager, die einen Kartellrechtsverstoß begehen, anordnen oder dulden, können sich gegenüber dem Unternehmen, für das sie gearbeitet haben, schadensersatzpflichtig machen, wenn gegen dieses eine Unternehmensgeldbuße verhängt wird. Grundsätzlich verletzt ein Manager, der einen Kartellrechtsverstoß begeht, die ihm gegenüber der Gesellschaft treffende Sorgfaltspflicht. Ausnahmsweise kann die Pflichtwidrigkeit entfallen, wenn die Rechtslage bei der Tatbegehung unklar war, die Feststellung oder die rechtliche Würdigung der Kartellbehörde im Bußgeldverfahren objektiv nicht zutreffend war oder wenn in ein im Ausland geführtes Kartellverfahren nach inländischen Maßstäben massiv gegen hier geltende Verfahrensgrundsätze verstößt. Im Normalfall steht der Gesellschaft jedoch wegen der gegen sie verhängten Geldbuße ein Regressanspruch gegen den schuldhaft handelnden Geschäftsleiter zu. Auch wenn dieses der Höhe nach auf das Unternehmen zugeschnitten ist und dieses treffen soll, liegt der Schaden nicht außerhalb des Schutzzwecks der Norm, weil zwischen der ordnungswidrigkeitenrechtlichen Bußgeldgeldverhängung und den zivilrechtlichen Folgen streng zu trennen ist. Zudem ist eine Unterwanderung der Sanktionsfunktion der Unternehmensgeldbuße nicht zu befürchten, weil in der Praxis regelmäßig aus wichtigen Gründen des Gesellschaftswohls unter Berücksichtigung der Grundsätze der ARAG/Garmenbeck-Rechtsprechung von einer Anspruchsverfolgung abgesehen wird. Dies liegt vor allem daran, dass ein Ausgleich des entstandenen Schadens nicht erfolgsversprechend ist, weil die Schadenshöhe die wirtschaftliche Leistungsfähigkeit des in Anspruch genommenen Geschäftsleiters meist weit übersteigt. Gegen die Geltendmachung eines Teilbetrages sprechen zudem oft wichtige Gründe des Gesellschaftswohls, insbesondere die Bekanntmachung bislang nicht öffentlicher Details im Zusammenhang mit der Kartellierung oder die Schädigung der Unternehmensreputation. Aus diesen Gründen ist das Risiko für den Manager, wegen der Unternehmensgeldbuße von der eigenen Gesellschaft in Anspruch genommen zu werden, als relativ gering einzustufen.

Des Weiteren kann eine persönliche Schadensersatzhaftung des Managers gegenüber Dritten (benachteiligten Mitwettbewerbern oder Abnehmern) gemäß § 33 Abs. 3 S. 1 GWB in Betracht kommen. Entgegen einer teilweise in der Literatur vorgebrachten Ansicht, wird § 81 GWB i.V.m. § 9 OwiG von den Verweisungszielen des § 33 Abs. 1 GWB erfasst, so dass auch natürliche Personen ohne Unternehmenseigenschaft passivlegitimiert seien können. Dies entspricht der gesetzgeberischen Wertung, nach der nicht nur eine zivilrechtliche Haftung im Innenverhältnis, sondern sogar eine persönliche Bußgeldhaftung bestehen kann.

In bestimmten Fällen können einem Manager bei Kartellrechtsverstößen auch zivilrechtliche Ansprüche zustehen. So kann er nach §§ 670, 675 BGB von dem Unternehmen, für das er gearbeitet hat, Ersatz für den Betrag, den er zur Begleichung seiner persönlichen Geldbuße aufgewandt hat, verlangen, wenn er ausnahmsweise keine schuldhafte Pflichtverletzung begangen hat. Dies ist der Fall, wenn die Rechtslage bei der Tatbegehung unklar war, die Feststellung oder die rechtliche Würdigung der Kartellbehörde im Bußgeldverfahren objektiv nicht zutreffend war oder wenn ein im Ausland geführtes Kartellverfahren nach inländischen Maßstäben massiv gegen hier geltende Verfahrensgrundsätze verstößt. Es handelt sich also um Fälle, in denen kein Regressanspruch des Unternehmens gegen den Mitarbeiter wegen der Unternehmensgeldbuße besteht. Mit anderen Worten: Nur dann, wenn mangels Pflichtverletzung eine Innenhaftung des Managers ausscheidet, besteht ein gesetzlicher Aufwendungsersatzanspruch in Hinblick auf das persönliche Bußgeld. In diesem Fall kann auch Ersatz für die entstandenen Verfahrenskosten verlangt werden. Dies gilt vor allem auch für Rechtsanwaltskosten, die über den in der Gebührenordnung vorgesehenen Beträgen liegen, da kompetente rechtliche Beratung zu kartellrechtlichen Fragen regelmäßig nur auf Grundlage von Honorarvereinbarungen zu erlangen ist und es sich insoweit um erforderliche Aufwendungen gehandelt hat. Nach Maßgabe des § 669 BGB kann der Manager einen Vorschuss in Hinblick auf die zu erwartenden Verfahrenskosten verlangen. Wenn ein gesetzlicher Erstattungsanspruch ausscheidet, weil eine Pflichtverletzung im Innenverhältnis vorliegt, kommt eine freiwillige Erstattung der persönlichen Geldbuße durch das Unternehmen in Betracht. Darin ist keine Vollstreckungsvereitelung zu sehen. Jedoch kann der Tatbestand der Untreue gemäß § 266 StGB verwirklicht sein. Dies hängt davon ab, ob ein Verstoß gegen die Vermögensbetreuungspflicht vorliegt, mithin von der Frage, ob eine Erstattung im Sinne des Unternehmenswohls liegt. Dies kann bei geringfügigen Pflichtverletzungen und dementsprechend geringen Bußgeldern der Fall sein. Daneben kann sich das Unternehmensinteresse daraus ergeben, dass eine Fortsetzung der Tätigkeit des betroffenen Managers im Unternehmen sinnvoll ist, etwa weil ansonsten der Verlust wichtiger Kunden oder die Abwanderung von Know-how droht oder keine geeignete Ersatzperson verfügbar ist. Da dem Unternehmen ein gewisser Ermessensspielraum zuzubilligen ist, wird die Erstattungspraxis durch den Tatbestand der Untreue praktisch nicht begrenzt. Des Weiteren kann es im Sinne des Unternehmenswohls sinnvoll sein, wenn im Vorfeld eines Kronzeugenantrags mit Unternehmensmitarbeitern eine Freistellung von etwaigen persönlichen Schadensersatzansprüchen vereinbart wird. Denn oft sind nur dann die betroffenen Personen zur Zusammenarbeit mit der Kartellbehörde bereit, wodurch eine hohe Unternehmensgeldbuße, die insofern das größere Übel wäre, vermieden werden kann. Kaum praktische Relevanz haben hingegen Erstattungszusagen, die bereits vor der Gesetzesverletzung vom Unternehmen gemacht werden. Sofern nämlich im Anstellungsvertrag oder in internen Richtlinien pauschal, d.h. auch bei einer Pflichtverletzung des Betroffenen, die Übernahme eines persönlichen Bußgelds zugesichert wird, verstößt eine solche Vereinbarung gegen § 134 bzw. § 138 BGB, weil andernfalls der Sanktionszweck der Geldbuße unterlaufen würde und der Betroffene quasi einen „Freibrief“ für gesetzeswidriges Handeln hätte.

Sogenannte D&O-Versicherungen, die von der Gesellschaft zugunsten ihrer Manager abgeschlossen werden, bieten nur äußerst eingeschränkten Versicherungsschutz bei Kartellrechtsverstößen. Dies liegt daran, dass die Erstattung der persönlichen Geldbuße nach der Versicherungsbedingung ausgeschlossen werden muss, da eine im Voraus getroffene Erstattungszusage den Sanktionszweck des Straf- und Ordnungswidrigkeitenrecht unterlaufen würde und daher nach § 134 bzw. nach § 138 BGB nichtig wäre. Ebenfalls kein Versicherungsschutz bieten die meisten D&O-Versicherungen bei Schadensersatzansprüchen des eigenen Unternehmens gegen den Manager, da regelmäßig nach den Versicherungsbedingungen nur Ersatzansprüche Dritter vom Versicherungsschutz erfasst werden. Zudem ist der Versicherungsschutz bei einer wissentlichen Pflichtverletzung ausgeschlossen, so dass auch bei einer persönlichen Schadensersatzhaftung gegenüber Dritten die D&O-Versicherung oft nicht zu Versicherungsleistungen verpflichtet ist.

C. Strafrechtliche Verantwortung

Grundsätzlich sind Verstöße gegen das Kartellrecht dem Ordnungswidrigkeitenrecht zugeordnet, so dass eine strafrechtliche Verfolgung weitgehend ausscheidet. Eine Besonderheit gilt für Submissionsabsprachen, die als Eingehungsbetrug gemäß § 263 StGB zu Lasten der Vergabestelle strafrechtlich verfolgt werden. In der Verfolgungspraxis besteht die Schwierigkeit häufig darin, einen Vermögensschaden eindeutig anhand des hypothetischen Marktpreises festzustellen. Der Gesetzgeber hat deshalb mit § 298 StGB einen neuen Straftatbestand geschaffen, der bereits die Abgabe eines Angebots, das auf einer wettbewerbswidrigen Absprache beruht, unter Strafe stellt. Dieser im Vorfeld des Betrugs angesiedelte Straftatbestand findet in der Praxis relativ häufig Anwendung. Wenn die Kartellbehörde Anhaltspunkte für das Vorliegen einer Straftat feststellt, gibt sie das Verfahren gemäß § 41 Abs. 1 OwiG an die Staatsanwaltschaft ab. Die Verhängung eines Bußgelds gegen Unternehmen bleibt jedoch gemäß § 82 GWB im Zuständigkeitsbereich der Kartellbehörde, so dass es zu einer Aufspaltung in ein gegen die natürliche Person gerichtetes Strafverfahren und in ein gegen das Unternehmen gerichtetes Bußgeldverfahren kommen kann.

Die gesetzgeberische Zuordnung des Kartellrechts zum Ordnungswidrigkeitenrecht (mit Ausnahme des § 298 StGB) ist aus rechtspolitischer Sicht bedenklich. Die Gründe, die den Gesetzgeber bei Einführung des GWB im Jahre 1958 dazu bewogen haben, selbst die schwerwiegendsten Kartellrechtsverstöße dem Ordnungswidrigkeitenrecht zuzuordnen, können nicht ohne weiteres fortgelten. Fest steht nämlich, dass seitdem sowohl das Ausmaß von Kartellrechtverstößen als auch die Zahl der Bußgeldverfahren massiv zugenommen haben. Angesichts eines jährlichen Schadens von schätzungsweise 500 bis 750 Millionen Euro für den Verbraucher, der ohne die Aufdeckung von Kartellen heutzutage entstehen würde, ist auch die Höhe der verhängten Bußgelder in den letzten Jahrzehnten exponentiell angestiegen. Die stetige Anhebung des Bußgeldrahmens hat dabei immer stärker das Kartellrecht zum Fremdkörper im Ordnungswidrigkeitenrecht werden lassen. Dabei hat der Gesetzgeber bereits bei der Einführung des § 298 StGB die grundsätzliche strafrechtliche Schutzwürdigkeit des Wettbewerbs als unverzichtbare Institution unserer Wirtschaftsordnung anerkannt. Dass Submissionsabsprachen strafrechtlich geahndet werden können, andere „Hardcore-Kartelle“ jedoch nicht, offenbart die Unausgewogenheit des geltenden Kartellsanktionsrechts. Denn gemessen am Handlungsunrecht gilt zumindest für horizontale Wettbewerbsbeschränkungen, dass diese von ihrem sozial-ethischen Unwertgehalt her nicht nur mit Submissionsabsprachen, sondern auch mit vielen anderen Straftatbeständen vergleichbar sind. Bei den übrigen Arten von Kartellrechtsverstößen (vertikale Vereinbarungen, einseitige Maßnahmen, Verstöße gegen fusionsrechtliche Vorschriften oder gegen behördliche Verfügungen) ist hingegen das Handlungsunrecht geringer oder es lässt sich nicht in der für eine Kriminalisierung erforderliche Weise hinreichend konkret beschreiben, so dass das Bestimmtheitsgebot insofern einer Kriminalisierung entgegensteht. Folglich ist nur eine Kriminalisierung von horizontalen wettbewerbsbeschränkenden Vereinbarungen sinnvoll. Ihre straftatbestandliche Ausgestaltung erscheint auch unter Berücksichtigung des Bestimmtheitsgebots praktikabel. Die bisherigen Erfahrungen mit § 298 StGB zeigen, dass im deutschen Recht eine effektive Strafverfolgung von „Kartellsündern“ möglich ist, insbesondere wenn der Tatbestand als abstraktes Gefährdungsdelikt formuliert wird. Daher ist davon auszugehen, dass die Verfolgung von neuen Kartellstraftaten mit einer hinreichenden Ahndungswahrscheinlichkeit erfolgen kann und deshalb die Strafandrohung erhebliche abschreckende Wirkung haben würde, und zwar vor allem deshalb, weil im Bereich der Wirtschaftskriminalität die Täter eine erhebliche soziale Stigmatisierung befürchten müssen. Des Weiteren müsste für Kronzeugen eine obligatorische Straffreiheit gesetzlich geregelt werden, um den bisherigen Erfolg von Leniency-Programmen nicht zu gefährden. Es ist zu erwarten, dass bei einer effektiven strafrechtlichen Verfolgung sogar im stärkeren Maße als bislang aus Sorge vor Kriminalstrafen Kronzeugenanträge gestellt werden würden. Zu erwägen ist auch, ob eine Anpassung der verfahrensrechtlichen Vorschriften, insbesondere der Zuständigkeitsverteilung von Bundeskartellamt und Staatsanwaltschaft, erfolgen sollte. Denkbar wäre, dem Bundeskartellamt im Strafverfahren eine Stellung einzuräumen, die der der Finanzbehörden im Steuerstrafrecht entspricht. Sofern die genannten Aspekte bei der Umsetzung der Kriminalisierung beachtet werden, erscheint diese alternativlos. Denn die unmittelbare Bestrafung der handelnden natürlichen Person ist unerlässlich und kann nicht von einer reinen Unternehmenssanktionierung abgelöst werden, da letztere bestimmte Handlungsanreize zur Eingehung von Kartellen bei individuellen Tätern unberührt lässt (Bonuszahlungen etc.). Auch die Verschärfung der persönlichen Bußgeldverantwortung erscheint nicht erfolgsversprechend, da hierbei eine Unterwanderung der persönlichen Sanktionierung aufgrund interner Ausgleichszahlungen durch Unternehmen zu befürchten ist. Die Einführung von kartellrechtlichen Kriminalstrafen im deutschen Recht erscheint auch deshalb unverzichtbar, weil auf Europäischer Ebene eine Sanktionierung von individuellen Tätern nicht geplant ist und in Hinblick auf Kriminalstrafen kompetenzrechtlich problematisch wäre. Zudem erscheint eine stärkere Fokussierung auf die persönliche zivilrechtliche Außenhaftung von individuellen Tätern nicht sinnvoll, vor allem, weil das Zivilrecht nicht zu strafrechtlichen Zwecken instrumentalisiert werden sollte. Ebenfalls keine Alternative, jedoch eine möglich Ergänzung, wäre die Einführung von gesetzlichen Tätigkeitsverboten für Kartellrechtsünder.

D. Schlussbetrachtung

Die persönliche Sanktionierung von natürlichen Personen, die gegen kartellrechtliche Vorschriften verstoßen, ist ein unerlässliches Instrumentarium zum Schutz der Wettbewerbsordnung. Daher ist es bedenklich, dass nach Europäischem Kartellrecht allein eine Sanktionierung von Unternehmen möglich ist, weil dadurch der Präventiveffekt der Strafandrohung nur begrenzt wirkt. Vor allem jedoch besteht die Gefahr, dass die Manager von Großkonzernen gegenüber Managern kleiner und mittlerer Unternehmen bevorteilt werden, da letztere mit größerer Wahrscheinlich bei einem Verfahren vor einer deutschen Kartellbehörde persönlich bußgeldpflichtig werden. Zu fordern ist deshalb die Einführung einer Sanktionierungsmöglichkeit in Bezug auf natürliche Personen, die als Vertreter eines Unternehmens handeln, im Europäischen Kartellrecht.

Die nach deutschem Recht mögliche ordnungswidrigkeitenrechtliche Sanktionierung des Verhaltens natürlicher Personen bei Kartellverstößen ist sinnvoll, sofern sie – wie es in der Verwaltungspraxis der Fall ist – in einem angemessenen Rahmen erfolgt. Eine zu extensive persönliche Bußgeldhaftung wäre nicht nur für die betroffenen Individuen unangemessen hart, sondern würde wegen des damit verbundenen „chilling effects“ den Wettbewerb selbst schädigen. Die persönliche Belangung muss sich daher personell vor allem auf Manager der obersten und mittleren Stufe der Unternehmenshierarchie konzentrieren und vor allem bei der vorsätzlichen oder grob fahrlässigen Begehung schwerwiegender Ordnungswidrigkeitentatbestände Anwendung finden. In Hinblick auf die Generalprävention ist es wichtig, dass in der Öffentlichkeitsarbeit des BkartA stärker als bislang auf persönliche Haftungspotentiale hingewiesen wird.

Die persönliche zivilrechtliche Haftung bei Kartellrechtsverstößen wird aller Voraussicht nach auch künftig geringe Praxisrelevanz haben, weil die Anspruchshöhe die wirtschaftliche Leistungsfähigkeit der Täter weit übersteigt und das Prozessrisiko oder – in Hinblick auf den Regress im Innenverhältnis – Gründe des Unternehmenswohls gegen eine Geltendmachung sprechen. Wenngleich der rechtspolitische Trend hin zu einem stärkerem „private enforcement“ grundsätzlich zu begrüßen ist, werden persönliche Schadensersatzklagen die staatliche Sanktionierung von individuellen Tätern nur im geringen Maße ergänzen können. Der Gesetzgeber muss daher dafür Sorge tragen, dass bei einer immer bedeutsamer werdenden privaten Kartellrechtsdurchsetzung die Präventionswirkung der individuellen Sanktion nicht verloren geht.

Das Risiko einer strafrechtlichen Verfolgung bei Kartellrechtsverstößen ist, abgesehen vom Fall des Submissionsbetrugs, derzeit sehr gering. Dabei besteht ein Ungleichgewicht zwischen Strafrecht und Ordnungswidrigkeitenrecht, das aus rechtsstaatlicher Sicht bedenklich ist. Bislang profitieren „Kartellsünder“ davon, dass der Gesetzgeber davor zurückschreckt ist, sich der schwierigen, aber berechtigten Frage nach der Kriminalisierung der Kartellrechts anzunehmen. Die Rechtswissenschaft sollte die Forderung nach einer Kriminalisierung horizontaler Kartelle nicht als „Sirenengesang“ abtun, sondern als Chance für mehr Gerechtigkeit und einen besseren Schutz des Wettbewerbs begreifen.

Literaturverzeichnis

Achenbach, Hans — Pönalisierung von Ausschreibungsabsprachen und Verselbständigung der Unternehmensgeldbuße durch das Korruptionsbekämpfungsgesetz 1997, WuW 1997, 958 ff.

Ders. — Die Verselbstständigung der Unternehmensgeldbuße bei strafbaren Submissionsabsprachen – ein Papiertiger?, wistra 1998, 168 ff.

Ders. — Neuigkeiten im Recht der Kartellordnungswidrigkeiten – EG-VO 1/2003 und GWB 2005, wistra 2006, 2 ff.

Achenbach, Hans/Wegner, Carsten — Probleme der „reinen Ahndungsgeldbuße" im Kartellrecht (§ 81 Abs. 5 GWB), ZweR 2006, 49 ff.

Achenbach, Matthias — Strafrechtlicher Schutz des Wettbewerbs?, Frankfurt u.a. 2009 (zitiert: *Achenbach*, Strafrechtlicher Schutz)

Alexander, Christian — Schadensersatz und Abschöpfung im Lauterkeits- und Kartellrecht, Tübingen 2010 (zitiert: *Alexander*, Schadensersatz und Abschöpfung)

Bauer, Wolfgang/Wrage-Molkenthin, Heidi — Zur rechtlichen Bewertung des Irrtums über normative Tatbestandsmerkmale im Kartellrecht, WuW 1988, 586 ff.

Baumann, Jürgen/Arzt, Gunther — Kartellrecht und allgemeines Strafrecht, ZHR 134 (1970), S. 24 ff.

Bastuck, Burkhard — Enthaftung des Managements, Köln u.a. 1986 (zitiert: *Bastuck*, Enthaftung)

Bechtold, Rainer — GWB Kommentar, 6. Auflage, München 2010 (zitiert: *Bearbeiter*, in: Bechtold, GWB)

Bender, Johannes Sonderstraftatbestände gegen Submissionsabsprachen, Herbolzheim 2005 (zitiert: *Bender*, Submissionsabsprachen)

Berg, Cai Korruption in Unternehmen und Risikomanagement nach § 91 Abs. 2 AktG, AG 2007, 271 ff.

Bayer, Walter Legalitätspflicht der Unternehmensleitung, nützliche Gesetzesverstöße und Regress bei verhängten Sanktionen – dargestellt am Beispiel von Kartellverstößen, in: Bitter, Georg (Hrsg.), Festschrift für Karsten Schmidt zum 70. Geburtstag, Köln 2009, S. 85 ff. (zitiert: *Bayer*, in: FS für K. Schmidt)

Biermann, Jörg Neubestimmung des deutschen und europäischen Kartellsanktionenrechts: Reformüberlegungen, Determinanten und Perspektiven einer Kriminalisierung von Verstößen gegen das Kartellrecht, ZweR 2007, 1 ff.

Bohnert, Joachim Kommentar zum Ordnungswidrigkeitengesetz, 3. Auflage, München 2010 (zitiert: *Bohnert*, OwiG)

de Bronett, Georg-Klaus Kommentar zum europäischen Kartellverfahrensrecht – VO 1/2003, München 2005 (zitiert: *de Bronett*, Kartellverfahrensrecht)

Brunner, Walter Der Täterkreis bei Kartellordnungswidrigkeiten, Pfaffenweiler 1986 (zitiert: *Brunner*, Täterkreis)

Bundeskartellamt Private Kartellrechtsdurchsetzung – Stand, Perspektiven, Probleme, Diskussionspapier für die Sitzung des Arbeitskreises Kartellrecht am 26.09.2005, abrufbar unter http://www.bundeskartellamt.de (zitiert: BkartA, Diskussionspapier: Private Kartellrechtsdurchsetzung)

Dass.	Erfolgreiche Kartellverfolgung – Nutzen für Wirtschaft und Verbraucher, Informationsbroschüre, abrufbar unter http://www.bundeskartellamt.de (zitiert: BkartA, Erfolgreiche Kartellverfolgung)
Calliess, Christian/Ruffert, Matthias (Hrsg.)	EUV/AEUV – Das Verfassungsrecht der Europäischen Union mit Europäischer Grundrechtscharta, 4. Auflage, München 2011 (zitiert: *Bearbeiter*, in: Calliess/Ruffert, EUV/AEUV)
Cramer, Peter	Die Beteiligung an einer Zuwiderhandlung nach § 9 OwiG, NJW 1969, 1929 ff.
Cseres, Katalin u.a. (Hrsg.)	Criminalization of competition law enforcement – economic and legal implications for the EU member states, Cheltenham u.a. 2006 (zitiert: *Bearbeiter*, in: Cseres, Criminalization)
Dannecker, Gerhard	Die Verfolgungsverjährung bei Submissionsabsprachen und Aufsichtspflichtverletzungen in Betrieben und Unternehmen, NStZ 1985, 49 ff.
Ders.	Die Sanktionierung von Verstößen gegen das gemeinschaftsrechtliche Kartellrecht nach der Verordnung (EG) Nr. 1/2003 in der Europäischen Union, wistra 2004, 361 ff.
Demuth, Hennrich/Schneider, Tilman	Die besondere Bedeutung des Gesetzes über Ordnungswidrigkeiten für Betrieb und Unternehmen, BB 1970, 642 ff.
Dreher, Eduard	Plädoyer für den Einheitstäter im Ordnungswidrigkeitenrecht, NJW 1970, 217 ff.
Dreher, Meinrad	Das Ermessen des Aufsichtsrats, ZHR 158 (1994), 614 ff.
Ders.	Nochmals: Das unternehmerische Ermessen des Aufsichtsrats, ZIP 1995, 628 ff.

Ders. Der Abschluss von D&O-Versicherungen und die aktienrechtliche Zuständigkeitsordnung, ZHR 165 (2001), 293 ff.

Ders. Kartellrechtscompliance in der Versicherungswirtschaft, VersR 2004, 1 ff.

Ders. Kartellrechtscompliance, ZweR 2004, 75 ff.

Ders. Die kartellrechtliche Bußgeldverantwortlichkeit von Vorstandsmitgliedern, in: Dauner-Lieb, Barbara (Hrsg.), Festschrift für Horst Konzen zum siebzigsten Geburtstag, Tübingen 2006, S. 85 ff. (zitiert: *Dreher*, in: FS für Konzen)

Ders. Die selbstbeteiligungslose D&O-Versicherung in der Aktiengesellschaft, AG 2008, 429 ff.

Ders. Kartellrechtliche Kronzeugenprogramme und Gesellschaftsrecht, ZweR 2009, 397 ff.

Ders. Die persönliche Außenhaftung von Geschäftsleitern auf Schadensersatz bei Kartellrechtsverstößen, WuW 2009, 133 ff.

Ders. Wider die Kriminalisierung des Kartellrechts, WuW 2011, 232 ff.

Dreher, Meinrad/Thomas, Stefan Rechts- und Tatsachenirrtümer unter der neuen VO 1/2003, WuW 2004, 8 ff.

Erfurter Kommentar zum Arbeitsrecht Erfurter Kommentar zum Arbeitsrecht, 12. Auflage, München 2012 (zitiert: *Bearbeiter*, in Erfurter Kommentar zum Arbeitsrecht)

Federmann, Bernd Kriminalstrafen im Kartellrecht – Eine rechtsvergleichende Untersuchung zur Frage der Kriminalisierung von Hardcore-Kartellen, Baden-Baden 2006 (zitiert: *Federmann*, Kriminalstrafen)

Fischer, Michael — Der Entscheidungsspielraum des Aufsichtsrats bei der Geltendmachung von Regressansprüchen gegen Vorstandsmitglieder, BB 1996, 225 ff.

Fischer, Thomas — Strafgesetzbuch und Nebengesetze, 56. Auflage, München 2009 (zitiert: *Fischer*, StGB)

Fleischer, Holger — Die „Business Judgement Rule" im Spiegel von Rechtsvergleichung und Rechtsökonomie, in: Wank, Rolf u.a. (Hrsg.), Festschrift für Herbert Wiedemann zum 70. Geburtstag, München 2002, S. 827 ff. (zitiert: *Fleischer*, in: FS für Wiedemann)

Ders. — Die „Business Judgment Rule": Vom Richterrecht zur Kodifizierung, ZIP 2004, 685 ff.

Ders. — Zur Verantwortlichkeit einzelner Vorstandsmitglieder bei Kollegialentscheidungen im Aktienrecht, BB 2004, 2645 ff.

Ders. — Aktienrechtliche Legalitätspflicht und „nützliche" Pflichtverletzungen von Vorstandsmitgliedern, ZIP 2005, 141 ff.

Ders. — Haftungsfreistellung, Prozesskostenersatz und Versicherung für Vorstandsmitglieder, WM 2005, 909 ff.

Ders. — Kartellrechtsverstöße und Vorstandsrecht, BB 2008, 1070 ff.

Flume, Werner — Allgemeiner Teil des Bürgerlichen Rechts, Band 1, Zweiter Teil: Die juristische Person, Berlin 1983 (zitiert: *Flume*, Die juristische Person)

Frankfurter Kommentar — Frankfurter Kommentar zum Kartellrecht, Losebl. Ausg., Stand: 72. Ergänzungslieferung, September 2010, Köln 2010 (zitiert: *Bearbeiter*, in Frankfurter Kommentar)

Glöckner, Jochen/Müller-Tautphaeus, Ken Rückgriffshaftung von Organmitgliedern bei Kartellrechtsverstößen, AG 2001, 344 ff.

Göhler, Erich Die Zuständigkeit des Kartellsenats zur strafrechtlichen Seite eines bei ihm anhängigen Falles, wistra 1994, 17 ff.

Ders. (Begr.) Gesetz über Ordnungswidrigkeiten, 14. Auflage, München 2006 (zitiert: *Bearbeiter*, in Göhler, OwiG)

Görner, André Die Anspruchsberechtigung der Marktbeteiligten nach § 33 GWB, Köln u.a. 2007 (zitiert: *Görner*, Anspruchsberechtigung)

Grave, Carsten/Nyberg, Jenny Zahlungsunfähigkeit eines Unternehmens (inability to pay) in der Bußgeldbemessung durch die Europäische Kommission, WuW 2011, 926 ff.

Greeve, Gina Anmerkung zu BGH, Beschl. V. 19.12.2002 – 1 StR 366/02, NStZ 2003, 549 f.

Großkommentar Aktiengesetz Aktiengesetz Großkommentar, Dritter Band, §§ 76 – 94, 4. Auflage, Berlin 2008 (zitiert: *Bearbeiter*, in: Großkomm AktG)

Hölters, Wolfgang Aktiengesetz Kommentar,München 2011 (zitiert: *Bearbeiter*, in Hölters, AktG)

Horn, Norbert Die Haftung des Vorstands der AG nach § 93 AktG und die Pflichten des Aufsichtsrats, ZIP 1997, 1129 ff.

Hüffer, Uwe Aktiengesetz, 10. Auflage, München 2012 (zitiert: *Hüffer*, AktG)

Ignor, Alexander/Rixen, Stephan Untreue durch Zahlung von Geldauflagen? wistra 2000, 448 ff.

Immenga, Ulrich/Mestmäcker, Ernst-Joachim (Hrsg.) — Wettbewerbsrecht, Band 2: GWB Kommentar zum Deutschen Kartellrecht, 4. Auflage, München 2007 (zitiert: *Bearbeiter*, in Immenga/Mestmäcker, GWB)

Jescheck, Hans-Heinrich — Das deutsche Wirtschaftsstrafrecht, JZ 1959, 457 ff.

Joecks, Wolfgang — Zur Schadensfeststellung beim Submissionsbetrug, wistra 1992, 247 ff.

Kapp, Thomas — Dürfen Unternehmen ihren (geschäftsleitenden) Mitarbeitern Geldstrafen bzw. -bußen erstatten?, NJW 1992, 2796 ff.

Kapp, Thomas/Gärtner, Daniel — Die Haftung von Vorstand und Aufsichtsrat bei Verstößen gegen das Kartellrecht, CCZ 2009, 168 ff.

Kapp, Thomas/Hummel, Karin — Haftung von Managern und Mitarbeitern für Unternehmensbußgelder? – Das Urteil des Court of Appeal (UK) in Sachen Safeway, ZWeR 2011, 349 ff.

Karlsruher Kommentar OWiG — Karlsruher Kommentar zum Gesetz über Ordnungswidrigkeiten, 3. Auflage, München 2006 (zitiert: *Bearbeiter*, in: KK OWiG)

Kerner, Hans-Jürgen/Rixen, Stephan — Ist Korruption ein Strafrechtsproblem?, GA 1996, 355 ff.

Kienapfel, Diethelm — Zur Einheitstäterschaft im Ordnungswidrigkeitenrecht, NJW 1983, 2236 ff.

Kindhäuser, Urs — Strafgesetzbuch Kommentar, 4. Auflage, Baden-Baden 2010 (zitiert: *Kindhäuser*, StGB)

Klees, Andreas — Europäisches Kartellverfahrensrecht, Köln u.a. 2005 (zitiert: *Klees*, Kartellverfahrensrecht)

Kleinmann, Werner/Berg, Werner	Änderung des Kartellrechts durch das „Gesetz zur Bekämpfung der Korruption“ vom 13.08.1997, BB 1998, 277 ff.
Klesczewski, Diethelm	Ordnungswidrigkeitenrecht, München 2010
Kling, Michael	Die Innenhaftung des Aufsichtsratsmitglieds in der Aktiengesellschaft, DZWIR 2005, 45 ff.
Kling, Michael /Thomas, Stefan	Kartellrecht, München 2007
Klocker, Peter/Ost, Konrad	Nach der Novelle ist vor der Novelle – Themen einer 8. GWB-Novelle, in: Brinker, Ingo (Hrsg.), Festschrift für Rainer Bechtold zum 65. Geburtstag, München 2006 (zitiert: *Klocker/Ost*, in: FS für Bechtold)
Knapp, Wolfgang	Das Recht der Ordnungswidrigkeiten, JuS 1979, 609 ff.
Kölner Kommentar AktG	Kölner Kommentar zum Aktiengesetz, Band 2/1: §§ 76 – 94 AktG, 3. Auflage, Köln 2010 (zitiert: *Bearbeiter*, in: KK AktG)
Kolpatzik, Christoph/Berg, Werner	Gasversorger in der Zwickmühle – oder was taugen die Preismissbrauchsverfahren, WuW 2011, 712 ff.
Kohlhoff, Christian	Kartellstrafrecht und Kollektivstrafe, Berlin 2003 (zitiert: *Kohlhoff*, Kartellstrafrecht)
Kopp, Ferdinand/Ramsauer, Ulrich	Verwaltungsverfahrensgesetz, 10. Auflage, München 2008 (zitiert: *Kopp/Ramsauer*, VwVfG)
Korte, Matthias	Bekämpfung der Korruption und Schutz des freien Wettbewerbs mit den Mitteln des Strafrechts, NStZ 1997, 513 ff.

Kosche, Till	Strafrechtliche Bekämpfung wettbewerbswidriger Absprachen bei Ausschreibungen – § 298 StGB, Berlin 2001 (zitiert: *Kosche*, Ausschreibungen)
Kranz, Meik	Bezahlung von Geldstrafen durch Unternehmen – § 258 StGB oder § 266 StGB?, ZJS 2008, 471 ff.
Krause, Rüdiger	„Nützliche" Rechtsverstöße im Unternehmen – Verteilung finanzieller Lasten und Sanktionen, BB-Special 8/2007, 2 ff.
Krieger, Gerd	Zahlung der Aktiengesellschaft im Strafverfahren gegen Vorstandsmitglieder, in: Westermann, Harm Peter/Mock, Klaus (Hrsg.): Festschrift für Gerold Bezzenberger zum 70. Geburtstag am 13. März 2000, Berlin u.a. 2000, S. 211 ff. (zitiert: *Krieger*, in: FS für Bezzenberger)
Krieger, Gerd/Schneider, Uwe (Hrsg.)	Handbuch Managerhaftung, 2. Auflage, Köln 2010 (zitiert: *Bearbeiter*, in: Krieger/Schneider, Managerhaftung)
Lackner, Karl/Kühl, Kristian	Strafgesetzbuch Kommentar, 27. Auflagen, München 2011 (zitiert: *Lackner/Kühl*, StGB)
Lampert, Thomas/Götting, Susanne	Startschuss für eine Kriminalisierung des Kartellrechts? WuW 2002, 1069 ff.
Lange, Knut Werner	Erfüllen Kartellabsprachen den Tatbestand des Betrugs? ZWeR 2003, 352 ff.
Langen, Eugen/Bunte, Hermann-Josef (Hrsg.)	Kommentar zum deutschen und europäischen Kartellrecht, Band 1 – Deutsches Kartellrecht, 11. Auflage, Köln 2011 (zitiert: *Bearbeiter*, in: Langen/Bunte, Dt. Kartellrecht)

Dies. Kommentar zum deutschen und europäischen Kartellrecht, Band 2 – Europäisches Kartellrecht, 11. Auflage, Köln 2010 (zitiert: *Bearbeiter*, in: Langen/Bunte, EU Kartellrecht)

Lettl, Tobias Kartellrecht, München 2005

Ders. Der neue § 20 IV GWB, WRP 2008, 1299 ff.

Lemke, Michael/Mosbacher, Anreas Ordnungswidrigkeitengesetz Kommentar, 2. Auflage, Heidelberg 2005 (zitiert: *Lemke/Mosbacher*, OWiG)

Loewenheim, Ulrich/Meessen, Karl/Riesenkampff, Alexander Kartellrecht Kommentar, 2. Auflage, München 2009 (zitiert: *Bearbeiter*, in: Loewenheim, Kartellrecht)

Lüderssen, Klaus Ein Prokrustes Bett für ungleiche Zwillinge – Angestelltenbetrug und Submissionsabsprache, vereinigt in einem neuen Abschnitt des Strafgesetzbuchs: „Straftaten gegen den Wettbewerb“, BB 1996, 2525 ff.

Ders. Sollen Submissionsabsprachen zu strafrechtlichem Unrecht werden?, BB Beilage 1996, Nr. 11, 1 ff.

Lutter, Marcus Zum unternehmerischen Ermessen des Aufsichtsrats, ZIP 1995, 441 ff.

Lutz, Martin Schwerpunkte der 7. GWB-Novelle, WuW 2004, 718 ff.

Maiazza, Robert Das Opportunitätsprinzip im Bußgeldverfahren unter besonderer Berücksichtigung des Kartellrechts, Herbolzheim 2003 (zitiert: *Maiazza*, Opportunitätsprinzip)

Marxen, Klaus — Die strafrechtliche Organ- und Vertreterhaftung – eine Waffe im Kampf gegen die Wirtschaftskriminalität?, JZ 1988, 286 ff.

Mertens, Hans-Joachim — Bedarf der Abschluß einer D&O-Versicherung durch die Aktiengesellschaft der Zustimmung der Hauptversammlung?, AG 2008, 447 ff.

Mestmäcker, Ernst Joachim — 50 Jahre GWB: Die Erfolgsgeschichte eines unvollkommenen Gesetzes, WuW 2008, 6 ff.

Meyer-Lindemann, Hans Jürgen — Durchsetzung des Kartellverbots durch Bußgeld und Schadensersatz, WuW 2011, 1235 ff.

Mitsch, Wolfgang — Recht der Ordnungswidrigkeiten, 2. Auflage, Berlin u.a. 2005 (zitiert: *Mitsch*, Ordnungswidrigkeiten)

Monopolkommission — Sondergutachten 63 – Die 8. GWB-Novelle aus wettbewerbspolitischer Sicht, abrufbar unter: www.monopolkommission.de (zitiert: Monopolkommission, Sondergutachten 63)

Münchener Kommentar AktG — Münchener Kommentar zum Aktiengesetz, Bd. 3: §§ 76 – 117 AktG, 2. Auflage, München 2004 (zitiert: *Bearbeiter*, in: MK AktG)

Münchener Kommentar BGB — Münchener Kommentar zum Bürgerlichen Gesetzbuch, Band 2: §§ 241-432, 6. Auflage, München 2012 (zitiert: Bearbeiter, in: MK BGB)

Münchener Kommentar HGB — Münchener Kommentar zum Handelsgesetzbuch, Band 2: §§ 105 – 160 HGB, 2. Auflage, München 2006 (zitiert: *Bearbeiter*, in: MK HGB)

Münchener Kommentar GWB | Münchener Kommentar zum Europäischen und Deutschen Wettbewerbsrecht (Kartellrecht), Band 2: Gesetz gegen Wettbewerbsbeschränkungen (GWB), München 2008 (zitiert: *Bearbeiter*, in: MK GWB)

Murach-Brand, Lisa | Antitrust auf deutsch – der Einfluss der amerikanischen Alliierten auf das Gesetz gegen Wettbewerbsbeschränkungen (GWB) nach 1945, Tübingen 2004 (zitiert: *Murach-Brand*, Antitrust)

OECD (Organization for Economic Co-operation and Development) | Cartel Sanctions against Individuals, DAF/COMP(2004)39 vom 10.01.2005, abrufbar unter http://www.oecd.org

Dies. | Hard Core Cartels, Report, abrufbar unter http://www.oecd.org

Olbrich, Carola | Die D&O-Versicherung, 2. Auflage, Karlsruhe 2007

Otto, Harro | Grundkurs Strafrecht – Allgemeine Strafrechtslehre, 7. Auflage, Berlin 2004

Palandt, Otto (Begr.) | BGB Kommentar, 70. Auflage, München 2011 (zitiert: *Bearbeiter*, in: Palandt, BGB)

Petry, Jan | Kartellrechtliches Risikomanagement im System der Legalausnahme, Baden-Baden 2008 (zitiert: *Petry*, Risikomanagement)

Raiser, Thomas/Veil, Rüdiger | Recht der Kapitalgesellschaften, 5. Auflage, München 2010 (zitiert: *Raiser/Veil*, Kapitalgesellschaften)

Rebmann, Kurt/Roth, Werner/Herrmann, Siegfried | Gesetz über Ordnungswidrigkeiten, Kommentar, 3. Auflage, Stand: 15. Ergänzungslieferung, März 2010, Stuttgart 2010 (zitiert: *Bearbeiter*, in: Rebmann/Roth/Herrmann, OWiG)

Rehbinder, Eckard — Rechtliche Schranken der Erstattung von Bußgeldern an Organmitglieder und Angestellte, ZHR 148 (1984), 555 ff.

Reimann, Carsten/Krohs, Christian — Strafbarkeit von Kartelldelikten nach dem UK Enterprise Act 2002, WuW 2003, 739 ff.

Rengier, Rudolf — Rezension zu Wolfgang Mitsch: Recht der Ordnungswidrigkeiten, JZ 1996, 788 ff.

Rettenmaier, Felix/Palm, Lisa — Das Ordnungswidrigkeitenrecht und die Aufsichtspflicht von Unternehmensverantwortlichen, NJOZ 2010, 1414 ff.

Rittner, Fritz/Dreher, Meinrad — Europäisches und deutsches Wirtschaftsrecht, 3. Auflage, Heidelberg 2008 (zitiert: *Rittner/Dreher*, Wirtschaftsrecht)

Rönnau, Thomas/Schneider, Frédéric — Der Compliance-Beauftragte als strafrechtlicher Garant, ZIP 2010, 53 ff.

Roth, Holger/Altmeppen, Günter — GmbHG Kommentar, 7. Auflage, München 2012 (*zitiert*: Bearbeiter, in: Roth/Altmeppen, GmbHG)

Rosenkötter, Günther — Das Recht der Ordnungswidrigkeiten, 6. Auflage, Stuttgart u.a. (zitiert: *Rosenkötter*, Ordnungswidrigkeiten)

Säcker, Franz Jürgen — Kronzeugenregelung – weiter so „pragmatisch" wie bisher?, WuW 2009, 3 ff.

Saenger, Ingo (Hrsg.) — Zivilprozessordung – Handkommentar, 4. Auflage, Baden-Baden 2011 (zitiert: *Bearbeiter*, in Hk-ZPO)

Schäfer, Carsten — Die Binnenhaftung von Vorstand und Aufsichtsrat nach der Renovierung durch das UMAG, ZIP 2005, 1253 ff.

Schmidt, Eberhard — Zur Anwendung des Kontrollratsgesetzes Nr. 50, DRZ 1948, 412 ff.

Schmidt, Johannes — The Case for a European Competition Disqualification Order, ZWeR 2010, 378 ff.

Schmidt, Karsten — Zur Verantwortung von Gesellschaften und Verbänden im Kartell-Ordnungswidrigkeitenrecht, wistra 1990, 131 ff.

Schmidt, Karsten/Lutter, Marcus (Hrsg.) — Aktiengesetz Kommentar, Band 1: §§ 1 – 149 AktG, 2. Auflage, Köln 2010 (zitiert: *Bearbeiter*, in: Schmidt/Lutter, AktG)

Schmitt, Rudolf — Strafrechtliche Maßnahmen gegen Verbände, Stuttgart 1958

Scholl, Amand — Die Bezahlung einer Geldstrafe durch Dritte – ein altes Thema und noch immer ein Problem, NStZ 1999, 599 ff.

Schroeder, Dirk — Kronzeugenregelungen im Kartellrecht, in: Brinker, Ingo u.a. (Hrsg.), Festschrift für Rainer Bechtold zum 65. Geburtstag, München 2006 (zitiert: *Schroeder*, in: FS für Bechtold)

Schuler, Patrick — Strafrechtliche und Ordnungswidrigkeitenrechtliche Probleme bei der Bekämpfung von Submissionsabsprachen, Konstanz 2002 (zitiert: *Schuler*, Submissionsabsprachen)

Schwacke, Peter — Recht der Ordnungswidrigkeiten, 4. Auflage, Stuttgart 2006 (zitiert: *Schwacke*, Ordnungswidrigkeiten)

Shavell, Steven — Foundations of Economic Analysis of Law, Harvard 2004 (zitiert: *Shavell*, Economic Analysis of Law)

Stauber, Peter Neues zur Kontrolle von Zusammenschlüssen nach ihrem Vollzug, WuW 2009, 20 ff.

Tessin, Claus Verletzung der Aufsichtspflicht bei Kartellverstößen, BB 1987, 984 ff.

Theile, Hans/Petermann, Stefan Die Sanktionierung von Unternehmen nach dem OWiG, JuS 2011, 496 ff.

Thomas, Heinz/Putzo, Hans (Begr.) Zivilprozessordnung, 29. Auflage, München 2008 (zitiert: *Bearbeiter*, in: Thomas/Putzo, ZPO)

Thomas, Stefan Die Haftungsfreistellung von Organmitgliedern – Bürgerlichrechtliche, gesellschaftsrechtliche und versicherungsrechtliche Grundlagen der Freistellung und der Versicherung von organschaftlichen Haftungsrisiken im Kapitalgesellschaftsrecht, Tübingen 2010 (zitiert: Thomas, Haftungsfreistellung)

Tiedemann, Klaus Wettbewerb als Rechtsgut des Strafrechts, in: Britz, Guido u.a. (Hrsg.), Festschrift für Heinz Müller-Dietz zum 70. Geburtstag, München 2001, S. 905 ff. (zitiert: *Tiedemann*, in: FS für Müller-Dietz)

Többens, Hans Die Bekämpfung der Wirtschaftskriminalität durch die Troika der §§ 9, 130, und 30 des Gesetzes über Ordnungswidrigkeiten, NStZ 1999, 1 ff.

Völker, Christian Zur Dogmatik des ordre public – Die Vorbehaltsklausel bei der Anerkennung fremder gerichtlicher Entscheidungen und ihr Verhältnis zum ordre public des Kollisionsrecht, Berlin 1998 (zitiert: *Völker*, ordre public)

von der Groeben, Hans/Schwarze, Jürgen (Hrsg.) Vertrag über die Europäische Union und Vertrag zur Gründung der Europäischen Gemeinschaft, Band 2: Art. 81 – 97 EGV, 6. Auflage, Baden-Baden 2003 (zitiert: *Bearbeiter*, in: von der Groeben/Schwarze, EU-/EG-Vertrag)

Wagner, Gerhard Neue Perspektiven im Schadensersatzrecht – Kommerzialisierung, Strafschadensersatz, Kollektivschaden, Verhandlungen des 66. Deutschen Juristentages, Band I: Gutachten, München 2006 (zitiert: *Wagner*, Gutachten A zum 66. DJT)

Wagner-von Papp, Florian Kartellstrafrecht in den USA, dem Vereinigten Königreich und Deutschland, WuW 2009, 1236 ff.

Ders. Kriminalisierung von Kartellen, WuW 2010, 268 ff.

Weber, Ulrich Die Überspannung der staatlichen Bußgeldgewalt – Kritische Bemerkungen zur neueren Entwicklung des materiellen Ordnungswidrigkeitenrechts, ZStW 92 (1980), 313 ff.

Weitbrecht, Andreas Schadensersatzansprüche von Unternehmer und Verbraucher wegen Kartellverstößen, NJW 2012, 881 ff.

Weizäcker, Christian von Zur Gemeinwohlorientierung des Wettbewerbs, in: Kirchhof, Paul (Hrsg.): Gemeinwohl und Wettbewerb, Heidelberg 2005, S. 85 ff.

Whelan, Peter A Principled Argument for Personal Criminal Sanctions as Punishment under EC Cartel Law, The Law Competition Review, Volume 4 (2007), S. 7 ff.

Wiedemann, Gerhard (Hrsg.) Handbuch des Kartellrechts, 2. Auflage, München 2008 (zitiert: *Bearbeiter*, in: Wiedemann, Kartellrecht)

Wils, Wounter The Optimal Enforcement of EC Antitrust Law, Den Haag 2002 (zitiert: *Wils*, EC Antitrust Law)

Wolters, Gereon Die Änderung des StGB durch das Gesetz zur Bekämpfung der Korruption, JuS 1998, 1100 ff.

Zimmermann, Martin Kartellrechtliche Bußgelder gegen Aktiengesellschaft und Vorstand: Rückgriffsmöglichkeiten, Schadensumfang und Verjährung, WM 2008, 433 ff.

Zöller, Richard (Begr.) Zivilprozessordnung, 28. Auflage, Köln 2010 (zitiert: *Bearbeiter*, in: Zöller, ZPO)

Kolibri 360 GmbH
Ferdinand-Jühlke-Straße 7
99095 Erfurt, Deutschland
produktsicherheit@kolibri360.de